全国高职高专规划教材·物流系列
河北省精品课程配套教材

仓储管理实务

主 编 宋利伟 刘翠娟
副主编 李 红
参 编 刘 佳 李 超 杨 龙
　　　尹素爱 秦立奇

内 容 简 介

本书从培养学生的操作技能出发，基于仓储作业实际工作过程的逻辑主线编排教学内容，紧密结合仓储管理的实务。本书共设置六个项目：仓储作业前的准备、仓储商务管理与安全质量控制、入库作业管理、货物储存保管管理、出库作业管理和仓储管理系统软件的操作和使用，在内容上体现了仓储管理的最新实用知识与操作技术，在体例上借鉴任务驱动教学模式结构学习内容。

本书适合作为技术应用型高职高专物流管理专业的教学用书，也可作为物流从业人员的培训和自学用书。

图书在版编目(CIP)数据

仓储管理实务/宋利伟，刘翠娟主编. —北京：北京大学出版社，2011.7
（全国高职高专规划教材·物流系列）
ISBN 978-7-301-18836-1

Ⅰ.①仓…　Ⅱ.①宋…②刘…　Ⅲ.①仓库管理－高等职业教育－教材　Ⅳ.①F253.4

中国版本图书馆 CIP 数据核字(2011)第 074194 号

书　　　名：	仓储管理实务
著作责任者：	宋利伟　刘翠娟　主编
策 划 编 辑：	温丹丹
责 任 编 辑：	温丹丹　魏 杰
标 准 书 号：	ISBN 978-7-301-18836-1/F·2779
出 版 发 行：	北京大学出版社
地　　　址：	北京市海淀区成府路 205 号　100871
网　　　址：	http://www.pup.cn
电 子 信 箱：	zyjy@pup.cn
电　　　话：	邮购部 62752015　发行部 62750672　编辑部 62765126　出版部 62754962
印　刷　者：	河北滦县鑫华书刊印刷厂
经　销　者：	新华书店
	787 毫米×1092 毫米　16 开本　13 印张　309 千字
	2011 年 7 月第 1 版　2011 年 7 月第 1 次印刷
定　　　价：	26.00 元

未经许可，不得以任何方式复制或抄袭本书之部分或全部内容。
版权所有，侵权必究
举报电话：(010)62752024　电子信箱：fd@pup.pku.edu.cn

教材编审委员会

主 任
杨京楼　石家庄信息工程职业学院副院长、教授
顾剑明　河北中储物流中心党委书记、高级物流师

副主任
吕向敏　石家庄信息工程职业学院教学科研部部长、教授
张　昊　北京金文天地信息咨询有限公司项目部经理
刘存柱　河北交通职业技术学院副教授

委 员
田亚伟　河北中储物流中心经理助理
勾景秀　石家庄信息工程职业学院管理系副教授
高　军　河北国际集装箱运输有限责任公司总经理
王　晖　河北中储物流中心人力资源部经理

前　言

现代物流业融合仓储、运输、装卸搬运、包装、流通加工、配送和信息管理，并与社会化大生产紧密结合，在调整产业结构、转变经济发展方式和增强国民经济竞争力等方面发挥着重要作用。

仓储管理是现代物流的核心内容，目前已经成为影响物流市场竞争力的关键因素之一，它不仅是对储存物料的场所及其作业进行管理，更是对生产和销售活动的一种支持性服务。仓储管理的水平直接影响生产、物料管理系统的成败，同时也会影响物流企业整体的服务品质、效率、成本及安全。

本书以教育部教高【2006】16号文件《关于全面提高高等职业教育教学质量的若干意见》精神为指导，贯彻行动领域课程开发理念，适应工学结合的人才培养模式。

本书的主要特色是以仓储作业管理的工作任务为中心，选择、组织教学内容，并以教师引导学生完成各项工作任务为主要学习方式。

本书共安排了六项工作任务，包括：仓储作业前的准备、仓储商务管理与安全质量控制、入库作业管理、货物储存保管管理、出库作业管理和仓储管理系统软件的操作和使用。每项工作任务设计相应的学习情境，通过引导学生完成工作任务，培养学生掌握仓储管理的相关知识，强化其职业技能及可持续发展的能力。

本书由宋利伟、刘翠娟任主编，李红任副主编，刘佳、李超、杨龙、尹素爱、秦立奇参与了编写工作。

本书博同类优秀教材之众长，内容不仅注重知识的基础性，更注重新技术的导入和行业标准的应用，以保持教材内容的先进性。本书既可作为高职物流专业的教学用书，也可供从事仓储管理的专业人员参考使用。

在本书的编写过程中，编者参阅和引用了相关教材、专著、期刊和网络文献资料，在此我们对所有著作者表示最诚挚的谢意！同时衷心感谢河北中储物流中心及北京金文天地信息咨询有限公司的大力支持。

由于编者水平有限，书中如有不足之处敬请使用本书的师生与读者批评指正，以便修订时改进。如果读者在使用本书的过程中有其他意见或建议，恳请赐教。

编　者
2011年7月

目 录

项目一　仓储作业前的准备 ··· 1
　　任务一　认知仓储 ··· 1
　　任务二　仓库选址 ··· 8
　　任务三　仓库的布局设计 ·· 10
　　任务四　仓储设施与设备的配置 ··· 18
　　任务五　仓储管理岗位人员的配备 ·· 31

项目二　仓储商务管理与安全质量控制 ·· 42
　　任务一　订立仓储合同 ·· 42
　　任务二　签署仓单 ·· 49
　　任务三　仓储安全管理 ·· 55
　　任务四　仓储质量管理 ·· 61

项目三　入库作业管理 ·· 68
　　任务一　入库作业流程设计 ·· 69
　　任务二　货物分类 ·· 70
　　任务三　识别常用包装标志 ·· 73
　　任务四　设计货位 ·· 80
　　任务五　接收货物 ·· 83
　　任务六　入库验收 ·· 85
　　任务七　处理入库信息 ·· 88

项目四　货物储存保管管理 ·· 93
　　任务一　堆码设计 ·· 94
　　任务二　苫垫 ··· 103
　　任务三　温湿度控制 ·· 107
　　任务四　盘点作业 ··· 114
　　任务五　库存控制 ··· 121

项目五　出库作业管理 ··· 135
　　任务一　设计出库作业流程 ··· 136
　　任务二　分拣作业 ··· 143
　　任务三　出库交接及单据流转 ·· 149

项目六　仓储管理系统软件的操作和使用 ……………………………………………… 156
　　任务一　系统基本资料录入 …………………………………………………… 156
　　任务二　入库作业 ……………………………………………………………… 167
　　任务三　出库作业 ……………………………………………………………… 174
　　任务四　移库作业 ……………………………………………………………… 178
　　任务五　盘点作业 ……………………………………………………………… 185
　　任务六　库存货品管理 ………………………………………………………… 189
　　任务七　综合查询 ……………………………………………………………… 194

参考文献 …………………………………………………………………………… 200

项目一　仓储作业前的准备

【学习目标】
1. 熟悉仓储的含义及其功能；
2. 了解仓储的种类与发展趋势；
3. 掌握仓库选址和仓库布局设计的基本知识；
4. 掌握仓储设施设备的作业特征；
5. 明确仓储管理人员的素质要求。

【技能要求】
1. 能够科学地进行仓库选址；
2. 能够科学合理地设计仓库布局；
3. 能够合理配置货架、托盘、叉车等各种仓储设备。

【学习情境】
某高校物流管理专业的刘运仓同学为自己的未来进行了职业生涯规划设计：毕业后任职一家物流公司，积累两三年的工作经验，做到仓储主管的职位。

【情境分析】
作为仓储主管，应该具备仓储作业的基本管理能力：
1. 能够科学合理地进行仓库平面布置，具备仓储规划设计的能力；
2. 能够组织工作人员做好货物入库准备及验收，处理好货物验收中发现的问题，及时办理入库手续；
3. 做好仓库的日常管理，保证货物的仓储环境，确保货物的材质不变；
4. 准确做好货物出库相关手续，保证仓储作业过程顺利进行。

从现在开始，刘运仓同学就应该从仓储作业前的准备工作开始，学习仓储商务管理与安全质量控制基本方法，强化货物出入库作业操作、在库货物养护保管作业以及仓储管理软件的操作使用等主要的仓储作业管理技能。

任务一　认知仓储

【任务描述】
要想熟练地做好仓储管理的各项专业工作，首先应该对仓储管理的基础常识有所了解，对仓储的含义、种类及其功能有一定的认识。

步骤一　熟悉仓储及其功能

一、什么是仓储

"仓"即仓库，存放物品的建筑物或场所等设施，它可以是房屋建筑、洞穴、大型容器或其他特定的场地,具有存放和保护物品的功能。"储"即储存、储备,表示收存以备使用,具有收存、保管、交付使用的意思。"仓储"则是指利用仓库存放、储存不需要即时使用的物品的行为。

仓储是物质产品的生产持续过程,也创造产品的价值,它形成于社会产品出现剩余和产品流通的需要,具有静态和动态两种:当产品不能被即时消耗掉,需要专门场所存放时,就产生了静态的仓储;而将物品存入仓库以及对于存放在仓库里的物品进行保管、控制、提供使用等的管理,则形成了动态的仓储。可以说仓储是对有形物品提供存放场所,并在这期间对存放物品进行保管、控制的过程。从社会经济活动看,无论是生产领域,还是流通领域都离不开仓储。

二、仓储的功能

(一)储存和保管功能

储存和保管是仓储的基本功能。一方面,随着现代社会生产的专业化和规模化,劳动生产率不断提高,多数产品出现不能被即时消费,或出现产销不平衡。全年性生产、季节性消费(如空调)和季节性生产、全年性消费(如粮食生产)存在矛盾,这需要仓储将集中生产的产品进行储存,以持续地、均衡地向市场供给;另一方面,要保证生产的不间断进行,生产过程需要的原材料、半成品也需有一定的储备,这也需要仓储进行储存和保管,以保持其使用价值。可见,仓储是社会生产顺利进行的必要过程,承担着在时间上协调原材料、产品的供需,对调整生产和消费的时间差起着缓冲和平衡调节的作用。

(二)加工和延期功能

货物在保管期间,仓储企业可以根据存货人或客户的要求对保管货物的外观、形状、成分构成、尺度等进行加工,使其发生所期望的变化,如:服装缝商标、贴条码、包装、组装、钢板统一剪切等,提高产品的附加值,以促进产品的销售。

仓储企业可以通过承担少量的生产加工和制造来延期或延迟生产。具有包装能力或简单加工能力的仓库可以把产品生产的最后一道工序一直推迟直到该产品需求时为止,并通过识别产品最后一道工序是否完成来检查库存货物的库存水平,达到控制库存、降低库存成本的目的。

(三)整合和拼装功能

仓储企业可以将来自一系列制造商的产品或原材料整合拼装成单一的一票装运,一起运送到一个或不同客户,以实现最低的运输费率,并减少收货站台的拥塞现象,其流程如图 1-1 所示。

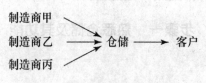

图 1-1 整合、拼装作业流程图

(四) 分类和交叉功能

分类作业接收来自制造商的货物，将之分类或分割成个别订货，然后运送到制造商指定的各个客户，其流程如图1-2所示。

图1-2 分类作业流程图

当涉及多个制造商和多个顾客时，可以采取交叉作业。即交叉站台收到多个制造商运来的货物后，对有标签的货物，按客户进行分类；对没有标签的，则按地点进行分类，然后，在交叉站台上完成发往不同客户的装车作业。由于所有的车辆都进行了充分装载，更为有效地利用了站台设施，使站台装载利用率达到最大程度，其流程如图1-3所示。

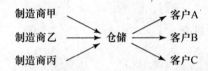

图1-3 多对多的分类、交叉作业流程图

(五) 信息传递功能

在处理有关仓库管理的各项事务时，需要及时准确的仓库信息，如仓库利用水平、进出货频率、仓库的地理位置、仓库的运输情况、顾客需求情况，以及仓库人员的配置等，这对检验仓库是否进行有效管理至关重要。

(六) 信用保证功能

在大批量货物的实物交易中，购买方必须检验货物，以确定货物的存在和货物的品质。由仓库保管出具的货物仓单是实物交易的凭证，是供货方供货的保证。仓单本身就可以作为融资工具，可以直接使用仓单进行质押。

步骤二 了解仓储的种类

仓储的基本功能是对物品的储存和保管，但由于仓储经营主体、仓储保管条件和仓储功能等方面的不同，使得不同的仓库活动具有不同的特征。只有将仓储活动加以正确划分，才能正确认识仓储任务，做好仓储管理工作。

(一) 按仓储经营主体划分

1. 企业自营仓储——生产流通企业

企业自营仓储是指生产或流通企业自用的仓储，不具有独立性，不对外经营，仅仅是为企业的产品或商品经营活动服务。一般来讲，它的规模较小，数量多，储存对象较为单一，专用性强。生产企业主要为满足生产和产成品存放的需要，流通企业主要为支持销售的需要。

2. 商业营业仓储——专业仓储单位

商业营业仓储是指仓储经营人按照仓储业管理条例取得营业许可,仓储经营人与存货人通过订立仓储合同的方式建立仓储关系,以其拥有的仓储设施,向社会提供商业性仓储服务,包括提供货物仓储服务和提供仓储场地服务,收取仓储费。

3. 公共仓储——公共事业单位

公共仓储是指为社会物流服务的公共仓库,属于公共服务的配套设施,如铁路车站的货场仓储、港口的码头仓储、公路货场的仓储等,其营运的目的是为了保证车站、码头等的货物作业和运输,具有内部服务的性质。

4. 战略储备仓储——国家政府

战略储备仓储指国家根据国防安全、社会稳定的需要,对战略物资实施储备而建设的仓储。战略储备由国家政府进行控制,通过立法、行政命令的方式进行。战略储备特别重视储备品的安全,且储备时间较长。战略储备物资主要有粮食、能源、油料和淡水等。

(二) 按仓储保管条件划分

1. 普通物品仓储

普通物品仓储是指不需要特殊保管条件的物品仓储,只要求具有一般通用的库房和堆场,存放的货物有一般的生产物资、普通生活用品和普通工具等。在物资流通行业的仓储中,这种仓储所占的比重最大。

2. 特殊物品仓储

特殊物品仓储是指在保管中有特殊要求和需要满足特殊保管条件的物品仓储,用来储存单一特殊货物。如危险品仓储(需用监控、调温、防爆、防毒和泄压等装置);冷库仓储(一定温度);粮食仓储(恒温)等。

(三) 按仓储功能划分

1. 储存仓储

储存仓储主要是对货物进行保管和维护,一般存放期较长,储存物资较为单一,品种少,但存量大。

2. 物流中心仓储

物流中心仓储是以物流管理为目的的仓储活动,是从事物流活动的场所和组织。主要从商品储存、装卸搬运、包装作业、拣选作业和商品验收等方面为社会提供服务;物流功能健全,具有完善的信息网络,辐射范围大,品种少批量大,存储吞吐能力强。如北方物流集散地天津新港、河北十大物流园区石家庄国际物流园区等。

3. 配送中心仓储

配送中心仓储是向市场或直接向消费者配送商品的仓储,一般在商品的消费经济区间内进行。其特点是主要面向特定用户服务;配送为主,存储为辅;辐射范围小;品种多批量小。例如家乐福配送中心、沃尔玛配送中心等。

4. 中转仓储

中转仓储处于货物运输系统的中间环节,主要存放待转运的货物,以保证不同运输方式的高效衔接，特别注重货物的周转作业效率和周转率。如港口、车站库场所进行的仓储。

5. 保税仓储

保税仓储指使用海关核准的保税仓库存放保税货物的仓储行为。保税仓库是经海关批准、在海关监管下，专供存放未办理关税手续而入境或过境物品的场所。保税货物主要是不用于国内销售、暂时进境、海关予以缓税的进口货物。

步骤三　把握现代仓储业的发展趋势

一、国外仓储业的发展

第二次世界大战以后，世界经济得到了迅速的恢复和发展，货物的物流量越来越大，物流中的矛盾也愈加突出。如何使物流更为畅通，使物流过程更为合理，已成为人们关心的问题。比如日本，虽然物流的概念于20世纪50年代才从美国传入，但其物流发展速度之快、规模之大、整体现代化程度之高及惊人的物流效率，为世界瞩目。这主要是因为这一时期日本的生产技术不断进步，生产规模不断扩大，产品销量猛增，但基础设施和运输力量的不足严重阻碍了经济的进一步发展，促使其对加强基础设施的建设，尤其对仓储的建设特别重视，而且现代化程度较高。同时，企业内部的物流作业也广泛采用铲车、自动仓库等机械化装卸设备和仓储设备，大大提高了物流作业效率。目前，欧美国家又在发展大型中转仓库，面积可达上万平方米，单层高度达十多米，使货物流转更加畅通和迅捷。

二、我国仓储业的历史沿革

我国的近代仓储业起源于商品流通领域。近代中国的商业性仓库也称之为"堆栈"，即堆存和保管货物的场所和设备。堆栈经营者将资金投入堆栈业，并配备一定的设备，专门从事于存放他人的货物，收取栈租。在租用堆栈中，保管货物的契约凭证是栈单。当时的堆栈根据其服务性质可分为码头堆栈、铁路堆栈、保管堆栈、厂号堆栈、金融堆栈和海关堆栈等几类。

新中国成立以后，政府在接收了旧中国官僚买办的堆栈，并对私营仓库进行公私合营的基础上，建立和发展了新中国的仓储业。20世纪50年代，各地纷纷建立了国营的商业性仓储公司，并成立了仓库同业公会，对行业起领导作用。

我国仓储业通过几十年的努力，已形成了相当的规模。但是，这仍与高速发展的经济和商品流通的需求不相适应，仓储能力和技术水平仍远未满足需要。

（一）我国的传统仓储业发展呈现如下特点

1. 地方封锁和行业垄断对资源整合和一体化运作形成障碍，市场不够规范

由于我国较长时期实行计划经济体制，资源按部门分配，各部门、各地方出于对所分配资源的占有、利用与方便，长期以来形成了部门分割、地区分割、各自为政的管理体制，各自建立了适合于某一类产品流通的储存保管仓库，相同功能库房的重复建设，产品在库房中大量积压，仓库建设水平较低，而且多数库房为平仓，无站台。各部门仓库多集

中在交通中心附近，造成仓储能力过剩，而其他地区仓库缺少，仓储能力不足，不能满足现代物流对仓库的基本条件的要求，不能充分适应市场经济的需要，制约了当地经济的发展。

2. 仓储建设水平和管理水平依然较低

由于在相当一段时期是以行政部门为系统建立仓库，没有一个统一的仓储管理部门，也没有仓储业建设的作业标准，并且随着城市的发展，仓库的位置处在城市的繁华地带，造成了交通不便，仓库利用率较低，全国仓库面积利用率平均不到40%；仓库中的设施设备落后，不少仍处在以人工作业为主的原始状态，人抬肩扛，缺乏应有的机械和设备，工作效率低下，且易造成货物损害，加大了物流成本；不重视仓储管理，人员业务素质不高，管理服务较低，货物周转率低，不能适应现代企业发展的需要。

3. 仓储管理信息化水平较低

物流园区、物流技术装备等能力有待加强。虽然有些企业引进了信息设备和仓储业务管理信息系统，但对于物流过程中的许多重要决策问题，如货物组配方案、运输最佳线路、最优库存控制等，还处于人工、半人工化状态，使整个物流过程的技术支持比较落后。

4. 仓储管理法规不够健全

随着我国经济的快速发展和科学水平的提高，不少仓储方面的规章制度已经不再适用，需要进行修改和新建。而我国仓储立法主要表现在《中华人民共和国民法通则》中的物权规范，《中华人民共和国合同法》的仓储合同、保管合同分则，《中华人民共和国消防法》中的消防要求消防管理，以及其他一些规章制度，尚未形成完整的仓储法律体系。对于仓储经营中的一些经济行为，也没有法律保障，仓储企业内部依法管理水平比较低。

（二）现代仓储业发展势头良好

目前，随着国务院《物流业调整和振兴规划》的逐步实施，仓储业服务水平显著提高，发展环境和条件不断改善。

现代商业体系的建立引导着仓储业向合理、高效、环保的方向发展，传统仓储企业实行功能整合和服务延伸，加快向现代仓储业转型。大型的现代化库房开始出现在经济较为发达的沿海地区和大中型城市，物流园区建设开始起步，仓储现代化水平不断提高，一批区域性物流中心正在形成。仓储业务量增大，业务收入增长速度也比较快，仓储设施作为物流节点的作用越来越重要。

仓储业的管理水平也在不断提高，计算机管理得到普遍采用。物流技术设备加快更新换代，物流信息化建设有了突破性进展。条码技术和自动识别技术的应用更加广泛，现场作业设备的自动传输系统的应用，使物流指挥调度和现场作业实现无缝连接，大大提高了作业效率。

政府管理机构对仓储业的发展起到引导和规范的作用，各种技术标准和管理措施的出台为仓储业的发展奠定了良好的基础，并为我国物流业与国际接轨提供了保证。

三、我国仓储业未来发展战略

随着物流市场供需变化，我国的仓储业正在向社会化、专业化、产业化、标准化、现代化的方向发展。

1. 社会化

政府要从满足物流需求的实际出发，为仓储业的发展营造良好的政策环境，扶持重要的物流基础设施项目建设。要统筹国内与国际、全国与区域、城市与农村物流协调发展，打破部门之间和地区之间的分割和封锁，做好地区之间、行业之间和部门之间仓储基础设施建设与发展的协调和衔接。鼓励生产和商贸企业按照分工协作的原则，剥离或外包仓储功能，整合物流资源，促进企业内部物流社会化。

2. 专业化

社会对仓储的需要同其他社会资源的需求一样，要向着专业化、特性化、个性化的方向发展，仓储业内部在市场竞争中也只有通过专业化的发展，提供个性产品，比如加快企业重组，做强做大第三方物流，将企业资源充分利用到有特长的项目，以提高效益，形成竞争优势。

3. 产业化

要充分发挥市场配置资源的作用，调动企业的积极性，促进物流产业化。随着仓储业技术含量的增加，大型物流中心、配送中心将发挥越来越多的连接生产与销售的作用，流通加工、再包装等工作将转移到仓库中完成，仓储在商品流通过程中提供的功能增多，实现价值增大，仓储业也必然向着产业化的方向发展。

4. 标准化

为了提高物流效率，保证物流的统一性与物流各环节的有机联系，并与国际接轨，要按照现代物流理念，加快技术标准体系建设，制定仓储标准。主要包括货架标准化、托盘标准化、容器标准化、计量标准化、包装标准化、标志标准化、条形码的使用、仓储信息标准化等技术标准化，以及服务标准、单证、合同格式、仓单等标准化。

5. 机械化、自动化

机械化具有承重能力强、工作时间久、效率高、损害低等众多优势。自动化是指由计算机管理和控制。通过机械化和自动化可实现最少使用人力作业，加大作业集成度，减少人身伤害和货物损害，同时通过信息管理、条形码、扫描技术、数据处理指挥仓储堆垛机、传输带、自动导引车、自动分拣仪等自动设备完成仓储作业，自动控制空调、制冷设备，监控设备进行环境管理，并同时完成报表、单证的传递，提高作业效率。

6. 信息化、信息网络化

仓储信息化管理是提高仓储效率、降低仓储成本的必要途径。主要是指通过信息的自动识别、自动交换和自动处理，对货物理货、入库、保管、出库进行操作管理、账目处理、货位管理、存量控制，制作各种报表和提供适时查询。目前我国有三万多家仓库，真正实现信息化的不到5%，大多仍以人工操作为主，作业效率相对低下，出错率较高。

仓储信息处理系统可以通过网络对仓储商品的动态进行适时跟踪调查，使仓储企业、制造商、物资需求商、运输商之间通过信息网络，实现仓储信息共享、控制物流，做到仓储信息网络化。

相关知识

仓储管理的内容

仓储管理是一门经济管理学科,同时也涉及应用技术学科,因而属于边缘性学科。仓储管理的功能已不是单纯的货物存储,而是兼有包装、分拣、整理、简单装配等多种辅助性功能。仓储管理活动主要是在商品流通过程中对货物储存环节的经营管理,是仓储机构为了充分利用所拥有的仓储资源来提供仓储服务所进行的计划、组织、控制和协调的过程。其管理的内容有技术的,也有经济的,主要有:仓库的选址与建设问题、仓库机械作业的选择与配置、仓库作业管理、库存管理技术的应用、仓储经营管理等。

任务二 仓库选址

【任务描述】

仓库选址是指在一个具有若干供应点及若干需求点的经济区域内,选择一个地址建立仓库的规划过程。合理的选址方案是实现物流系统收益最大化和服务最优化的基本条件。

步骤一 定性分析

大量的成功案例证明,在选址问题上,定性分析和定量分析同样重要,定性分析是定量分析的前提。

(一)定性分析应遵循以下原则

1. 长远发展原则

物流仓储服务是一项战略性的经营管理活动。仓库的选址要与国家以及省、市的经济发展战略、产业导向相适应,与我国物流资源分布和需求分布相适应,与国民经济和社会发展相适应。

2. 协调性原则

仓库的选址应将国家的物流网络作为一个大系统来考虑,使仓库的设施设备,在地域分布、物流作业生产力、技术水平等方面互相协调。

3. 经济性原则

经济效益对于任何类型的仓储都是重要的,初期的建设费用及后期的营运费用都与选址有直接关系。选址的结果就是要保证上述两项费用最低,如选定在市区、近郊区或远郊区,还是靠近港口或车站,既要考虑土地费用,又要考虑将来的运输费用,选址时应以总费用最低为原则。

(二)分析仓库选址的影响因素

运用现代物流学原理,在城市现代物流体系规划过程中,仓库的选址主要应考虑以下因素。

1. 自然环境因素

（1）气候条件。主要考虑的因素有温度、湿度、风向、风力、瞬时风力、降水量、无霜期、冻土深度、年平均蒸发量、地震、山洪、泥石流等。如选址时要避开风口，因为在风口建设会加速露天堆放的商品老化。

（2）地理条件。库区要求地面承载力高。为此，要对地面以下是否存在着淤泥层、流砂层、松土层等不良地质进行考证。要建在地势高、地形平坦的地方，尽量避开山区及陡坡地区。要认真考察近年的水文资料，地下水位不能过高，不得有地下水上溢。洪泛区、内涝区、故河道、干河滩等区域也不可选择。要远离闹市或居民区，要与易发生火灾的单位保持一定的安全距离。

2. 经济环境因素

（1）经营环境。要考虑所在地区的企业优惠政策（土地提供、减税），城市规划（城市扩张使仓库未来可能处于交通繁忙及大型货车出入受限制的城市中心），地区产业政策，以及数量充足和素质较高的劳动力等因素。

要接近物流服务需求地，要充分考虑其服务产业大量的货物流动方向，要选择物流量较大的区域，例如接近大型工业、商业区，以便缩短运距，降低运费等物流费用。

（2）基础设施状况。必须具备方便的交通运输条件，最好靠近交通枢纽进行布局，如紧临港口、交通主干道枢纽、铁路编组站或机场。综合性仓库一定要选择在有两种以上运输方式的交汇地。

要求城市的道路畅通，通信等公共设施齐备，有充足的供电、水、热、燃气的能力，且场区周围能进行污水、固体废物处理。

目前，随着第三方物流企业的蓬勃发展，大多数企业都倾向于租赁公共仓库或入驻大型物流园区，这不仅可以使企业能够集中精力开展核心业务，而且也可以节省建造仓库所需花费的时间和资金，但对公共仓库或物流园区的选择仍要综合考虑上述各项因素，考虑布点的合理与得当，以为物流合理化奠定基础。

（三）注意事项

大中城市的仓库应采用集中与分散相结合的方式选址；在中小城镇中，因仓库的数目有限且不宜过于分散，故宜选择独立地段；在河道（江）较多的城镇，商品集散大多利用水运，仓库可选择沿河（江）地段。

1. 不同类型仓库选址时的注意事项

（1）流通型仓库。流通型仓库大多经营倒装、转载或短期储存的周转类商品，大都使用多式联运方式，因此一般应设置在城市边缘地区交通便利的地段，以方便转运和减少短途运输。

（2）储备型仓库。储备型仓库主要经营国家或所在地区的中、长期储备物品，一般应设置在城镇边缘或城市郊区的独立地段，且具备直接而方便的水陆运输条件。

（3）综合型仓库。这类仓库经营的商品种类繁多，根据商品类别和物流量选择在不同的地段。例如与居民生活关系密切的生活型物流中心，若物流量不大且没有环境污染问题，可选择接近服务对象的地段，但应具备方便的交通运输条件。

2. 储存特殊货物的仓库选址时的注意事项

经营不同商品的仓库对选址的要求不同，应分别加以注意。

（1）果蔬食品仓库。果蔬食品仓库应选择入城干道处，以免运输距离拉得过长，商品损耗过大。

（2）冷藏品仓库。冷藏品仓库往往选择在屠宰场、加工厂、毛皮处理厂等附近。因为有些冷藏品仓库会产生特殊气味、污水、污物，而且设备及运输噪声较大，可能对所在地环境造成一定影响，故多选择城郊。

（3）建筑材料仓库。通常建筑材料仓库的物流量大占地多，可能产生某些环境污染问题，有严格的防火等安全要求，应选择城市边缘，对外交通运输干线附近。

（4）燃料及易燃材料仓库。石油、煤炭及其他易燃物品仓库应满足防火要求，选择在城郊的独立地段。在气候干燥、风速较大的城镇，还必须选择大风季节的下风位或侧风位。特别是油品仓库选址应远离居住区和其他重要设施，最好选在城镇外围的地形低洼处。

步骤二　定量分析

在定性分析的基础上，粗选出若干个可选的地点，进一步采用定量分析的方法，借助加权平均法、重心法等数学方法进行量化比较，最终得出较优的方案。

如果要在现有的用户中确立一个仓库，可以用总距离最短、总运输周转量最小、总运输费用最低来考察。

1. 重心法

重心法是单一仓库选址中常用的数学方法。这种方法要考虑现有设施之间的距离和要运输的货物量。此种方法利用地图确定各点的位置，并将坐标重叠在地图上确定各点的位置。坐标设定后，计算重心。

2. 加权平均法

选址中要考虑的因素很多，但总有一些因素比另外一些因素相对重要。这种方法是对影响选址的因素进行评分，然后把每个因素的得分按权重累计，最后比较各地址的累计得分后判断各地址的优劣。

3. 本量利分析法

任何选址方案的确定都要考虑固定成本和变动成本，不同选址方案的成本和收益都会随着仓库储存量的改变而改变。利用本量利分析法，可采用作图或进行计算然后比较数值的方法进行分析。进行计算比较数值要求计算各方案中盈亏平衡点的储存量及各方案的总成本相等时的储存量，在同一储存量点上选择利润最大的方案。

任务三　仓库的布局设计

【任务描述】

石家庄某仓储有限公司是一家新成立的公司，主要为一些商贸公司提供洗发水、洗衣粉、干货、方便面、花生油等日常用品的储存服务，预计年营业额在 8 000 万元左右，试为该公司布置平面仓库货区，使得布置的货区既符合商品的储存要求，又方便作业，节约仓容。

步骤一　仓库总体布局设计

仓库总体布局是指将一个仓库的各个组成部门，如库房、货棚、货场、辅助建筑物、铁路专用线、库内道路、附属固定设备等，在规定范围内，进行平面和立体的统筹规划、合理安排，最大限度地提高仓库的储存和作业能力，并降低各项费用。

一、仓库总体布局的要求

1. 要适应仓储企业的生产流程，有利于实现仓储作业的优化

（1）单一的物流方向。仓库内商品的卸车、验收、存放地点之间的安排，必须适应仓储生产流程，按一个方向流动。

（2）最短的运距。应尽量减少迂回运输，专用线的布置应在库区中部，并根据作业方式、仓储商品品种、地理条件等，合理安排库房，专用线要与主干道相对应。

（3）最少的装卸环节。减少在库商品的装卸搬运次数和环节，商品的卸车、验收、堆码作业最好一次完成。

（4）最大的利用空间。仓库总平面布置是立体设计，应有利于商品的合理存储和充分利用库位。

2. 有利于提高仓储经济效益

要因地制宜，充分考虑地形、地址条件，合理确定库房的位置和朝向，仓库位置应便于货物的入库、装卸和提取，库内区域划分明确、布局合理，为货物的储存保管创造良好的环境，提供适宜的条件。要根据设计规划和库存物品的性质能够更好地选择和配置设施设备，充分、合理地使用机械化设备，并最大限度地发挥其效能。

3. 有利于保证安全生产和文明生产

（1）要符合消防规定，要有防火、防盗、防水、防爆设施，同时要为发生险情时创造方便的救援条件。

（2）应符合卫生和环境要求，既满足库房的通风、日照等，又要考虑环境绿化、文明生产，有利于职工身体健康。

二、总体布局的功能分区

一个仓库库区通常由生产作业区、辅助生产区和行政生活区三大部分组成，如图1-4所示。

1. 生产作业区

它是库区仓储活动发生的主要场所，主要包括以装卸、储存、转运货物为主要业务的货场、货棚、仓库、装卸平台等和由道路、码头、铁路专用线为主要组成的交通系统。

储货区是装卸、储存保管货物的场所，是物流作业区的主体区域，不仅可存放商品，同时还起着货位周转和调剂作业的作用。

2. 辅助生产区

辅助生产区是为仓储生产作业提供各种辅助工作的各种外围配套设施布置的集中区域。包括设备间、车库、变电室、油库、维修车间等。

3. 行政生活区

行政生活区是仓库行政管理机构和生活区域。具体包括办公楼、警卫室、化验室、宿舍和食堂等。行政生活区与生产作业区应分开，并保持一定距离，以保证仓库的安全及行政办公和居民生活的安静。

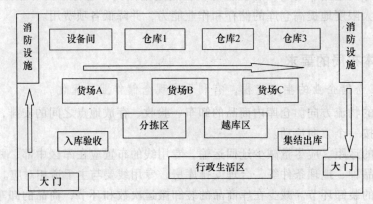

图1-4　仓库总体布局示意图

步骤二　仓库主要设施的设计

一、平房仓库建筑结构设计

1. 地面

地面的构造主要是地面的耐压强度，地面的承载力必须根据承载货物的种类或堆码高度具体研究。通常，一般平房普通仓库1平方米地面承载力为2.5～3吨，多层仓库层数加高，地面负荷能力设计应相应减少。地面的负荷能力是由保管货物的重量、所使用的装卸机械的总重量、楼板骨架的跨度等所决定的。流通仓库的地面承载力，还要保证重型叉车作业的足够受力。

2. 仓库出入口和通道

仓库出入口的位置和数量是由"建筑的开间长度、进深长度"，"库内货物堆码形式"，"建筑物主体结构"，"出入库次数"，"出入库作业流程"以及"仓库职能"等因素所决定的。出入库口尺寸的大小是由卡车是否出入库内，所用叉车的种类、尺寸、台数、出入库次数，保管货物尺寸大小所决定的。库内的通道是保证库内作业畅顺的基本条件，通道应延伸至每个货位，使每个货位都可以直接进行作业，通道需要路面平整和平直，减少转弯和交叉。

3. 立柱间隔

库房内的立柱是出入库作业的障碍，会导致保管效率低下，因而立柱应尽可能减小。但当平房仓库梁的长度超过25米时，建立无柱仓库有困难，则可设中间的梁间柱，使仓库成为有柱结构。不过在开间方向上的壁柱，可以每隔5～10米设一根，由于这个距离仅和门的宽度有关，库内又不显露出柱子，因此和梁间柱相比，在设柱方面比较简单。但是在开间方向上的柱间距必须和隔墙、防火墙的位置，天花板的宽度或是库内开间的方向上设置的卡车停车站台长度等相匹配。

4. 天花板的高度

由于实现了仓库的机械化、自动化，因此现在对仓库天花板的高度也提出了很高的要求，以不影响存储、搬运、拣取等作业为原则，同时考虑仓库层数及结构设计承载。如使用叉车的时候，标准提升高度是3米，而使用多端式高门架的时候要达到6米。另外，从托盘装载货物的高度看，包括托盘的厚度在内，密度大且不稳定的货物，通常以1.2米为标准；密度小而稳定的货物，通常以1.6米为标准。以其倍数（层数）来看，1.2米/层×4层=4.8米，1.6米/层×3层=4.8米，因此，仓库的天花板高度最低应该是5~6米。

步骤三　仓库内部货区布局设计

仓库货区布局，是指根据仓库场地条件、仓库业务性质和规模、物资储存要求以及技术设备的性能和使用特点等因素，对仓库各组成部分，如存货区、理货区、配送备货区、通道以及辅助作业区等，在规定的范围内进行平面和立体的合理安排和布置，最大限度地提高仓库的储存能力和作业能力，并降低各项仓储作业费用。仓库的货区布局和规划，是仓储业务和仓库管理的客观需要，其合理与否直接影响各项工作的效率和储存物资的安全。因此，不但建设新仓库时要重视仓库货区的合理布置，随着技术的进步和作业情况的变化，也应重视对老仓库进行必要的改造。

一、明确仓库内部货区布局的原则

（1）根据货物的大小和负荷决定其搬运、储存和运输载体。

（2）减少作业距离，力求最短的作业路线，使货物出入库时是单向和直线运动，避免逆向操作和大幅度改变方向的低效率运作。

（3）经常性或耗费体力的搬运作业，应采用高效率的机械化设备，使搬运程序机械化、标准化、省力化、省人化。

（4）最大限度地利用空间和面积，如使用立体化储架、积层架等。

（5）物流设备的使用，应避免对环境造成破坏，并考虑废弃包装材料、纸箱及其他废弃物的回收。

（6）遵循安全规范及参考实际经验，安全使用物流设备。

（7）依据环境的需要，对货物搬运及储存系统采用信息化作业。

二、科学选择仓库内部货区布局方法

货区布局的目的一方面是提高仓库平面和空间利用率，另一方面是提高物品保管质量，方便进出库作业，从而降低物品的仓储处置成本。

（一）合理进行库位分区

库位分区是解决货物如何放、放在哪里的问题，是仓库作业的基础，分区是否合理将直接影响仓库作业的效率。

按照仓储作业的功能特点以及ISO9000国际质量体系认证的要求，仓库内部库位一般分为以下四个区域。

（1）备储区。用于暂存处于检验过程中的货物，有进货暂存区和出货暂存区之分。预备储区中不但应对货物的品质有所保护，而且对于货物分批、分类的隔离也要落实执行。此区域一般采用黄色的标志以区别于其他状态的货物。

(2) 保管储区。此区域的货物大多以中长期状态进行保管，是整个仓储中心的管理重点所在。此区域一般采用绿色的标志以区别于其他状态的货物。

(3) 待处理区。用于储存不具备验收条件或质量不能确认的货物，一般采用白色的标志以区别于其他状态的货物。

(4) 不合格品区。用于储存质量不合格的货物，一般采用红色的标志以区别于其他状态的货物。

（二）加强库位管理

(1) 库位标志明确。先将储存区域详细划分，并加以编号，让每种预备储存的货物都有位置可以存放。

(2) 货物定位有效。依据货物保管方式的不同，为每种货物确定合适的储存单位、储存策略、分配规则，把货物有效地配置在预先所规划的库位上。

(3) 变动更新及时。即库位的维护，也就是说货物不管是因拣货取出或是被淘汰，位置或数量发生改变时，都必须及时地记录变动情况，做到账实相符。

（三）货区布置的形式

仓库货区布置分为平面布置和空间布置。

1. 平面布置

平面布置是指对货区内的货垛、通道、垛间距、收发货区等进行合理的规划，并正确处理它们的相对位置。平面布置的形式可以概括为垂直式和倾斜式。

(1) 垂直式布置，是指货垛或货架的排列与仓库的侧墙互相垂直或平行，具体包括横列式布置、纵列式布置和纵横式布置。

① 横列式布置，是指货垛或货架的长度方向与仓库的侧墙互相垂直。这种布局的主要优点是：主通道长且宽，副通道短，整齐美观，便于存取查点，如果用于库房布局，还有利于通风和采光，如图1-5所示。

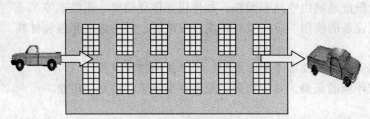

图1-5 横列式布置

② 纵列式布置，是指货垛或货架的长度方向与仓库侧墙平行。这种布局的优点主要是仓库平面利用率较高，但存取货物不方便，如图1-6所示。

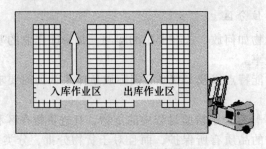

图1-6 纵列式布置

③ 纵横式布置，是指在同一保管场所内，横列式布置和纵列式布置兼而有之，可以综合利用两种布置的优点。

（2）倾斜式布置，是指货垛或货架与仓库侧墙或主通道成 60°、45°或 30°夹角。具体包括货垛倾斜式布置和通道倾斜式布置。

① 货垛倾斜式布置，是横列式布置的变形，它是为了便于叉车作业、缩小叉车的回转角度、提高作业效率而采用的布置方式，如图 1-7 所示。

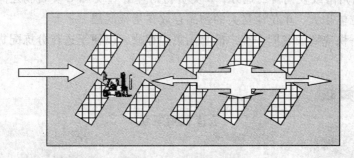

图 1-7　货垛倾斜式布置

② 通道倾斜式布置，是指仓库的通道斜穿保管区，把仓库划分为具有不同特点的作业区，如大量存储和少量存储的保管区等，以便进行综合利用。这种布置形式使仓库内形式复杂，货位和进出库路径较多，如图 1-8 所示。

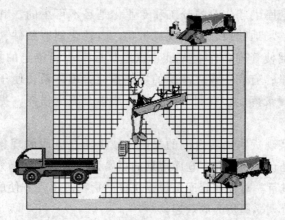

图 1-8　通道倾斜式布置

2. 空间布置

空间布置是指库存货物在仓库立体空间上的布置，其目的在于充分有效地利用仓库空间。进行空间布置时，首先要考虑的是储存货物的存储形式，包括存储货物的位置、尺寸与数量；其次要合理地放置柱、梁、通道，以增加空间使用率；最后要注意保管空间的有效利用，即向上发展、有效利用平面、采用自动仓库等。

空间布置的主要形式有：就地堆码、上货架存放、加上平台、空中悬挂等。其中使用货架存放物品有很多优点，概括起来有以下几个方面。

（1）便于充分利用仓库空间，提高库容利用率，扩大存储能力。

（2）物品在货架里互不挤压，有利于保证物品本身和其包装完整无损。

（3）货架各层中的物品，可随时自由存取，便于做到先进先出。

(4) 物品存入货架，可防潮、防尘，某些专用货架还能起到防损伤、防盗、防破坏的作用。

（四）货物布置

(1) 根据物品特性分区分类储存，将特性相近的物品集中存放。

(2) 将货物进行 ABC 分类，A 类货物尽量布置于靠近走道或门口的地方，C 类货物尽量置于仓库的角落或较偏僻的地方，B 类货物则置于 A 类和 C 类货物之间的地方。

(3) 将单位体积大、单位质量大的物品存放在货架底层。

(4) 将同一供应商或者同一客户的物品集中存放，以便于进行分拣配货作业。

相关知识

仓库使用规划

1. 仓库使用规划的含义

仓库使用规划就是为了方便作业、提高库场利用率和作业效率、提高货物保管质量，依据专业化、规范化、效率化的原则对仓库的使用进行合理的分工和分区，确定货位安排，作业路线布局，以实现其高效率运作。

2. 仓库使用规划的原则

(1) 专业化。仓库生产作业的分工和专业化是必不可少的，其意义在于：可以促进有针对性的设施、场地建设，为实现机械化、自动化创造条件，大大提高作业效率和改善作业条件；促使管理和作业人员熟练地掌握专业和特定的技术和知识、特性，提高效率和工作质量；有利于建立准确的定额指标管理体系，便于明确责任、考核评判优劣、鼓励先进鞭策落后；有利于降低仓库成本，减少损耗，提高经济效益和企业竞争力。

(2) 效率化。实现货物周转速度的提高，减少压仓压库的现象，特别是中转型仓库，高效率的周转是仓库的生命。仓库规划的主要目的就是实现高效率的仓库管理，使仓库作业高效率地进行。对任何仓库来说，快捷的货物进出、方便的作业、高效率的作业速度都会得到送货人、提货人的欢迎。

(3) 充分利用仓库。要根据现有仓库的场地特性、设备条件，针对仓库的货物种类，合理地进行规划，使仓库的每个空间都可以得到充分利用。作业便捷的货位用于周转量大的货物仓储，而不便操作的货位用于保管长期存储的物资。作业路线合理规划，不仅要实现作业的快捷，还要使作业线路最少地占用仓库面积，提高利用空间。分散或者集中作业都能满足仓储作业的需要，但不同的仓储物、不同的作业方式，对空间使用会有极大的差别，应根据仓储作业的需要规划作业区。向高处发展是提高仓库使用空间的有效手段，在仓库使用规划中应尽可能地利用高度。

3. 仓库使用规划过程中应考虑的因素

(1) 仓库的现状和未来的发展。

(2) 仓库的经营方式和仓储对象。

(3）仓库的机械化程度和未来的发展。
(4）仓库管理的方法和能力，员工的素质。
(5）仓库所面临的外部物流条件。
(6）安全仓储和消防管理的需要。

4. 仓库使用规划的内容

（1）仓库的总体合理布局。根据仓库生产和管理的需要，对整个仓库所有设施进行用途规划，确定生产、辅助生产、行政等场所，仓库、作业、道路、门卫等分布和确定，并对各类设施和建筑进行区别。如仓库货场编号、道路命名、行政办公区识别等。

（2）仓库的专业化分工。对所有的用途和功能依据专业规划的原则进行用途确定，一般按照仓储物种进行分类分区，对于专业化的仓库可以按照不同的作业方式进行划分。通过专业分区使得仓库形成如食品区、日用品区、机电区、物资区或者保管区、验货区、包装区等分区。

（3）仓库员工的分工和管理范围。按照仓库员工的管理幅度需要确定班、组管理范围，确定仓库工作岗位和岗位职责。

（4）仓库货位的安排和用途，作业道路和仓库的作业路程。为了实现安全保管和快捷作业，将仓库、货场划分为一定的货位，并对货位进行编号。确定仓库、货场内的作业通道，保证每个货位都能与通道相通，并制定每个仓库和货场作业流程的进出口和运送方向。

（5）仓库的未来发展，包括仓库的发展战略和规模（仓库的扩建、改造、仓库吞吐、存储能力的增长等）以及仓库机械化发展水平和技术改造方向，如仓库的机械化、自动化水平等。

（6）仓库的主要经济指标，如仓库的主要设施利用率、劳动生产率、仓库吞吐存储能力、物资周转率、储存能力利用率、储运质量指标等。

步骤四　布置库内非保管场所

仓库内货架和货垛所占的面积为保管面积或使用面积，其他则为非保管面积。应尽量扩大保管面积，缩小非保管面积。非保管面积包括通道、墙间距、收发货区、仓库人员办公地点等。

1. 通道

库房内的通道，分为运输通道（主通道）、作业通道（副通道）和检查通道。

运输通道供装卸搬运设备在库内行走，其宽度主要取决于装卸搬运设备的外形尺寸和单元装载的大小。运输通道的宽度一般为1.5～3米。

2. 墙间距

墙间距的作用一方面是使货物和货架与库墙保持一定的距离，避免物品受库外温湿度的影响，同时也可作为检查通道和作业通道。墙间距一般宽度在0.5米左右，当兼作作业通道时，其宽度需增加一倍。

3. 收发货区

收发货区是供收货、发货时临时存放物品的作业用地。收发货区的位置应靠近库门和运输通道，可设在库房的两端或适中的位置，并要考虑收货发货互不干扰。收发货区面积的大小，则应根据一次收发批量的大小、物品规格品种的多少、供货方和用户的数量、收发作业效率的高低、仓库的设备情况、收发货的均衡性、发货方式等情况确定。

4. 库内办公地点

仓库管理人员需要一定的办公地点，可设在库内也可设在库外。总的说来，管理人员的办公室设在库内特别是单独隔成房间的是不合理的，既不经济又不安全，所以办公地点最好设在库外。

任务四 仓储设施与设备的配置

【任务描述】

仓储设备的配置是仓储系统规划的重要内容，关系到仓库建设成本和运营费用，更关系到仓库的生产效率和效益。仓储设备是指仓储业务所需的所有技术装置与机器，即仓库进行生产作业或辅助生产作业以及保证仓库及作业安全所必需的各种机械设备的总称。

步骤一 明确仓储设备配备的原则

一、仓储设备的种类

根据设备的主要用途和特征，可以分为具有存取功能的保管设备、分拣配货设备、验货养护设备、防火防盗安全设备及其他用品和工具等。仓储设备的分类如表1-1所示，仓库主要设备，如图1-9所示。

表1-1 仓储设备的分类

功能要求	设备类型
存货、取货	货架、托盘、叉车、起重运输机械、堆垛机械等
分拣、配货	搬运车、分拣机、传输机械等
验货、养护	温湿度监测装置、检验仪器、工具、养护设施等
防火、防盗	温度监视器、防火报警器、监视器、防盗报警设施等
流通加工	充填机、封口机、裹包机、贴标机、捆扎机等
控制、管理	计算机及辅助设备等
配套设施	站台、轨道、道路、场地等

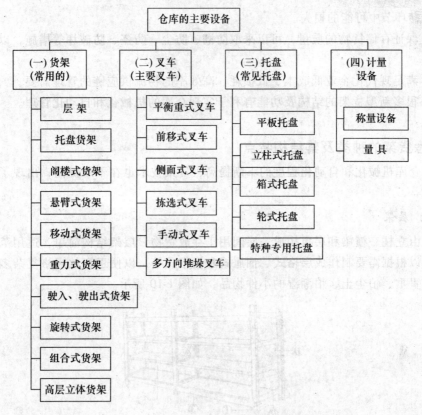

图 1-9 仓库主要设备

二、仓储设备的选择原则

（1）仓储机械设备的型号应与仓库的作业量、出入库作业频率相适应。
（2）计量和搬运作业同时完成。
（3）选用自动化程度高的机械设备。
（4）注意仓储机械设备的经济性。

步骤二 选择货架

根据国家标准《物流术语》（Logistics terms GB/T18354—2001），货架是指用支架、隔板或托架组成的立体储存货物的设施。

货架在发零业务量大的仓库中起着很大的作用，既能够有效保护货物，方便货物的存取，又能够提高仓库空间的利用率，是仓储面积的扩大和延伸。

一、了解货架的功能

（1）可充分利用仓库空间，提高仓库容量利用率，扩大仓库储存能力。
（2）货架中的货物存取方便，便于计量，可做到先进先出，为库存周转的流畅提供方便。
（3）存入货架中的货物，互不挤压，物资损耗小，可完整保证物资本身的功能，减免货物在储存环节中可能的损失。

（4）保证存储货物的质量，可以采取防潮、防尘、防盗、防破坏等措施，以提高物资存储质量。

（5）满足现代化企业低成本、低损耗、高效率的物流供应链的管理需要。

（6）很多新型货架的结构及功能有利于实现仓库的机械化和自动化管理。

二、熟悉货架的种类及其结构特点

随着仓库机械化和自动化程度的不断提高，货架技术也在不断提高，出现了多种类型的货架。

（一）层架

层架由立柱、横梁和层板构成，层间用于存放货物。层架结构简单，适用范围非常广泛，还可以根据需要制作成层格式、抽屉式和橱柜式等，以便于存放规格复杂多样的小件货物或较贵重、怕尘土、怕潮湿的小件物品，如图1-10所示。

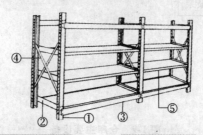

货架部件名称：
1. 立柱
2. 托板
3. 拉杆
4. 交叉
5. 层板

货架规格：mm	
高	1800~2500
宽	1000~1500
深	500~800
层数	3~5
负载	100~150kg/层

图1-10　层架

按存放货物的重量等级层架还分为重型货架（如图1-11所示）、中型货架（如图1-12所示）、轻型货架（如图1-13所示）。

图1-11　重型货架

图1-12　中型货架

图1-13　轻型货架

1. 重型货架的结构和特点

重型货架采用优质冷轧钢板经辊压成型，立柱可高达6米，而中间无接缝，横梁选用优质方钢，承重力大，不易变形，横梁与立柱之间挂件为圆柱凸起插入，连接可靠、拆装容易，并使用锁钉，以防叉车工作时将横梁挑起。全部货架的表面均经酸洗、磷化静电喷涂等工序处理，防腐防锈，外形美观，适用于大型仓库。其特点是：

（1）一般采用固定式层架，坚固、结实，承载能力强。

（2）储存大件或中件、重型物资，配合叉车等使用。

（3）能充分利用仓容面积，提高仓储能力。

2. 中型货架的结构和特点

中型货架造型别致，结构合理，装拆方便，不用螺丝，且坚固结实，承载力大，广泛应用于商场、超市、企业仓库及事业单位，其特点如下。

（1）一般采用装配式，较灵活机动，结构简单，承载能力较差。

（2）适于人工存取轻型或小件货物。

（3）存放物资数量有限，是人工作业仓库的主要储存设备。

3. 轻型货架的结构和特点

轻型冲孔货架是一种通用性很强的结构，可广泛应用于组装轻型料架、工作台、工具车、悬挂系统、安全护网及支撑骨架。冲孔角钢的长度可按刻度快捷切割、用螺丝任意组装、修正并重新安装，这样它既可满足周密计划的使用，又可满足紧急使用的需要。

（二）悬臂式货架

悬臂式货架由3~4个塔形悬臂和纵梁相连而成，悬臂的尺寸根据所存放物品的外形确定，适合存放长料货物和不规则货物，如图1-14所示。前伸的悬臂结构轻巧，载重能力好，并且对存放不规则的或是长度较为特殊的物料时，能大幅提高仓库的利用率和工作效率。增加了搁板后，特别适合空间小，高度低的库房，管理方便，视野宽阔，与普通搁板式货架相比，利用率更高。

图1-14 悬臂式货架

（三）托盘货架

托盘货架专门用于存放堆码在托盘上的货物，其基本形式与层架相似，为储存大量同类的托盘货物而设计。托盘一个接一个按深度方向存放在支撑导轨上，增大了储存密度，提高了空间利用率。这种货架通常运用于储存空间昂贵的场合，如冷冻仓库等。这种货架仓库利用率高，可实现先进先出，或先进后出。适合储存批量大、品种少的货物，批量作业。可用最小的空间提供最大的存储量。叉车可直接驶入货道内进行存取货物，作业方便，如图 1-15 所示。

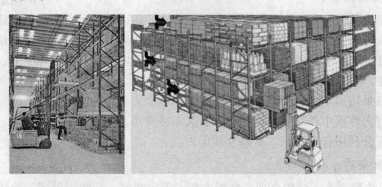

图 1-15　托盘货架

（四）移动式货架

移动式货架的货架底部装有滚轮，开启控制装置，滑轮可以沿轨道滑动。移动式货架平时可以密集相连排列，存取货物时通过手动或电动控制装置驱动货架沿轨道滑动，形成通道，从而大幅度减少通道面积，仓库面积利用率可以达到80%，但由于成本较高，主要在档案管理等重要或贵重物品的保管中使用，如图 1-16 所示。

图 1-16　移动式货架

（五）驶入/驶出式货架

一般的自动化仓库，有轨或无轨堆垛机的作业通道是专用的，在作业通道上不能储存货物。驶入/驶出式货架仓库的特点是作为托盘单元货物的储存，货位与叉车的作业通道是合一的、共同的，这就大大提高了仓库的面积利用率。驶入/驶出式货架采用钢结构，立柱上有水平突出的构件，叉车将托盘货物送入，由货架两边的构件托住托盘。驶入式货架只有一端可供叉车进出，而驶出式货架可供叉车从中通过，非常便于作业，如图 1-17 所示。

图 1-17　驶入/驶出式货架

(六) 旋转式货架

旋转式货架设有电力驱动装置。货架沿着由两个直线段和两个曲线段组成的环形轨道运行，由开关或用计算机操纵。存取货物时，把货物所在货格的编号由控制盘或按钮输入，该货格则以最近的距离自动旋转至拣货点停止。由于通过货架旋转改变货物的位置来代替拣选人员在仓库内的移动，能够大幅度降低拣选作业的劳动强度，而且货架旋转选择了最短路径，所以，采用旋转式货架可以大大提高拣货效率，如图1-18所示。

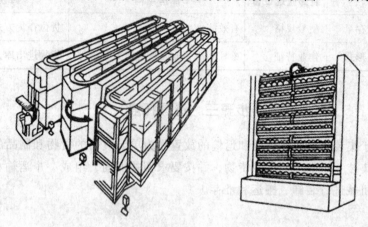

图1-18 旋转式货架

(七) 阁楼式货架

适用于场地有限，品种繁多、数量少的情况下，它能在现有的场地上增加几倍的利用率，可配合使用升降机操作。全组合式结构，专用轻钢楼板，造价低，施工快。可根据实际场地和需要，灵活设计成二层、多层，充分利用空间，适用于电子器材、机械零配件等物品的小包装散件储存，如图1-19所示。

图1-19 阁楼式货架

三、把握货架选择要点

这是广大消费者最关注的一个问题，仓库货架的主要功能是用来存储货物，很多时候不需要像其他商品一样一味地注重货架产品的外观。

选择货架一定要选择适合本仓库储存货物的特点,所以在购置前,一定要自己先行规划,或者让货架厂专业技术人员量身定做,以充分增加仓库的利用率,也为将来出现问题的可能性下降到最低,如表1-2所示。

表1-2 选择货架应综合考虑的因素

货物特点	装卸搬运设备	库房结构	库房管理
货物的性质、库存量	型号规格	有效高度	货位存货方式和密度
单元装载、包装形式	作业特征	梁柱间距、地面承受能力等条件	货物进出库方式货架成本

步骤三 选择托盘

托盘是用于集装、堆放、搬运和运输的放置作为单元负荷的货物和制品的水平平台装置。在平台上集装一定数量的单件货物,并按要求捆扎加固,组成一个运输单位,便于运输过程中使用机械进行装卸、搬运和堆存。

一、了解托盘的特点

(1)托盘的搬运采用机械操作,减少货物堆码作业次数,从而有利于提高运输效率,缩短货运时间,降低劳动强度。

(2)以托盘为运输单位,货运件数变少,体积重量变大,如果每个托盘所装货物数量相等,既便于点数、理货交接,又可以减少货损货差事故。

(3)投资比较小,收益比较快。

二、熟悉托盘的种类及其使用

(一)托盘的种类

托盘的种类繁多,结构各异,目前国内外常见的托盘主要有以下五种。

(1)平板托盘——又称平托盘,是托盘中使用量最大的一种,是通用托盘。

(2)立柱式托盘——在托盘上部的四个角有固定式或可卸式的立柱,有的柱与柱之间有连接的横梁,使柱子成门框型。

(3)箱式托盘——是指在托盘上面带有箱式容器的托盘。

(4)轮式托盘——是在柱式、箱式托盘下部装有小型轮子的托盘。

(5)特种专用托盘——这类托盘是根据产品特殊要求专门设计制造的托盘,如:平板玻璃托盘、油桶专用托盘、轮胎托盘等。

(二)常用托盘及其使用

(1)平托盘,最常见和使用的托盘。由双层板或单层板另加底脚支撑构成,无上层装置,在承载面和支撑面加以纵梁,可使用叉车或搬运车进行作业。按其材质的不同,有木制、塑制、钢制、竹制、塑木复合等,如图1-20所示。

图 1-20 托盘

（2）箱式托盘是在平托盘基础上发展起来的，多用于存放形状不规则的物料、散件或散状物料的集装，金属箱式托盘还用于热加工车间集装热料。一般下部可叉装，上部可吊装，并可进行码垛（一般为四层），如图 1-21 所示。

图 1-21 箱式托盘

（3）柱式托盘。柱式托盘的特点是在不压货物的情况下可进行码垛（一般为四层）。多用于包装物料、棒料管材等的集装。如图 1-22 所示的柱式托盘，还可以成为可移动的货架、货位；不用时，可叠套存放，节约空间。近年来，在国外推广迅速。

（4）物流台车。物流台车是在平托盘、柱式托盘或网箱托盘的底部装上脚轮而成，既便于机械化搬运，又宜于短距离的人力移动。适用于企业工序间的物流搬运，也可在工厂或配送中心装上货物运到商店，直接作为商品货架的一部分，如图 1-23 所示。

图 1-22 柱式托盘

图 1-23 物流台车

（三）托盘标准化

托盘标准化是实现托盘联运的前提，也是实现物流机械和设施标准化的基础及产品包装标准化的依据。托盘的标准化有利于加速物流的流程，降低物流的成本。

国际标准化组织（ISO）制定的托盘标准经过ISO/TC51托盘标准化技术委员会多次分阶段审议，国际标准化组织已于2003年对ISO6780《联运通用平托盘主要尺寸及公差》标准进行了修订，在原有的1200×1000毫米、1200×800毫米、1219×1016毫米（即48英寸×40英寸）、1140×1140毫米四种规格的基础上，新增了1100×1100毫米、1067×1067毫米两种规格，现在的托盘国际标准共有六个。

步骤四　配置装卸搬运设备

根据国家标准《物流术语》（Logistics terms GB/T18354-2001），装卸是指物品在指定地点以人力或机械装入运输设备或从运输设备卸下的活动。搬运则是指在同一场所内将物品进行水平移动为主的物流作业。

一、了解常用的装卸搬运设备

仓库的装卸搬运活动通常是指物品在仓库内部移动，以及在仓库与运输车辆之间的移动，是仓库内部不可缺少的物流环节。装卸搬运活动是否合理不仅影响运输和仓库系统的运作效率，而且影响企业整个系统的运作效率。因此，在仓库建设规划时，选择高效、柔性的装卸搬运设备，对仓库进行装卸搬运组织，加快进出库速度，提高作业效率是十分必要的。

（一）叉车

叉车是指具有各种叉具，能够对货物进行升降、移动以及装卸作业的搬运车辆。叉车在仓储作业过程中，是比较常用的装卸设备，有万能装卸机械之称。它具有灵活、机动性强、转弯半径小、结构紧凑、成本低廉等优点。叉车的类型很多，按照其动力种类可划分为电瓶和内燃机两大类（内燃机的燃料又分为汽油、柴油和天然气三种）；按其基本构造分类，又可分为平衡重式叉车、前移式叉车、侧面式叉车等。

1. 叉车的特点及用途

叉车与其他搬运机械一样，能够减轻装卸工人繁重的体力劳动，提高装卸效率，缩短车辆停留时间，降低装卸成本。它有以下特点和用途：

（1）机械化程度高。使用各种自动的取物装置或在货叉与货板配合情况下，可以实现装卸工作的完全机械化，不需要工人的辅助体力劳动。

（2）机动灵活性好。叉车外型尺寸小、重量轻，能在作业区域内任意调动，适应货物数量及货流方向的改变，可机动地与其他起重运输机械配合工作，提高机械的使用率。

（3）可以"一机多用"。在配备和使用各种取货装置如货叉、铲斗、臂架、吊杆、货夹、抓取器等条件下，可以适应各种品种、形状和大小货物的装卸作业。

（4）能提高仓库容积的利用率，堆码高度一般可达3米，采用高门架叉车可达到5米。

(5) 有利于开展托盘成组运输和集装箱运输。

(6) 成本低、投资少，能获得较好的经济效益。

2. 各种主要叉车

(1) 平衡重式叉车——主要用于车站、工厂、货场等领域，尤其适宜于路面较差，搬运较长的领域。

(2) 前移式叉车——主要用在室内仓库，可降低直角通道宽和直角堆垛宽，节省通道面积，用于配送中心及工厂厂房内，尤其在运行地域狭小之处宜选用这种叉车。

(3) 侧面式叉车——在装卸作业时不必先转弯然后作业，可在窄通道中作业，有利于装搬条形长尺寸货物，叉上长尺寸货物，可节约通道的占地面积，提高仓容率。但这种叉车车体较大，自重也重，不如其他种类叉车使用方便。

(4) 拣选式叉车——这种叉车的主要特点是操作者能随装卸装置一起在车上进行拣货作业，拣选式叉车是适应拣选式配货而使用的叉车，在批量少、品种多的拣货作业中，这种叉车与高层货架配合，形成一种特定的拣选工艺。在现代物流设施中，随配送中心数量的增加，拣货作业数量增加，这种叉车越来越重要。

(5) 手动式叉车——这种叉车灵活机动，操作方便简单，价格便宜，在小件货物、精品仓库、商店、配送中心中有广泛的应用。

(6) 多方向堆垛叉车——这种叉车在行进方向两侧或一侧作业，或者货叉能旋转180度，向前、左、右三个方向做叉货作业。这种类型的叉车适用多方位叉装叉卸作业的仓库。

3. 叉车属具

叉车属具是叉车的辅助机构，是国际上先进物料搬运机械的重要标志，是一种安装在叉车上以满足各种物料搬运和装卸作业特殊要求的专用机械装置，它使叉车成为具有叉、夹、升、旋转、侧移、推拉或倾翻等多用途、高效能的物料搬运工具。叉车属具大大丰富了叉车的作业性能。

(二) 巷道堆垛机

巷道堆垛机是专门用来在高层货架的巷道内堆码或提升货物的机械。它的主要用途是：在立体仓库的货架巷道间来回穿梭运行，将位于巷道口的货物存入货格；或者相反，取出货格内的货物运送到巷道口。主要有单元型、拣选型和单元拣选型三种。

(三) 输送机

输送机是一种连续搬运货物的机械，其特点是在工作时连续不断地沿同一方向输送散料或者重量不大的单件物品。其优点是生产率高、设备简单、操作简便。缺点是一定类型的连续输送机只适合输送一定种类的物品，不适合搬运很热的物料或者形状不规则的单件货物；只能沿一定线路定向输送，因而在使用上具有一定局限性。

根据用途和所处理货物形状的不同，输送机可分为带式输送机、辊子输送机、链式输送机、重力式辊子输送机、伸缩式辊子输送机、振动输送机、液体输送机等。此外，还有移动式输送机和固定式输送机、重力式输送机和电驱动式输送机等多种划分方法。

(四)起重机

起重机是在采用输送机之前曾被广泛使用的具有代表性的一种搬运机械,它是指货物吊起,在一定范围内作水平运动的机械。

起重机按照其所具有的机构、动作繁简程度以及工作性质和用途,可以归纳为简单起重机械、通用起重机械和特种起重机械三种。

简单起重机械一般只作升降运动或一个直线方向的运动,只需要具备一个运动机构,而且大多数是手动的,如绞车、葫芦等。

通用起重机械除需要一个使物品升降的起升机构外,还有使物品做水平方向的直线运动或旋转运动的机构。该类机械主要用电力驱动。属于这类的起重机械主要包括:通用桥式起重机、门式起重机、固定旋转式起重机和行动旋转式起重机等。

特种起重机械是具有两个以上机构的多动作起重机械,专用于某些专业性的工作,构造比较复杂。如冶金专用起重机、建筑专用起重机和港口专用起重机等。

二、装卸搬运设备的配置

(一)配置的原则

在选择仓储机械设备时,应对仓储机械的技术经济指标进行综合评价,应遵循以下原则:

1. 仓储机械设备的型号应与仓库的作业量、出入库作业频率相适应

仓储机械设备的型号和数量应与仓库的日吞吐量相对应,仓库的日吞吐量与仓储机械的额定起重量、水平运行速度、起升和下降速度以及设备的数量有关,应根据具体的情况进行选择。同时,仓储机械的型号应与仓库的出入库频率相适应,对于综合性仓库,其吞吐量不大,但是其收发作业频繁,作业量和作业时间很不均衡。这时,应该考虑选用起重载荷相对较小,工作繁忙程度较高的机械设备。对于专用性仓库,其吞吐量大,但是其收发作业并不频繁,作业量和作业时间均衡。这时,应该考虑选用起重载荷相对较大,工作繁忙程度较小的机械设备。

2. 计量和搬运作业同时完成

有些仓库,需要大量的计量作业,如果搬运作业和计量作业不同时进行,势必要增加装卸搬运的次数,降低了生产效率。例如,在皮带输送机上安装计量感应装置,在输送的过程中,同时完成计量工作。

3. 选用自动化程度高的机械设备

要选择合适的货架和托盘。托盘的运用大大提高了出入库作业的效率,选择合适的货架同样使出入库作业的效率提高,应提高机械设备的自动化程度,以提高仓储作业的效率。

4. 注意仓储机械设备的经济性

选择装卸搬运设备时,应该根据仓库作业的特点,运用系统的思想,在坚持技术先进、经济合理、操作方使的原则下,企业应根据自身的条件和特点,对设备进行经济性评

估,选择合适的机械设备。

(二) 配置的方法

(1) 根据距离和物流量,确定设备的类别。简单的搬运设备适合于距离短、物流量小的搬运需要;复杂的搬运设备适合于距离短、物流量大的搬运需要。简单的运输设备适合于距离长、物流量小的运输需要;复杂的运输设备适合于距离长、物流量大的运输需要。

(2) 根据设备的技术指标、货物特点以及运行成本、使用方便等因素,选择设备系列型号,甚至品牌。在设备选型时要注意:

① 设备的技术性能。能否胜任工作以及设备的灵活性要求等。

② 设备的可靠性。在规定的时间内能够工作而不出现故障,或出现一般性故障易立即修复且安全可靠。

③ 工作环境的配合适应性。工作场合是露天还是室内,是否有震动,是否有化学污染以及其他特定环境要求等。

④ 经济因素。包括投资水平、投资回收期及性能价格比等。

⑤ 可操作性和使用性。操作是否易于掌握,培训的复杂程度等。

⑥ 能耗因素。设备的能耗应符合燃烧与电力供应情况。

⑦ 备件及维修因素。设备条件和维修应方便、可行。

步骤五 了解自动化仓库

所谓自动化仓库,是指由电子计算机进行管理和控制,不需要人工搬运作业,而实现收发自动化作业的仓库。立体仓库是指采用高层货架以货箱或托盘储存货物,用巷道堆垛起重机及其他机械进行作业的仓库。将上述两种仓库的作业结合的仓库称为自动化立体仓库。

自动化仓库是集声、光、电及计算机管理为一体的高度自动化的全封闭储存设备。它充分利用垂直空间,最大限度地优化存储管理,在一些场所中,自动货柜就是一个高效、便捷的小型立体仓库。

自动货柜通过计算机、条形码识别器等职能工具进行管理,使用非常方便,只要按动按键,内存货物即到进出平台,可自动统计、自动查找,特别适用于体积小、价值高的物品的储存管理,也适合于多品种、小批量的物品管理。

一、自动化仓库的分类

(一) 按照储存物品的特性进行分类

(1) 常温自动化立体仓库系统。

(2) 低温自动化立体仓库系统。

(3) 防爆型自动仓储系统。

(二) 按照自动化立体仓库建筑形式进行分类

(1) 自立式钢架仓储系统。

(2) 一体式钢架仓储系统。

（三）按照自动化立体仓库货架构造形式进行分类

按照自动化立体仓库货架构造形式来划分，单元货格式仓库、贯通式仓库、水平旋转式仓库和垂直旋转式仓库。

二、自动化立体仓库的优缺点

（一）自动化立体仓库的主要优点

（1）仓库作业全部实现机械化和自动化，一方面能够大大节省人力，减少劳动力费用的支出；另一方面能够大大提高作业效率。

（2）采用高层货架、立体储存，能有效地利用空间，减少占地面积，降低土地购置费用。

（3）采用托盘或货箱储存货物，货物的破损率显著降低。

（4）货位集中，便于控制与管理，特别是使用电子计算机，不但能够实现作业过程的自动控制，而且能够进行信息处理。

（二）自动化立体仓库的缺点

（1）结构复杂，配套设备多，需要的基建和设备投资高。

（2）货架安装精度要求高，施工比较困难，而且施工周期长。

（3）储存货物的品种受到一定限制，对长大笨重货物以及要求特殊保管条件的货物，必须单独设立储存系统。

（4）对仓库管理和技术人员要求较高，必须经过专门培训才能胜任。

（5）工艺要求高，包括建库前的工艺设计和投产使用中按工艺设计进行作业。

（6）自动化仓库要充分发挥其经济效益，就必须与采购管理系统、配送管理系统、销售管理系统等管理咨询系统相结合，但是这些管理咨询系统的建设需要大量投资。

因此，在选择建设自动化立体仓库时，首先必须综合考虑建设自动化立体仓库的目的以及它在整个企业营运中的地位，而后再详细斟酌建设自动化立体仓库所带来的正面和负面影响。最后，还要考虑相应的补救措施。所以，在实际建设中必须进行详细的方案规划，进行综合测评，最终确定建设方案。

三、自动化立体仓库的组成

自动化立体仓库从建筑形式上看，可分为整体式和分离式两种。整体式是库房货架合一的仓库结构形式，仓库建筑物与高层货架相互连接，形成一个不可分开的整体。分离式仓库是库梁分离的仓库结构形式，货架单独安装在仓库建筑物内。

自动化立体仓库由仓库建筑、高层货架、巷道式堆垛起重机、水平搬运系统和控制系统组成。其主体和货架为钢结构或钢筋混凝土结构，在货架内是标准尺寸的货位空间，巷道堆垛机穿行于货架之间的巷道中完成存、取货的工作。

自动化立体仓库的周边设备，主要有液压升降平台、辊式输送机、台车、叉车、托盘等。这些设备与堆垛机相互配合，构成完整的装卸搬运系统。

控制堆垛机和各种周边设备的运行是由控制系统来完成的，它是自动化立体仓库的

"指挥部"和"神经中枢"。自动化立体仓库的控制形式有手动自动控制、随机自动控制、远距离控制和计算机全自动控制四种形式。随着电子技术的发展，电子计算机在仓库控制中日益发挥重要作用。

相关知识

仓储机械的配置要求

仓储机械是完成货物进库、出库和储存的设备。从仓储机械的作业过程看，仓储机械具有起重、装卸、搬运、储存和堆码的功能，配置仓储机械时应注意：

（1）运动线路较固定。由于作业场所的限制，且作业场所较固定，因此仓储机械的运动线路也比较固定。

（2）专业化程度高。仓储作业由一系列实现特定功能的作业环节或工序组成，但各工序的功能较单一，而工序间的功能差别一般较大，为提高工作效率，使得仓储机械的专业化程度越来越高。

（3）标准化程度高。商品流通各环节对商品的外观和包装提出了标准化要求，促进物流设备包括仓储机械设备的标准化。

（4）机械化、自动化程度高。随着条码技术、光学字符识别技术、磁编码识别技术、无线电射频识别技术、自动认证技术、自动称重技术和计数技术的广泛应用，现代仓储设备的自动化程度大大提高。

（5）节能性和经济性要求高。仓储过程作为流通领域或企业物流必不可少的环节，为实现商品的价值起到了极其重要的作用，因此为控制仓储成本，在设计和选用仓储机械时，必须考虑其节能性和经济性。

（6）环保性要求。仓储机械由于作业环境的特殊性，必须严格控制其对环境的污染程度。

（7）安全性要求。在仓储作业过程中，要在复杂的环境和有限的空间中保证人员、设备和货物的安全，对仓储机械的安全性要求很高。

任务五　仓储管理岗位人员的配备

【任务描述】

生产力包括生产资料和劳动者。要保证仓储作业的顺利进行，除准备上述各项生产资料外，还要根据仓储企业工作的需要，给不同的工作配备相应的工作人员。

步骤一　仓储企业人员的选拔

一、熟悉仓储作业人员组成

仓储作业人员按工作性质分为三类。

（1）同货物收、存、发直接相关的仓储作业人员，主要有理货员、分拣员、搬运员等。理货员和分拣员主要负责仓库日常业务管理，如接货、验货、入库、分拣、储存、出库等工作。搬运员负责货物搬运方案的选择与实施。

（2）协调工作顺利进行的管理人员，主要有仓储主管、业务员（制单员、营销员）、财会人员等。仓储主管是仓库的主要负责人，负责仓库全面工作。业务员负责业务推广、咨询洽谈、客户服务和业务办理。财会人员负责业务结算、经济活动分析，为企业管理者的业务决策提供财务信息支持。

（3）服务人员，主要有设备操作、维修、后勤服务人员等。工作人员的配备，力求做到人尽其才，才尽其用。

二、明确仓储管理人员的选拔要求

（一）仓储管理人员基本素质要求

1. 业务素质

要有一定的文化知识基础，较好地掌握仓储管理的专业知识；熟悉仓储企业的作业流程、理货与装卸搬运的技术特点；了解常见货物的化学、物理特性、体积、外观以及检验、保管、养护、包装、运输等要求；具有现代仓储管理技能和管理意识，掌握一些实用的现代化管理方法。

2. 能力素质

要有分析判断能力、市场预测能力；要有交际沟通能力、灵活应变能力；善于思考，勇于创新工作方式方法。

3. 身体素质

仓储管理工作有时要求仓管人员昼夜轮班，工作比较辛苦，所以要求仓管人员身体健康，能吃苦耐劳，精力充沛。

（二）仓储主管的素质要求

（1）有较强的组织管理能力，熟悉仓储业务，能组织仓库的各项作业。

（2）具有前瞻性，有一定经营管理经验，不受现有的机构、制度和一些做法的约束，掌握现代仓库经营管理方法，能够创造合理化的物流条件。

（3）善于沟通，协调能力强，具有系统的思考能力。

（4）了解现代人力资源管理知识，能激发员工的工作热情和团队精神。

（5）熟悉电脑操作，能运用现代化管理手段进行作业管理。

（6）具有一定的财务管理能力。能查阅财务报表，进行经济核算、成本分析，正确掌握仓储经济信息，进行成本管理。

（7）良好的身体和心理素质，能胜任繁重的脑力劳动和竞争压力。

（三）理货员的素质要求

（1）熟悉现代仓储管理基础知识，熟练掌握仓库管理作业程序及各项管理规定。

（2）具有丰富的商品知识。对于所经营的商品要充分熟悉，掌握其理化性质和保管要求,能针对性地采取管理措施。

(3) 掌握现代仓储管理的技术和手段,能熟练运用现代信息技术进行作业。

(4) 熟悉仓储设备,能合理和高效地安排使用仓储设备。

(5) 良好的协调沟通能力,善于协调各种工作关系,发挥团队协作的作用。

(四) 仓储管理人员职业道德

(1) 以客户服务为中心。对客户有礼貌,要以各种方式维系好客户,如回访、交际和公关活动。

(2) 高度诚信。要严格按照物流法律法规执行作业,忠诚客户利益。

(3) 良好的行为规范。包括语言规范及各项文件的规范。

(4) 高效率的团队精神。员工之间要理解、包容,讲求合作精神。

(5) 持续的竞争力。要有良好的管理技能、物流技能、商业技能。

步骤二 仓储管理人员培训

一、明确培训的目的

对仓储管理起决定作用的因素是管理人员的素质问题。培训出高素质的操作人员和管理人员是仓储作业成功的关键。企业招聘到各类人员后,为了使他们能更好地胜任各自岗位的工作,企业还要对他们进行培训。

培训的目的一个是使员工掌握目前工作所必需的操作技能以及解决问题的能力;一个是利用培训来强化员工的沟通能力、团队协作和奉献精神。

二、建立培训体系

(一) 把握培训的基本过程

(1) 确定培训需求,即需要培训什么。

(2) 建立培训目标,即目标的明确性和可量度性。

(3) 制订培训计划,即实施培训前,要选择培训技术,制订教学计划。

(4) 效果评价,即对受训者接受培训前后的工作绩效进行比较,对培训计划的效益进行评价。

(二) 合理采用合理的方式方法

仓储管理人员的培训体系应包括长期的不同职务人员的职务培训、短期的业务技术培训、脱产培训和自学等方式。采用直接面授法、技能实践法等多种方法。

 相关知识

仓库保管员的职责

(1) 认真贯彻仓库保管工作的方针、政策、体制和法律法规,树立高度的责任感,忠于职守,廉洁奉公,热爱仓库工作,具有敬业精神;树立为客户服务、为生产服务的观点,具有合作精神;树立讲效率、讲效益的思想,关心企业的经营。

（2）严格遵守仓库管理的规章制度和工作规范，严格履行岗位职责，及时做好物质的入库验收、保管保养和出库发运工作；严密各项手续制度，做到收有据、发有凭，及时准确登记销账，手续完备，账物相符，把好收、发、管三关。

（3）熟悉仓库的结构、布局、技术定额；熟悉仓库规划；熟悉堆码、苫垫技术，掌握堆垛作业要求。在库容使用上做到妥善安排货位，合理高效地利用仓库，堆垛整齐、稳固，间距合理，方便作业、清数、保管、检查、收发。

（4）熟悉仓储物质的特性、保管要求，能针对性地进行保管，防止货物损坏，提高仓储质量；熟练地填写表账、制作单证，妥善处理各种单证业务；了解仓储合同的义务约定，完整地履行义务；妥善处理风雨、热冻等自然灾害对仓储物资的影响，防止和减少损失。

（5）重视仓储成本管理，不断降低仓储成本。妥善保管好剩料、废旧包装，收集和处理好的脚货，做好回收工作。用具、苫垫、货板等妥善保管、细心使用促使使用寿命延长。重视研究物质仓储技术，提高仓储利用率，降低仓储物耗损率，提高仓储的经济效益。

（6）加强业务学习和训练，熟能生巧地掌握计量、衡量、测试用具和仪器的使用；掌握分管物质的货物特性、质量标准、保管知识、作业要求和工艺流程；及时掌握仓库管理的新技术、新工艺，适应仓储自动化、现代化、信息化的发展，不断提高仓储的管理水平；了解仓库设备和设施的性能和要求，督促设备维护和维修。

（7）严格执行仓库安全管理的规章制度，时刻保持警惕，做好防火、防盗、防破坏、防虫鼠害等安全保卫工作，防止各种灾害和人身伤亡事故，确保人身、物资、设备的安全。

 **相关案例**

石家庄顺达建筑材料有限公司的仓库平面布局优化设计

一、背景分析

（一）石家庄顺达建筑材料有限公司简介

石家庄顺达建筑材料有限公司位于河北省石家庄市槐中西路78号副8号，成立于2003年，2005年正式成为冠珠品牌石家庄总代理商。现主要经营建筑装饰材料，销售各种规格型号的墙砖、地砖和卫浴。该公司年销售额由最初的100万元，发展到现在近3 000万元。2010年，石家庄顺达建筑材料有限公司多管齐下，明确订立了集团化管理目标，实现从传统型管理向现代集约型管理模式过度，力争高质高效完成5 000万元的年度销售目标。

目前，石家庄顺达建筑材料有限公司正积极开拓新的销售渠道，同时，投入130多万元用于装修宁晋、南宫、衡水、正定等直营店，更在红星美凯龙等大型建材超市建立了500~800平方米的冠珠专卖店，在衡水新建880平方米的冠珠专卖店等。

（二）石家庄顺达建筑材料有限公司仓库现状分析

1. 原仓库布局图

石家庄顺达建筑材料有限公司原仓库布局如图 1-24 所示。

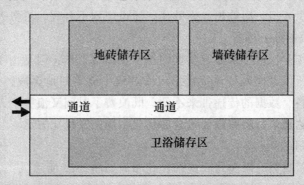

图 1-24　原仓库布局图

2. 仓库布局说明

石家庄顺达建筑材料有限公司仓库位于石家庄南二环，属于流通性仓库，货物日出入库量为 70 吨左右。该仓库长 40 米，宽 20 米，有效利用面积为 800 平方米。仓库内存有三种不同货物，分别是卫浴、墙砖和地砖。该公司储存量及销售量最大的是地砖，尤其是规格为 800×800 毫米和 600×600 毫米。墙砖中主要规格为 150×150 毫米，200×200 毫米，300×300 毫米，300×450 毫米，销售量最大的为 300×450 毫米。卫浴销售量最大的货物规格为 2000×1000 毫米。而三个储存区域面积具体为：卫浴储存区长 34 米，宽 6 米；墙砖储存区长 15 米，宽 10 米；地砖储存区均为长 16 米，宽 10 米。该仓库实际利用面积为 514 平方米左右，有效利用率为 64.25%，由此可见仓库利用率并不高。

二、石家庄顺达建筑材料有限公司仓库存在的问题

（一）货物储存区布局及面积划分不合理，货物存放凌乱

据了解该公司销售量最大的为地砖，而地砖储存面积小，量大时只能借用其他货物储存区，有特殊要求和出库检验不合格的货物没有固定储存区，无规划堆放，导致货物拣选难度增加，作业效率降低。

（二）没有设置相应的功能分区

出入库中的包装、检验、理货等工作不能高效进行，影响出入库资料记录及交接工作。物料摆放、移动后，新库位的资料不能及时交给录单员录入系统，造成无法找到相关物料，大大影响了作业效率。

（三）没有相应的搬运设备

出入库、装卸、搬运全部依靠人工作业，人员繁多，增加了管理难度，致使仓储作业效率低，成本高。

（四）标志不统一、不规范，物料编码和物料名称繁乱不准确

无法追查物料具体型号规格，增加了查找难度，工作效率低下。

（五）仓库出入口及通道规划不合理

仓库仅有一个出入口，影响出入库效率；通道规划不合理，浪费大量仓库面积。

（六）没有高效的办公场所

在货物出入库作业流程中都涉及单据的签字及传送工作，但是由于仓库工作人员没有库内办公场所，所以工作人员在货物出入库过程中要不断地奔波，作业流程不流畅，给出入库过程中资料、数据的传递带来不便，既浪费了时间又浪费了人力。

三、石家庄顺达建筑材料有限公司仓库优化布局图及优化方案

（一）优化布局图

石家庄顺达建筑材料有限公司仓库的优化布局如图 1-25 所示。

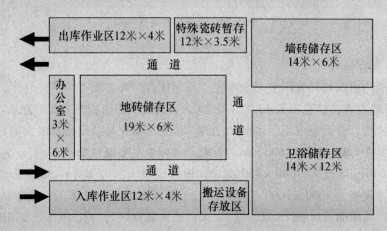

图 1-25　优化布局图

（二）优化方案

（1）根据货流量大小及出入库频繁程度合理规划储存区位置及面积。

为了适应公司的销售情况，根据地砖销售量大的特点扩大了地砖储存区的储存面积，从而能够增加地砖的存储量，保证公司的销售需求。

在保证地砖、墙砖和卫浴的存储需求前提下增加了特殊瓷砖储存区，将有特殊要求的货物或者出库检验不合格的货物暂存在该区域内，避免与其他普通货物或者合格货物混淆，使得各区域货物的存储更加清晰和准确。

（2）设置相应的功能分区。

在入口设置入库作业区，它的职能是接运货物、核查入库凭证、检查验收、进行物料编码、分拣组织入库，使入库的货物能整齐分类，从而做到准确高效地入库。

在出口设置出库作业区，在这个区域内进行出库前的包装、分拣检验、核对出库信息，将不合格货物放在特殊瓷砖储存区，集中处理，保证出库的货物准确并且合格，从而减少反库率，间接增加了出入库作业效率。

办公室的主要功能是进行单据的签字、分类、归档及传送工作,并将货物种类、规格、存放位置及数量和出入库、货损量等录入系统。方便查找货物,提高工作效率,另外,还方便仓库保管人员休息。优化前后对比图如图1-26所示。

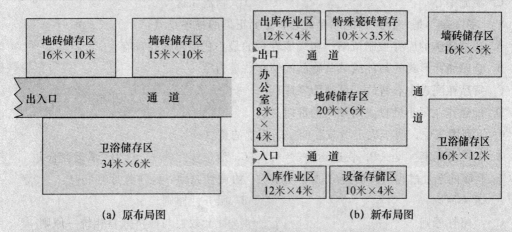

图1-26 优化前后对比图

(3) 以货物规格为依据购置相应的仓储搬运设备,节省人力,减少货损,降低成本,提高作业效率。

(4) 运用条码技术,在入库作业区安装条码打印机,对货物进行编码,并将信息输入计算机系统,负责出入库人员使用条码采集器,核对货物信息,避免出现货差,同时又方便查找货物。

(5) 将单仓门改设为两个独立仓门,方便出入库作业分开进行。并以搬运车作业面积为依据,合理设置通道,确定通道宽度。

(6) 建议公司制定一份《物料出入库管制程序》,出入库时严格按照该程序要求,相信势必会再次提高出入库的效率。

【单元知识考核】

一、选择题

1. 在储备型仓库中,为了满足对商品出库时进行备货作业需要设置的区域为商品( )。

A. 收货区   B. 检验区   C. 集结区   D. 作业区

2. 仓储规划中保管区的划分一般是按( )。

A. 储存物资的使用方向划分   B. 储存物资的用途划分
C. 储存物资的自然属性划分   D. 按储存物资的储存时间长短划分

3. 企业仓库的合理布局包含( )。

A. 企业仓库的合理设置   B. 各类仓库内部的合理布局
C. 仓库管理人员配备   D. 企业的生产布局

4. （　　）是指商品集中、出货、保管、包装、加工、配货、配送、信息的场所或经营主体。
   A. 转运型物流节点　　　　　　　　　B. 配送中心
   C. 物流中心　　　　　　　　　　　　D. 物流园区

5. "零库存"是一种特殊的库存观念，下面正确的描述是（　　）。
   A. 通过特殊的库存控制策略，实现库存量的最小化或不保持库存
   B. 仓库储存形式的某种或某些物品的储存数量为零
   C. 货品在配送中心暂放，可视为零库存
   D. 配送作业是小批量、高频率的准时送货

6. 下列因素中，属于决定增减存储空间需求的是（　　）。
   A. 消除分销商　　B. 快速运输　　C. 信息较完善　　D. 承运商合并

7. 仓库的选址过程应同时遵守适应性原则、协调性原则、经济性原则和（　　）。
   A. 效率原则　　　　　　　　　　　　B. 服务性原则
   C. 战略性原则　　　　　　　　　　　D. 社会效益与经济效益相统一原则

8. 下列各因素中，不属于影响仓库选址的自然环境因素是（　　）。
   A. 气象条件　　B. 环境保护要求　　C. 劳动力分布　　D. 土壤承载力

9. 下列地形条件中，（　　）是仓库选址时不宜选择的地形条件。
   A. 平坦的地形　　　　　　　　　　　B. 狭长的地形
   C. 稍有坡度的地形　　　　　　　　　D. 地势较高

10. 充足和素质较高的劳动力是仓库选址考虑的（　　）。
    A. 自然环境因素　　　　　　　　　　B. 其他因素
    C. 社会环境因素　　　　　　　　　　D. 经营环境因素

11. 仓库选址需要考虑保护自然环境与人文环境等因素，下列哪个地方适宜建设大型转运枢纽（　　）。
    A. 远离城市的郊区　　　　　　　　　B. 人口密度较大的中心城区
    C. 商业中心区　　　　　　　　　　　D. 行政中心区

12. 重心法选址模型只计算（　　）。
    A. 土地成本　　B. 劳动力成本　　C. 资本成本　　D. 运输成本

13. 转运型仓库一般应设置在（　　）。
    A. 城镇边缘或城市郊区的独立地段　　B. 城市边缘地区的交通便利地段
    C. 接近服务对象的地段　　　　　　　D. 入城干道处

14. 果蔬食品仓库应该选址在（　　）。
    A. 城市边缘对外交通运输干线附近　　B. 接近服务对象的地段
    C. 入城干道处　　　　　　　　　　　D. 城郊的独立地段

15. 建筑材料仓库选址时，主要考虑（　　）
    A. 交通运输条件　　B. 地形条件　　C. 防火要求　　D. 防水要求

16. 综合型仓库选址时，主要考虑（　　）。
    A. 交通运输条件　　B. 地形条件　　C. 防火要求　　D. 防水要求

17. （　　）指从仓库外墙线算起，整个围墙内所占的全部面积。
    A. 仓库总面积　　　　　　　　　　B. 仓库建筑面积
    C. 仓库使用面积　　　　　　　　　D. 仓库有效面积

18. （　　）指仓库内所有建筑物所占平面面积之和。
    A. 仓库总面积　　　　　　　　　　B. 仓库建筑面积
    C. 仓库使用面积　　　　　　　　　D. 仓库有效面积

19. （　　）指仓库内可以用来存放商品的面积之和。
    A. 仓库总面积　　　　　　　　　　B. 仓库建筑面积
    C. 仓库使用面积　　　　　　　　　D. 仓库有效面积

20. （　　）指在库房、货棚、货场内计划用来存放商品的面积之和。
    A. 仓库总面积　　　　　　　　　　B. 仓库建筑面积
    C. 仓库使用面积　　　　　　　　　D. 仓库有效面积

21. 现代仓库为适应商品快速周转的需要，在总体规划布置时应注意适当增大生产作业区中收发货作业区面积和（　　）。
    A. 流通加工区　　B. 检验区面积　　C. 储货区　　D. 拣货区

22. 现代仓库已由传统的储备型仓库转变为以收发作业为主的流通型仓库，合格品储存区面积占总面积的（　　）。
    A. 10%～15%　　B. 8%～12%　　C. 20%～30%　　D. 40%～50%

23. 待检区商品一般采用（　　）的标志以区别于其他状态的商品。
    A. 黄色　　　　B. 红色　　　　C. 绿色　　　　D. 白色

24. 储备型库房的布置特点是突出强调提高（　　）占库房总面积的比例。
    A. 收发货区面积　　　　　　　　　B. 商品集结区面积
    C. 检验区面积　　　　　　　　　　D. 储存面积

25. 与储备型库房相比较，流通型库房是缩小了储存区，而增加了（　　）。
    A. 收发货区　　　　　　　　　　　B. 商品集结区
    C. 检货以及出库准备区　　　　　　D. 流通加工区

二、判断题

（　　）1. 仓库最小空间一般是根据各期存货所需的最小空间需求，并在考虑其他的因素的规模基础上适当增加容量。

（　　）2. 仓库选址对土壤承载力并没有什么要求。

（　　）3. 库区铁路专用线应与国家铁路、码头、原料基地相连接，以便机车直接进入库区内进行货运。

（　　）4. 不合格品隔离区的商品一般采用白色的标志以区别于其他状态的商品。

（　　）5. 直接影响仓库规模的因素是需要仓库储存的商品数量。

（　　）6. 在商品储存量不变的情况下，如果这些商品在仓库里平均储存的时间越短，所需要仓库的容量就越小。

（　　）7. 对于吞吐量较大的库房和货场，应使它们尽可能靠近铁路专用线或库内运输干线，以减少搬运和运输距离。

（　　）8. 库内道路的配置与仓库主要建筑设施的布置之间不存在联系。

（　　）9. 确定拣货以及出库准备区面积的大小主要考虑商品出库作业量的大小。

（　　）10. 对储存商品进行分类就是按照商品的不同属性将储存商品分划为若干大类。

【强化技能训练】

仓库平面布局规划与设计

一、实训目标

能够运用仓库合理布局的基本原则和方法解决实际问题。

二、实训内容

参观某一仓库，画出该仓库的总平面布局图，写出评价报告。

三、实训完成步骤

1. 参观某一仓库，了解该仓库的种类、专业化程度及所储商品的特点。
2. 画出该仓库平面布局图。
3. 按照平面布局的基本原则评价该仓库的布局是否合理。
4. 若有不妥之处，提出修改方案。

四、实训完成方式

1. 可以采取小组完成的方式，每两人为一组，获取所需资料，以报告形式显示调查结果，但在作业中应体现出各自独立完成的部分。
2. 从布置日期起，四周内完成。
3. 作业以 A4 纸、5 号宋体字打印。

五、评价标准

	标　　准	证明方式	教师评价
优秀	1. 获取信息真实有效 2. 语言流利，使用专业术语 3. 布局图绘制正确，评价得当 4. 能提出自己的观点	分析报告	
良好	1. 获取大量信息 2. 能使用专业术语 3. 能正确评价现行布局	分析报告	
及格	1. 能显示调查信息 2. 能对所得信息进行分析	分析报告	

六、能力评价信息表

通用技能	证明方式	教师评价
1. 自我管理的能力 2. 分析运用信息的能力 3. 与他人合作的能力	按时递交作业 分析报告 分析报告	

考核内容	考核标准	分值
仓储货区平面布置情境设计	货区平面布置形式选择合理	20
	功能区的划分科学	30
	整个布局符合货区布置的基本思路	40
	平面图整洁、规范	10

项目二　仓储商务管理与安全质量控制

【学习目标】
1. 熟练掌握仓储合同的特征及主要内容;
2. 了解仓储合同的文本形式;
3. 熟悉仓单业务,掌握仓单的内容;
4. 掌握仓储安全的基本要求;
5. 熟悉仓库事故处理的方法;
6. 掌握仓储质量管理的主要内容和基本方法。

【技能要求】
1. 能够拟写仓储合同;
2. 能够处理仓储合同纠纷;
3. 能够正确办理仓单业务;
4. 能够预防和处理仓储经营活动中产生的安全和质量问题。

【学习情境】
某物流企业仓储管理员的工作职责:
1. 熟知仓储保管合同相关条款,按合同要求尽职尽责地管理好仓库重地;
2. 根据公司仓储规划,做好货物入库计划;
3. 认真负责地验收对方单位送交的货物,按交货时间、数量和质量等指标,逐一仔细验收,做好入库和统计记录;
4. 科学合理地堆放货物,保障货物及人员的安全,对在库商品进行科学养护;
5. 认真负责地做好出库记录和统计工作;
6. 定期对仓库产品进行盘点,及时向上级管理部门汇报盘点分析报告。

【情境分析】
从某企业仓储管理员的工作职责可以看出仓库管理工作不只是对货物的入库、在库以及出库的管理,还应保证在库货物的质量及人员的安全,需要围绕仓储日常经营管理中出现的常见问题,从订立仓储合同、签署仓单、仓储安全管理和仓储质量管理四个方面,强化其管理仓库的基本技能。

任务一　订立仓储合同

【任务描述】
订立仓储合同是仓储企业对外基于仓储经营业务进行的经济活动,是一种商业行为。通过实施有效的仓储合同管理,可以帮助企业更好地处理合同履行中的问题,规避风险,最大限度地获得经济效益。

步骤一 了解仓储合同及订立的原则和要求

一、什么是仓储合同

合同是指平等主体的自然人、法人和其他组织之间设立、变更、终止民事权利义务关系的协议。

《合同法》第381条规定：仓储合同是保管人储存存货人交付的仓储物，存货人支付仓储费的合同。仓储合同属于保管合同的一种特殊类型，我国以往的合同法将仓储合同归为保管合同中，统称为仓储保管合同。但仓储业随着商品经济的发展，从保管业中逐步发展、壮大起来，仓储合同不再作为一般的保管合同来对待，而是作为一种独立的有名合同在合同法中加以规定。

从《合同法》对仓储合同的界定可以看出仓储合同是由保管人提供场所、设施、设备，存放存货人的货物，仓储管理人只收取仓储费和劳务费的合同。仓储合同的种类主要有：一般仓储合同、混藏式仓储合同、消费式仓储合同、仓储租赁合同。

二、仓储合同的特征

1. 仓储合同是诺成合同

仓储合同是诺成合同，又称为不要物合同，即双方当事人意思表示一致就可成立、生效的合同。而保管合同是实践合同，或称为要物合同。保管合同除双方当事人达成合意外，还必须有寄存人交付保管物，合同从保管物交付时起成立。这是仓储合同与保管合同的重要区别之一。

2. 仓储合同为双务有偿合同

双务合同是指合同双方当事人的权利和义务是相互对应的，双方相互享有权利、负有义务。有偿合同是指双方当事人要按照等价有偿的原则，从对方取得权利时必须偿付一定的代价。仓储合同为双务有偿合同，保管人提供储存、保管的义务，存货人承担支付仓储费的义务。

3. 仓储合同是不要式合同

不要式合同，是相对于要式合同的法律概念，是指当事人订立的合同依法并不需要采取特定的形式，当事人可以采取口头方式，也可以采取书面方式。虽然仓储合同的保管人于接受储存的货物时应当给付存货人仓单或其他凭证，但开具仓单是保管人合同义务的履行，仓单并非合同的书面形式。

4. 仓储合同保管对象为动产

仓储合同保管对象为动产，土地、房屋等不动产不能成为仓储合同中的仓储物。作为仓储物的动产不限于特定物，也可以是种类物。若为特定物，则储存期限届满或根据存货人的请求返还仓储物时，须采取原物返还的方式；若为种类物，则只需返还该种类的相同品质、相同数量的替代物。

5. 保管人必须具有仓储设施，并具有仓储管理业务资格

在仓储合同中，作为保管存货人货物的一方，必须具备一定的资格。仓库保管人是专

事仓储保管业务的人，必须具有仓库营业资质，即具有仓储设施、仓储设备。所谓仓储设备是指能够满足储藏和保管物品需要的设施。所谓专事仓储保管业务，是指经过仓储营业登记专营或兼营仓储保管业务。

三、仓储合同订立的原则

仓储合同的订立，是存货人与保管人之间依意思表示而实施的能够引起权利与义务关系发生的民事法律行为。订立仓储合同，应当遵循以下基本原则：

1. 平等原则

平等原则是指作为仓储合同的当事人双方，在法律上地位一律平等。无论谁为存货人，也不论保管人是谁，双方均享有独立的法律人格，可以独立地表达自己的意思，双方是在平等基础上的利益互换。

2. 公平及等价有偿原则

等价有偿原则，要求仓储合同的双方当事人依价值规律进行利益选择，禁止无偿划拨、调拨仓储物，也禁止强迫保管人或存货人接受不平等利益交换。合同双方都要承担相应的合同义务，享受相应的合同利益。

3. 自愿与协商一致原则

自愿原则是指让存货人与保管人完全依照自己的知识、判断去追求自己最大的利益。协商一致是在自愿基础上寻求意思表示一致，寻求利益的结合点。存货人与保管人协商一致的约定，具有与法律同等的约束力。仓储合同的订立只有在协商一致的基础上，才能最充分地体现双方的利益，从而保证双方依约定履行各自的权利与义务。

四、仓储合同成立应具备的条件

（1）必须有双方当事人，即保管人和存货人。
（2）必须双方当事人意思表示一致。仓储合同的双方当事人必须就仓储合同的主要条款达成一致，合同方能成立。
（3）当事人约定采取书面形式的，须采用书面形式。
（4）因为仓储合同是诺成合同，不必交付标的物合同也能成立。

步骤二　熟悉仓储合同包括的主要条款

仓储合同的主要条款是指存货人和保管人双方协商一致订立的规定双方所享有的主要权利和承担的主要义务的条款，是检验合同合法性和有效性的重要依据。仓储合同包括以下条款。

一、存货人、保管人的名称和地址

合同当事人是履行合同的主体，需要承担合同责任，需要采用完整的企业注册名称和登记地址，或者主办单位地址。主体为个人的必须明示个人的姓名和户籍地或常住地（临时户籍地）。有必要时可在合同中增加通知人，但通知人不是合同当事人，仅仅履行通知当事人的义务。

二、仓储物的品名、品类条款

对于存货人来说，仓储合同的标的物具有特定的用途，保管人应妥善保管，以免发生损毁，而且在保管期满后应当按约定将原物交还给存货人。因此，双方当事人必须在合同中对货物的品种或品名做出明确的规定。

三、仓储物的数量、质量、包装条款

仓储物的数量依据保管人的存储能力由双方协商确定，并以法定计量单位计算。合同中对货物的质量应使用国家或者有关部门规定的质量标准标明。仓储物的包装由存货人负责，有国家或专业包装标准的，执行规定标准；没有有关标准的，在保证运输和储存安全的前提下，由合同当事人约定。

四、仓储物验收的内容、标准、方法、时间条款

验收存货人的货物是保管人的义务和责任。保管人验收仓储物的项目有：其一，仓储物的品种、规格、数量、外包装状况，以及无须开箱、拆捆，即直观可见可辨的质量情况。其二，包装内的货物品名、规格、数量，以外包装或货物上的标记为准；外包装或货物上无标记的，以供货方提供的验收资料为准。散装货物按国家有关规定或合同规定验收。验收的方法有全验和按比例抽验两种，具体采用哪种方法，双方当事人应在合同中明确写明。验收的期限是自货物和验收资料全部送达保管人之日起，至验收报告送出之日止，日期以运输或邮电部门的戳记或直接送达的日期为准。

五、仓储物保管和保管要求条款

仓储合同的标的物即存货人委托储存保管的货物，种类繁多，性质各异，对保管和保管要求也各不相同，许多货物需要特殊的保管条件和保管方法，在合同中应做出相应的规定。例如，储存易燃、易爆、有毒、有腐蚀性、有放射性等危险物品，或者易变质物品，需要有专门的仓储设备和技术条件，在合同中必须明确约定，存货人必须向保管人说明该货物的性质，并提供有关材料。

六、仓储物的损耗标准及损耗的处理条款

仓储物的损耗标准是指货物在储存过程中，由于自然原因（如干燥、风化、散失、挥发、黏结等）和货物本身的性质等原因，不可避免地要发生一定数量的减少、破损，而由合同当事人双方事先商定一定的货物自然减量标准和破损率等。在确定仓储物的损害标准时，要注意易腐货物的损耗标准应该高于一般货物的损耗标准。除了对货物按照保管条件和要求保管外，损耗标准应当根据储存时间的长短来确定，损耗的处理是指仓储物实际发生的损耗，超过标准或没有超过标准规定的，应当如何处理的问题。例如，仓储物出库时与入库时实际验收数量不一致，在损耗标准范围之内的视为货物完全交付。如果损耗数量超过约定的损耗标准，应核实后作出验收记录，由保管方负责处理。

七、计费项目、标准和结算方式、银行、账号、时间条款

计费项目包括：保管费、转仓费、出入库装卸搬运费、车皮、站台、专用线占有、包装整理、商品养护等费用。此条款中除明确上述费用由哪一方承担外，还应明确各种费用的计算标准、支付方式、支付时间、地点、开户银行、账号等。

八、责任划分和违约处理条款

仓储合同中可以从货仓储物物入库、验收、保管、包装、出库等方面明确双方当事人的权利和义务。同时双方应约定，什么性质的违约行为承担什么性质的违约责任，并且明确约定承担违约责任的方式，即支付违约金、赔偿金以及赔偿实际损失等。

九、合同的有效期限及变更解除条款

双方当事人在合同中应约定合同的有效期限即货物的储存期限。仓储合同的当事人如果需要变更或解除合同，必须事先通知另一方，双方一致即可变更或解除合同。变更或解除合同的建议和答复，必须在法律规定或者合同约定的期限内提出。

十、争议的解决方式条款

在合同中约定发生纠纷的解决方法，还可以根据需要约定其他经双方同意的条款。

上述 10 项是仓储合同的主要条款。除此之外，合同双方还可根据双方利益对其他更多、更广泛的事项做出约定。

步骤三　仓储合同范例展示

仓储合同范例

存货方：＿＿＿＿＿＿＿＿＿＿
地址：＿＿＿＿＿＿＿　　邮码：＿＿＿＿＿＿＿　　电话：＿＿＿＿＿＿＿
法定代表人：＿＿＿＿＿＿＿　　职务：＿＿＿＿＿＿＿

保管方：＿＿＿＿＿＿＿＿＿＿
地址：＿＿＿＿＿＿＿　　邮码：＿＿＿＿＿＿＿　　电话：＿＿＿＿＿＿＿
法定代表人：＿＿＿＿＿＿＿　　职务：＿＿＿＿＿＿＿

根据《中华人民共和国合同法》的有关规定，存货方和保管方根据委托储存计划和仓储容量，经双方协商一致，签订本合同。

第一条　储存货物的品名、品种、规格、数量、质量
1. 货物品名：＿＿＿＿＿＿＿＿＿＿＿＿＿＿＿＿＿＿＿＿＿＿＿＿＿＿。
2. 品种规格：＿＿＿＿＿＿＿＿＿＿＿＿＿＿＿＿＿＿＿＿＿＿＿＿＿＿。
3. 数量：＿＿＿＿＿＿＿＿＿＿＿＿＿＿＿＿＿＿＿＿＿＿＿＿＿＿＿＿。
4. 质量：＿＿＿＿＿＿＿＿＿＿＿＿＿＿＿＿＿＿＿＿＿＿＿＿＿＿＿＿。

第二条　货物包装

1. 存货方负责货物的包装，包装标准按国家或专业标准规定执行。（没有以上标准的，在保证运输和储存安全的前提下，由合同当事人议定。）

2. 包装不符合国家或合同规定，造成货物损坏、变质的，由存货方负责。

第三条 保管方法（根据有关规定进行保管，或者根据双方协商方法进行保管）

第四条 保管期限自_____年_____月_____日至_____年_____月_____日止。

第五条 验收项目和验收方法

1. 存货方应当向保管方提供必要的货物验收资料，如未提供必要的货物验收资料或因提供的资料不齐全、不及时，所造成的验收差错及贻误索赔期或者发生货物品种、数量、质量不符合合同规定时，保管方不承担赔偿责任。

2. 保管方应按照合同规定的包装外观、货物品种、数量和质量，对入库货物进行验收，如果发现入库货物与合同规定不符，应及时通知存货方。保管方未按规定的项目、方法和期限验收，或验收不准确而造成的实际经济损失，由保管方负责。

3. 验收期限为_____天（国内货物不超过10天，国外到货不超过30天），超过验收期限所造成的损失由保管方负责。货物验收期限，是指货物和验收资料全部送达保管方之日起，至验收报告送出之日止。日期均以运输或邮电部门的戳记或直接送达的签收日期为准。

第六条 入库和出库的手续：按照有关入库、出库的规定办理（如无规定，按双方协议办理）。入库和出库时，双方代表或经办人都应在场，检验后的记录要由双方代表或经办人签字。该记录视为合同的有效组成部分，当事人双方各保存一份。

第七条 损耗标准和损耗处理：按照有关损耗标准和损耗处理的规定办理（如无规定，按双方协议办理）。

第八条 费用负担和结算办法。

第九条 违约责任。

一、保管方的责任

1. 由于保管方的责任，造成退仓或不能入库时，应按合同规定赔偿存货方运费和支付违约金。

2. 对危险物品和易腐货物，不按规程操作或妥善保管，造成毁损的，负责赔偿损失。

3. 货物在储存期间，由于保管不善而发生货物灭失、短少、变质、污染、损坏的，负责赔偿损失。如属包装不符合合同规定或超过有效储存期而造成货物损坏、变质的，不负赔偿责任。

4. 由保管方负责发运的货物，不能按期发货，赔偿存货方逾期交货的损失；错发到货地点，除按合同规定无偿运到规定的到货地点外，还应赔偿存货方因此而造成的实际损失。

二、存货方的责任

1. 易燃、易爆、有毒等危险物品和易腐物品，必须在合同中注明，并提供必要的资料，否则造成货物毁损或人身伤亡的，由存货方承担赔偿责任直至由司法机关追究刑事责任。

2. 存货方不能按期存货时，应偿付保管方的损失。

3. 超议定储存量储存或逾期不提时，除交纳保管费外，还应偿付违约金。

三、违约金和赔偿方法

1. 违反货物入库计划的执行和货物出库的规定时，当事人必须向对方交付违约金。违约金的数额，为违约所涉及的那一部分货物的3个月保管费（或租金）或3倍的劳务费。

2. 因违约使对方遭受经济损失时，如违约金不足以抵偿实际损失，还应以赔偿金的形式补偿其差额部分。

3. 前述违约行为给对方造成损失的，一律赔偿实际损失。

4. 赔偿货物的损失，一律按照进货价或国家批准调整后的价格计算；有残值的，应扣除其残值部分或残件归赔偿方，不负责赔偿实物。

第十条 不可抗力

由于不能预见并且对其发生和后果不能防止或避免的不可抗力事故，致使直接影响合同的履行或者不能按约定的条件履行时，遇有不可抗力事故的一方，应立即将事故情况电报通知对方，并应在7天内，提供事故详情及合同不能履行、或者部分不能履行、或者需要延期履行理由的有效证明文件。

第十一条 其他约定

_____

保管方：_____

代表人：_____

　　　　_____年_____月_____日

存货方：_____

代表人：_____

　　　　_____年_____月_____日

 相关知识

签订仓储合同的基本要求

（1）签订仓储保管合同必须选择保管条件优、保管水平高、信守合同、收费合理的保管方，特别是要根据储存货物自身的质量、特性和对储存的技术要求来选择，如仓库的结构设施、温度湿度控制、库房货场状况、起重搬运设备条件和距离车站、码头远近、保管质量、服务水平都是签订合同时需要慎重考虑的。

（2）签订仓储保管合同的核心要求是安全、稳妥、保质、保量储存货物，因此签约时应重点把握住货物入库、验收和出库、验收两个环节，要把验收方法、标准以及交接手续条款定清、定准。

（3）由保管方代办运输的条款中，应明确规定保管方有按期做好进站准备、向车站港口申报车船托运的责任。

步骤四 模拟订立仓储合同

一、实训目的

通过仓储合同的模拟订立，使学生熟悉订立合同的各项条款，并对各项条款的具体内容能够清晰把握、灵活处理，解决单纯的理论学习所带来的眼高手低现象，最终达到能够订立简单的仓储合同的目的。

二、实训基本要求

要求同学们实训前做好各项合同内容的理论复习，实训过程中遵守实训要求，按老师指定的步骤进行，发现问题要及时修改，以在实训中不断完善合同知识，达到实训的目的。

三、实训项目内容

2010年3月1日，某地天地储运公司收到本市GZ电器集团的邮件，内容如下："GZ电器集团有意向由天地储运公司保管家用电器，保管期限自2010年4月1日至2011年4月1日，仓库租金是全国统一价每平米15元/月，任何一方违约，均需支付违约金2万元，如无异议，2周后正式签订合同。"天地储运公司对GZ公司提出的"要约"表示同意，储运国内公司总经理委托仓储部门相关人员代理签订仓储合同。请以该储运公司名义起草和签订仓储合同。

四、实训步骤

（1）将学生分组，分别扮演仓储项目的需方和供方。
（2）参考合同案例，各组讨论自己的权利和义务。
（3）合同双方模拟协商事宜，订下仓储合同。
（4）请各组代表总结各方在签订仓储合同时的注意事项。
（5）双方修改合同，形成定稿，作为实训成果。

任务二 签署仓单

【任务描述】

某水果店与某仓储公司签订了一份仓储合同，合同约定仓储公司为水果店储存水果5吨，仓储期间为1个月，仓储费为6 000元，自然耗损率为4%。水果由存货人分批提取。合同签订以后，水果店按照约定将水果交给仓储方储存，入库过磅为55 000公斤。仓储公司在接收货物以后，向水果店签发了仓单。根据《合同法》第387条的规定，仓单是提取货物的凭证。合同到期以后，存货人持仓单向仓储公司提货，但提货时因仓单内容和仓储合同内容不符，货物减少，双方发生纠纷。因此，了解仓单业务、熟知签署仓单的注意事项对存货方和保管方均非常重要。

步骤一　认识仓单

根据我国《合同法》的规定，存货人交付仓储物的，保管人应当给付仓单，并应在仓单上签字或盖章。

仓单是保管人向存货人填发的表明仓储保管关系的存在，以及保管人愿意向仓单持有人履行交付仓储物的义务。仓单是一种要式证券，因此，其填发必须遵循法律特别规定的形式。根据此规定，仓库业务部门可以凭储存凭证向存货人签发仓单。

一、仓单的法律特征

1. 仓单为有价证券

《合同法》第387条规定："仓单是提取仓储物的凭证。存货人或者仓单持有人在仓单上背书并经保管人签字或者盖章的，可以转让提取仓储物的权利。"可见，仓单表明存货人或者仓单持有人对仓储物的交付请求权，故为有价证券。

2. 仓单为要式证券

《合同法》第386条规定，仓单须经保管人签名或者盖章，且须具备一定的法定记载事项，故为要式证券。

3. 仓单为物权证券

仓单上所载仓储物的转移，必须自转移仓单始生所有权转移的效力，故仓单为物权证券。

4. 仓单为文义证券

所谓文义证券是指证券上权利义务的范围以证券的文字记载为准。仓单的记载事项决定当事人的权利义务，当事人必须依仓单上的记载主张权利义务，故仓单为文义证券、不要因证券。

5. 仓单为自付证券

仓单是由保管人自己填发的，又由自己负担给付义务，故仓单为自付证券。

仓单证明存货人已经交付了仓储物和保管人已经收到了仓储物的事实，它作为物品证券，在保管期限届满时，存货人或者仓单持有人可凭仓单提取仓储物，也可以背书的形式转让仓单所代表的权利。

二、仓单的作用

仓单是仓储保管的凭证，作用主要表现在以下几个方面：

（1）仓单是保管人向存货人出具的货物收据。当存货人交付的仓储物经保管人验收后，保管人就向存货人填发仓单。仓单是保管人已经按照仓单所载状况收到货物的证据。

（2）仓单是仓储合同存在的证明。仓单是存货人与保管人双方订立的仓储合同存在的一种证明，只要签发仓单，就证明了合同的存在。

（3）仓单是货物所有权的凭证。它代表仓单上所列货物，谁占有仓单就等于占有该货物，仓单持有人有权要求保管人返还货物，有权处理仓单所列的货物。仓单的转移，也就是仓储物所有权的转移。因此，保管人应该向持有仓单的人返还仓储物。也正由于仓单代表其项下货物的所有权，所以，仓单作为一种有价证券，也可以按照《担保法》的规定设定权利质押担保。

（4）仓单是提取仓储物的凭证。仓单持有人向保管人提取仓储物时，应当出示仓单。保管人一经填发仓单，则持单人对于仓储物的受领，不仅应出示仓单，而且还应缴回仓单。仓单持有人为第三人，而该第三人不出示仓单的，除了能证明其提货身份外，保管人应当拒绝返还仓储物。

此外，仓单还是处理保管人与存货人或提单持有人之间关于仓储合同纠纷的依据。

三、仓单生效必须具备两个要件

1. 保管人须在仓单上签字或者盖章

保管人在仓单上签字或者盖章表明保管人对收到存货人交付仓储物的事实进行确认。保管人未签字或者盖章的仓单说明保管人还没有收到存货人交付的仓储物，故该仓单不发生法律效力。当保管人为法人时，由其法定代表人或其授权的代理人及雇员签字；当保管人为其他经济组织时，由其主要负责人签字；当保管人为个体工商户时，由其经营者签字。盖章指加盖保管人单位公章。签字或者盖章由保管人选择其一即可。

2. 仓单须包括一定的法定必要记载事项

依《合同法》第386条的规定，仓单的法定必要记载事项共有八项，其中，存货人的名称或者姓名和住所，仓储物的品种、数量、质量、包装、件数和标记，储存场所，填发人、填发地和填发日期四项为绝对必要记载事项，不记载则不发生相应的证券效力。其余四项属于相对必要记载事项，如当事人不记载则按法律的规定来处理。

步骤二　了解仓单的主要事项

根据《合同法》第386条规定，仓单应包括下列事项。

（1）存货人的名称或者姓名和住所。仓单是记名证券，因此应当记载存货人的名称或姓名和住所。

（2）仓储物的品种、数量、质量、包装、件数和标记。在仓单中，有关仓储物的有关事项必须记载，因为这些事项与当事人的权利义务直接相关。有关仓储物的事项包括仓储物的品种、数量、质量、包装、件数和标记等。这些事项应当记载准确、详细，以防发生争议。

（3）仓储物的损耗标准。仓储物在储存过程中，由于自然因素和货物本身的自然性质可能发生损耗，如干燥、风化、挥发等，这就不可避免地会造成仓储物数量上的减少。对此，在仓单中应当明确规定仓储物的损耗标准，以免在返还仓储物时发生纠纷。

（4）储存场所。储存场所是存放仓储物的地方。仓单上应当明确载明储存场所，以便存货人或仓单持有人能够及时、准确地提取仓储物。同时，也便于确定债务的履行地点。

（5）储存期间。储存期间是保管人为存货人储存货物的起止时间。储存时间在仓储合同中十分重要，它不仅是保管人履行保管义务的起止时间，也是存货人或仓单持有人提取仓储物的时间界限。因此，仓单上应当明确储存时间。

（6）仓储费。仓储费是保管人为存货人提供仓储保管服务而获得的报酬。仓储合同是有偿合同，仓单上应当载明仓储费的有关事项，如数额、支付方式、支付地点、支付时间等。

（7）仓储物已经办理保险的，其保险金额、时间以及保险人的名称应该明确在合同中。如果存货人在交付仓储物时，已经就仓储物办理了财产保险，则应当将保险的有关情况告知保管人，由保管人在仓单上记载保险金额、保险时间以及保险公司的名称。

（8）填发人、填发地点和填发时间。保管人在填发仓单时，应当将自己的名称或姓名以及填发仓单的地点和时间记载于仓单上，以便确定当事人的权利义务。

步骤三　掌握仓单业务

仓单常见业务是发生在保管人和存货人之间的业务，是仓储业的日常管理工作，是保管人对存货人是否予以提货、向谁提货的核准。

一、仓单的签发

当存货人将仓储物交给保管人，并要求保管人签署仓单时，保管人需对仓储物进行检查和理数，确认仓储物的状态，在全部仓储物收妥后，将所接收的仓储物的实际情况如实记录在仓单上，特别是对仓储物的不良状况更要准确批注，如果存货人不同意批注且仓储物的瑕疵不影响仓储物的价值或质量等级时，保管人可以接受存货人的担保而不批注，否则必须批注，或者拒绝签发仓单。

根据《合同法》规定，仓单一式两份，一份是正式仓单，交给存货人；另一份为存底单，由保管人保管。仓单可以有副本，可以根据业务需要复制相应的份数，但需要注明"副本"字样。

二、仓单的分割

存货人将一批仓储物交给保管人时，因为转让的需要，要求保管人签发分为几份的仓单，或者仓单持有人要求保管人将原先的一份仓单分拆成多份仓单以便向不同人转让，这就遇到仓单的分割业务。仓单的分割不仅只是单证的处理，还意味着保管人需要对仓储物进行分割，且达成对残损、地脚货的分配协议并对分割后的仓单持有人有约束力，分割后仓单的仓储物总和数与仓储物总数相同。保管人对已签发出的仓单进行分割后，必须将原仓单收回。

三、仓单的转让

仓单持有人需要转让仓储物时，可以通过背书转让的方式进行。仓单转让生效的条件为：背书过程完整，经仓储保管人签字。

作为记名单证，仓单的转让通过背书的方式进行。背书转让的出让人为背书人，受让人为被背书人，背书格式为：

兹将本仓单转让给×××（被背书人的完整名称）
×××（背书人的完整名称）

背书经办人签名、日期

仓单可以进行多次背书转让，第一次背书转让的存货人为第一背书人。在第二次转让时，第一次被背书人就成为第二背书人，因而背书过程是衔接完整的过程，任何参与该仓单转让的人都在仓单的背书过程中记载。

存货人将仓单转让，意味着仓储保管人需要对其他人履行仓储义务，仓储保管人与存货人订立仓储合同的意境和氛围都因仓单的转让发生了变化，仓储保管人对仓单受让人履行仓单义务需要了解义务对象的变化，因而需要对仓单的转让予以认可。因此，仓单的转让需要保管人签署后，受让人方可凭单提取仓储物。

四、凭单提货

在保管期满或者经保管人同意的提货时间内，仓单持有人可以出示身份证明后向保管人提货，具体工作步骤如下。

（1）核对仓单。保管人核对提货人所提交的仓单和存货底单，确定仓单的真实性；对于转让的仓单需要核查仓单的背书是否完整，过程衔接是否明白；核对仓单上存货人或者被背书人与其所出示的身份证明是否一致。

（2）提货人缴纳费用。如果仓单记载由提货人缴纳仓储费用的，保管人需根据仓储合同约定以及仓单上的记载，要求提货人按约定缴纳费用。

（3）保管人签发提货单证并安排提货。保管人收取费用、收回仓单后，签发提货单证，安排货物出库准备。

（4）提货人验收仓储物。提货人根据仓单的记载与保管人共同查验仓储物，签收提货单证，收取仓储物。如果查验时发现仓储物状态不良，现场编制记录，并要求保管人签署，必要时申请商品检验，以备事后索赔。

五、仓单灭失的提货

仓单因故毁损或灭失，将会出现无单提货的现象。仓单灭失的提货方法有以下两种：

（1）通过人民法院的公示催告使仓单失效。根据民事诉讼法，原仓单持有人或者仓储合同人可以申请人民法院对仓单进行公示催告。当60天公示期满无人争议时，人民法院可以判决仓单无效，申请人可以向保管人要求提取仓储物。在公示期内有人争议时，则由法院审理判决，确定有权提货人，并凭法院判决书提货。

（2）提供担保提货。提货人向保管人提供仓储标的物的担保后提货，由保管人掌握担保财产，将来另有人出示仓单而不能交货需要赔偿时，保管人使用担保财产进行赔偿。该担保在可能存在的仓单失效后，方可解除担保。

六、不记名仓单

如果保管人和存货人达成协议，由保管人签发不记名仓单，则所签发的仓单的存货人项就可以空白。不记名仓单在转让时无须背书,存期届满由持有人签署,并提示同样的身份证明就能提货。不记名仓单不能提前提货,使用不记名仓单的存货人和保管人双方都存在一定的风险,仓储保管人不能控制仓单的转让,也不知道将来要向谁交货,仓单持有人遗失仓单就等于遗失仓储物。在仓单的存货人项不填写真正的存货人或所有人,而只填写通知人或者经手人等非实际仓储物的所有人的仓单也属于不记名仓单。

仓单正、反字例如表 2-1、表 2-2 所示。

步骤四 仓单范例展示

表 2-1 仓单(正面)

公司名称:					
公司地址:					
电话:		传真:			
账号:		批号:			
储货人:		发单日期:			
货主名称:		起租日期:			
兹收到下列货物依本公司条款(见后页)					
唛头及号码	数量	所报货物	每件收费	每月仓租	进仓费	出仓费
总件数:			经手人:		
总件数(大写):					
备注: 核对人:					

表 2-2 仓单(反面)

存货记录					
日 期	提单号码	提货单位	数 量	结 余	备 注

储货条款

一、本仓库所载之货物种类、唛头、箱号等,均系按照储货人所称填理,本公司对货物内容、规格等概不负责。

二、货物在入仓交接过程中,若发现与储货方填列内容不符,我公司有权拒收。

三、本仓库不储存危险物品,客户保证入库货物绝非为危险品,如果因储货人的货物品质危及我公司其他货物造成损失时,储货方必须承担因此而产生的一切经济赔偿责任。

四、本仓单有效期一年,过期自动失效。已提货之分仓单和提单档案保留期亦为一年。期满尚未提清者,储货人须向本公司换领新仓单。本仓单须经我公司加印硬印方为有效。

五、客户(储货人)凭背书之仓单或提货单出货。本公司收回仓单和分提单,证明本公司已将该项货物交付无误,本公司不再承担责任。

任务三　仓储安全管理

【任务描述】
在仓储活动中，存在着各种各样不可预见的不安全因素，而仓库中储存的物资种类数量繁多，火灾或者爆炸都是极具传播性的，仓储安全管理就是要及时发现并消除这些安全隐患，在发生事故、安全问题时，能够采取有效措施降低损失的程度，保证仓储的正常、安全运转。

步骤一　了解仓储安全管理包含的意义和任务

一、仓储安全管理的意义

仓储安全工作是关系到国家财产和人民生命安全的一件大事，是做好仓储业务的基本前提。作为仓储业务部门必须建立健全安全保证体系，认真履行安全责任制度，切实做好仓储安全管理工作。

二、仓储安全管理的任务

仓储安全管理是为实现系统安全目标而进行的有关决策、计划、组织和控制等方面的活动。仓库安全管理的主要任务是在国家安全生产方针的指导下，依照有关政策、法规及各项安全生产制度，运用现代安全管理原理、方法和手段，分析和研究生产过程中存在的各种不安全因素，从技术上、组织上和管理上采取有力措施，解决和消除各种不安全因素，防止事故的发生，保证生产顺利进行，保障人员的人身安全和健康，以及国家财产安全，避免各种损失。

仓储安全管理的任务归纳起来可以分为两个方面：仓库的安全消防工作和仓库的生产作业安全。

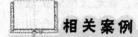
相关案例

据《成都晚报》报道，2010 年 4 月 30 日傍晚，四川某地一家名为"鼎信仓储"的大型仓库突发大火，火势借助易燃储存物迅速蔓延，不久吞噬了连排的几大仓库。这家仓库占地面积很大，明火最早是从六区的空调仓库燃起来的。没过多久，大火迅速向四周蔓延，紧挨着空调仓库的是一个布料仓库和一个白酒仓库，明火蔓延过来后，火势借助易燃物迅速扩大，现场不断传出酒瓶爆裂的声音。消防人员火速赶往现场遏制火势蔓延，但过火面积已达到两、三千平方米，货物损失相当严重。

步骤二 掌握仓库安全消防工作

一、仓库火灾知识

仓库火灾是仓库的灾难性事故，不仅会损害仓库货物，还会损坏仓库设施，燃烧产生的有毒气体会直接危及人的生命安全。仓库储存大量的物质，物质存放密集，电气设备、机械的大量使用，使管理人员相对较少，这些都有造成火灾的可能。仓库安全消防工作是仓库安全管理的重中之重，是长期的、细致的、不能疏忽的工作。

仓库火灾是由于人的不安全行为和物的不安全状态相互作用而引起，并危及人们生命和财产的失控燃烧。

设 P 表示所有人的不安全行为因素集合，M 表示所有物的不安全状态因素的集合，则火灾产生的条件为：

$$P \cap M\{x \mid x \in P、M\} \in A \cap B \cap C\{x \mid x \in A、B、C\}$$

式中 A，B，C 分别表示燃烧的三要素：可燃物、助燃物和着火源。

可燃物是指能与空气中的氧或其他氧化剂起燃烧反应的物质，如木材、纸张、布料等。可燃物中有一些物品，遇到明火特别容易燃烧，称为易燃物品，常见的有汽油、酒精、液化石油气等。

助燃物是能帮助和支持可燃物质燃烧的物质，即能与可燃物发生氧化反应的物质，如空气、氧气。

着火源是指供给可燃物与助燃剂发生燃烧反应能量的来源。除明火外，电火花，摩擦、撞击产生的火花及发热，造成自燃起火的氧化热等物理化学因素都能成为着火源。

要发生燃烧，三要素缺一不可。因此，如采取措施使三要素不同时存在，比如控制可燃物、隔绝空气、消除着火源，即可阻止燃烧发生，从而实现仓库防火救灾的目的。

二、仓库火灾的种类

1. 普通火灾

普通可燃固体燃烧所引发的火灾，如木料、棉花、化纤、煤炭等。普通火燃烧扩散较慢，但燃烧较深入，货堆内部都在燃烧，灭火后重燃的可能性极高。普通火较适合用水扑灭。

2. 电气火灾

电器火灾是指电器、供电系统漏电所引起的火灾，以及具有供电功能的仓库发生的火灾。其特征是在火场中还有供电存在，有人员触电的危险；另外由于供电系统的传导，还会在电路的其他地方产生电火源。发生火灾后，要迅速切断供电，采用其他安全方式照明。

3. 油类火灾

油类火灾是各种油类、油脂发生燃烧时所引起的火灾。油类属于易燃品，且还具有流动性，着火的油的流动，会迅速扩大着火范围。油类轻于水，会漂浮在水面，随水流动，因此不能用水灭火,只能采用泡沫、干粉等灭火。矿油类应储藏在专用的油库,普通仓库中不得存放矿油类物品,但普通仓库中可存放独立包装的食用油。

4. 爆炸性火灾

爆炸性火灾指具有爆炸性的货物发生的火灾,或者火场内存在爆炸性物品,如易发生化学爆炸的危险品、会发生物理爆炸的密闭容器等。爆炸不仅会加剧火势,扩大燃烧范围,更危险的是会直接对人生命的危害。发生这类火灾时,首要的工作是保证人身安全,迅速撤离人员。

三、防火与灭火方法

1. 防火方法

(1) 控制可燃物。用难燃或不燃材料代替易燃或可燃物,设置防火隔离带。

(2) 隔绝空气。涉及易燃易爆的生产过程,应隔绝空气,在密闭设备中进行,或是充入惰性介质保护。

(3) 消除着火源。在生产、存放易燃、易爆产品时,应消除着火源,采用防爆电器,同时禁止一切火种。

(4) 设置防火分区。

2. 灭火方法

(1) 隔离法。将正在发生燃烧的物质与其周围可燃物隔离,燃烧就会因为缺少可燃物而停止。如将靠近火源处的可燃物品搬走,拆除接近火源的易燃建筑,关闭可燃气体、液体管道阀门,减少和阻止可燃物质进入燃烧区域等。

(2) 窒息法。阻止空气流入燃烧区域,或用不燃烧的惰性气体冲淡空气,使燃烧物得不到足够的氧气而熄灭。如用二氧化碳、氮气、水蒸气等惰性气体灌注容器设备,用石棉毯、湿麻袋、湿棉被、黄沙等不燃物或难燃物覆盖在燃烧物上,封闭起火的建筑或设备的门窗、孔洞等。

(3) 冷却法。将灭火剂(水、二氧化碳等)直接喷射到燃烧物上,把燃烧物的温度降低到可燃点以下,使燃烧停止;或者将灭火剂喷洒在火源附近的可燃物上,使其不受火焰辐射热的威胁,避免形成新的着火源。此法为灭火的主要方法。

(4) 抑制法(化学法)。将有抑制作用的灭火剂喷射到燃烧区,并参加到燃烧反应过程中去,使燃烧反应过程中产生的游离基消失,形成稳定分子或低活性的游离基,使燃烧反应终止。目前使用的干粉灭火剂、1211等均属此类灭火剂。

(5) 综合灭火法。火灾的危害性极大,而且当火势凶猛时,基本无法控制。发生火灾时要同时采取各种能够采用的灭火方式,以提高灭火的能力。如封闭库房和库外喷水降温同时进行,搬离货场附近货物的隔绝法和释放灭火剂同时进行。

在共同使用多种灭火方式时,要注意避免所采用的手段互相干扰,降低灭火效果。如采用泡沫灭火时,不能用水冲,除非有大量的水源要代替不足的泡沫;酸性灭火剂不能与碱性灭火剂共同使用。另外还需要防止造成人员伤害,如释放惰性气体时,必须先把现场人员撤离。

3. 消防设施和灭火器

(1) 消防设施。仓库必须依据《消防法》、国家标准的《建筑设计防火规范》来设计和建设，仓库的拟定用途要合乎规范的耐火等级、层数和占地面积、库房容积和防火间距。仓库区内设置消防通道，消防通道宽度不小于 4 米。

库房内应设室内消防给水，同一库房内应采用统一规格的消防栓、水枪和水带，水带长度不应超过 25 米。四层以上的仓库建筑应设置水泵接合器。对于面积超过 1 000 平方米的纤维及其制品仓库，应设置闭式自动喷水灭火系统。消防水可以由水管网、消防水池、天然水源供给，但必须要有足够的压力和供水量。寒冷季节，要采取必要的防冻措施防止消防水系统破坏。

(2) 灭火器和灭火剂。灭火器是一些轻便的容器，里面装有灭火剂。发生火灾时，使用灭火器内的灭火剂扑灭火源。灭火器应布置在仓库的各个出入口附近指定位置，是应急灭火的最重要的器材。

灭火器以内装灭火剂的名称不同，分为泡沫灭火器、清水灭火器、二氧化碳灭火器、1211 灭火器、干粉灭火器等。必须有针对性地使用灭火器，才能起到有效灭火的目的。

四、仓库消防管理

1. 仓库的安全消防工作要点

(1) 仓库的安全消防工作要依法办事，根据企业法人是第一责任人的规定，遵循"谁主管谁负责"的原则，成立安全消防委员会（领导小组），全面负责仓库的消防安全工作。

(2) 建立以岗位责任制为中心的三级防火责任制，把安全消防工作具体落实到各级组织和责任人。

(3) 建立健全各工种的安全操作制度和安全操作规程，特别是各种用电设备的安全作业规程，经常进行安全教育，坚持做到职工考核合格持证上岗的制度。

(4) 定期开展防火灭火的消防安全检查，消除各种火灾隐患，落实各项消防措施，及时处理各类事故。

2. 仓库消防管理措施

(1) 普及防火知识。
(2) 遵守《建筑设计防火规范》。
(3) 易燃、易爆的危险品仓库必须符合防火防爆要求。
(4) 电气设备应始终符合规范要求。
(5) 明火作业须经消防部门批准，方可作业。
(6) 按照消防规程要求配备适量的消防设备和火灾报警装置。
(7) 遇火警或爆炸应立即报警。

步骤三 掌握仓库生产作业安全

一、仓库安全作业管理

作业安全涉及货物的安全、作业人员人身安全、作业设备和仓库设施的安全,这些安全事项都是仓库的责任范围,所造成的损失都是100%由仓库承担,仓储作业安全是经济效益管理的组成部分。仓库要特别重视作业安全管理,特别要重视作业安全的预防管理,完全避免发生作业安全事故。正确认识生产效率与安全作业的关系,将生产效率的提高建立在安全作业的基础上。作业安全管理从设备和场所、作业人员两方面进行管理,一方面要消除安全隐患,减小不安全的系统风险;另一方面要提高作业人员的安全责任心和安全防范意识。

1. 安全操作管理制度化

制定和严格执行各种安全操作规程是仓库作业安全管理的重要措施。制定科学、合理、完善的作业安全制度、操作规程和安全责任制度,确保各种管理制度能够有效地执行是仓库作业管理的长期工作。

2. 加强劳动安全保护

劳动安全保护包括直接和间接施行于员工人身的保护措施。仓库要遵守《劳动法》的劳动时间和休息规定,每天8小时、每周不超过44小时工时制,依法安排加班,保证员工有足够的休息时间,包括合适的工间休息。提供合适和足够的劳动防护用品,如高强度工作鞋、安全帽、工作服等,并督促作业人员使用和穿戴。

采用较高安全系数的作业设备、作业机械,作业工具适合作业要求,作业场地必须具有合适的通风、照明、防滑、保暖等适合作业的条件。不进行冒险作业和不安全环境的作业,在大风、雨雪影响作业时暂缓作业,避免人员带伤病作业。

3. 重视作业人员资质管理和业务培训、安全教育

新参加仓库工作和转岗的员工,应进行仓库安全作业教育。对所从事的作业进行安全作业和操作培训,确保熟练掌握岗位的安全作业技能和规范。从事特种作业的员工必须经过专门培训并取得特种作业资格,方可进行作业,且仅能从事其资格证书限定的作业项目操作,不能串岗、混岗作业。

二、安全生产的主要内容

1. 人力安全操作基本要求

(1)人力操作仅限制在轻负荷的作业。男工人力举货物每件不超过80千克,距离不大于60米,集体搬运时每个人负荷不超过40千克,女工不超过25千克。

(2)尽可能采用人力机械作业。人力机械承重应在限定的范围,如人力绞车、滑车、拖车、手推车等不超过500千克。

(3)只在适合作业的安全环境进行作业。作业前应使作业员工清楚明白作业要求,让员工了解作业环境,指明危险因素和危险位置。

（4）作业人员按要求穿戴相应的安全防护用具，使用合适的作业工具进行作业。采用安全的作业方法，注意人员和操作机械的配合，在机械移动作业时人员需避开。

（5）合理安排工间休息。每作业2小时至少有10分钟的休息时间，每4小时至少有1小时的休息时间，并合理安排生理需要时间。

（6）必须有专人在现场指挥和安全指导。严格按照安全规范进行作业指挥，人员应避开不稳定货垛的正面、坍塌、散落的位置；在作业设备调位时暂停作业；发现安全隐患时及时停止作业，消除安全隐患后方可恢复作业。

2. 机械安全作业要求

（1）使用合适的机械、设备进行作业。尽可能采用专用设备作业，或者使用专用工具。使用通用设备，必须满足作业要求，并进行必要的防护，如货物绑扎、限位等。

（2）所使用的设备具有良好的工况。设备不得带"病"作业，特别是设备的承重机件，更应无损坏，符合使用要求。应在设备的许用负荷范围内进行作业，决不超负荷运行。危险品作业时还需降低25%负荷。

（3）设备作业要有专人进行指挥。采用规定的指挥信号，按作业规范进行作业指挥。

（4）汽车装卸时，注意保持安全间距。汽车与堆物距离不大于2米，与滚动物品距离不得小于3米。多辆汽车同时进行装卸时，直线停放的前后车距不得小于2米，并排停放的两车侧板距离不得小于1.5米。汽车装载应固定妥当、绑扎牢固。

（5）载货移动设备上不得载人运行。除了连续运转设备如自动输送线外，其他设备需停止稳定后方可作业，不得在运行中作业。

（6）移动吊车必须在停放稳定后方可作业。叉车不得直接叉运压力容器和未包装货物。移动设备在载货时需控制行使速度，不得高速行驶。货物不能超出车辆0.2米，禁止两车共载一物。

3. 安全技术

（1）装卸搬运机械的作业安全。

① 要经常定期地对职工进行安全技术教育，从思想认识上提高其对安全技术的认识；

② 组织职工不断学习普及仓储作业技术知识；

③ 各项安全操作规程是防止事故的有效方法。

（2）仓库储备物资保管保养作业的安全。

① 作业前要做好准备工作，检查所用工具是否完好；

② 作业人员应根据危险特性的不同，穿戴相应的防护服装；

③ 作业时要轻吊稳放，防止撞击、摩擦和震动，不得饮食和吸烟；

④ 工作完毕后要根据危险品的性质和工作情况，及时洗手、洗脸、漱口或淋浴。

（3）仓库电器设备的安全。

① 电器设备在使用过程中应有可熔保险器和自动开关；

② 电动工具必须有良好的绝缘装置，使用前必须使用保护性接地；

③ 高压线经过的地方，必须有安全措施和警告标志；

④ 电工操作时，必须严格遵守安全操作规程；

⑤ 高大建筑物和危险品库房，要有避雷装置。

（4）仓库建筑物和其他设施的安全。

对于装有起重行车的大型库房、储备化工材料和危险物品的库房，都要经常检查维护，各种建筑物都得有防火的安全设施，并按国家规定的建筑安全标准和防火间距严格执行。

任务四　仓储质量管理

【任务描述】

质量是企业的生命，没有生产的质量、没有产品的质量，企业的生产和经营将毫无意义，还要承担相应责任，仓储活动必须高度重视质量管理，向社会提供合格质量的产品。仓储业作为服务业，必须高度重视质量管理。

步骤一　认识仓储质量管理

一、什么是仓储质量管理

仓储质量管理是指为了实现仓库内货物的质量特征所开展的计划、组织、领导、协调和控制活动。包括制定产品的质量标准、实现质量标准的实施方案，组织力量实施质量的保证方案，在实施过程中进行严格的控制和监督、约束，在实施过程中做好人员与人员、部门与部门、企业内外之间的协调和信息沟通，质量标准在实施中的调整和优化等。

对仓储质量管理的定义有广义和狭义之分：

狭义的仓储质量管理是指应用各种科学原理和科学方法对仓库内货物进行储存、保养，以保证提供高质量的仓库货物管理。

广义的仓储质量管理是指为了最经济地收、发和保管好适合使用者要求的货物所采取的各种方法和手段。

二、仓储质量的特征

仓储质量是仓储经营、作业、保管和服务的一系列活动的良好状态的反映。具体来说其质量特征表现为：

1. 储存多

储存多是指充分利用仓库、货场，增加仓库的有效利用面积，提高仓库场地的利用率，尽可能利用立体空间，合理安排减少场地空置，使仓库能容纳最多的货物。

2. 进出快

进出快有两方面的意思，一方面为货物进出库迅速，作业效率高、时间短，减少运输工具停库时间，货物出入仓库顺畅无阻；另一方面要求货物周转快，缩短货物滞库时间，提高物资流通速度。

3. 保管好

保管好是指仓库具有适合货物保管的条件，具有科学合理的保管方案和管理制度，有针对性的保管措施，员工认真进行保管作业，货物在仓库内堆垛稳固、摆放整齐、查询方便、账、卡、证、物一致，货物随时能以良好的状态出库。

4. 耗损少

耗损少是指没有发生货物残损和变质等各类保管、作业事故。仓库货物的自然耗损应控制在最低的程度，意外事故和不可抗力所造成的损失最小，整体货损货差率达到最低。同时也包括散落货物能及时良好回收，受损货物能及时得到维护。

5. 费用省

费用省是指通过节省开支、消除无效作业、充分利用生产要素、开展规模化经营，使仓储成本降低，客户所要支付的费用减少；避免发生不合理的、损害社会效益的费用发生。

6. 风险低

仓储风险包含两个方面：一是仓储保管人承担的风险，如仓储物损害的赔偿；二是存货委托人承担的风险，如不可抗力造成的仓储物损害。仓储风险质量目标就是实现彻底消失仓储保管操作风险，尽力减少委托人承担风险所造成的仓储物损失。

7. 服务化

服务质量是仓储的生命力，是客户接受仓储服务的前提条件，也是其他质量特征在客户面前的综合体现。服务水平是一项软指标，不同的服务消费者都有不同的服务要求，因此服务具有相对性。要保证仓储的服务水平，必须建立服务标准，对内标准化，以便所有员工按章遵守，保证服务水平。对外需采取协议化手段明确服务水平。对外服务协议化是为了使客户明确所能享受到的服务水平，让客户知道物有所值。更重要的是针对消费者对服务的无止境需求，通过协议进行明确的限定，防止发生服务纠纷。

三、仓储质量管理包含的内容

1. 储存货物的质量

仓储的对象是相应的货物，是具有一定质量的实体，有合乎要求的等级、尺寸、规格、性质、外观。这些货物质量是再生产过程中形成的，仓储在于转移和保护这些质量，最后实现对用户的质量保证。

2. 服务质量

仓储业有极强的服务性质，不管是生产企业的仓储活动，还是对外从事的仓储业务，整个仓储的质量目标，就是服务质量。一般来说，仓储服务普遍体现在满足用户要求方面，各个用户要求不同，要实现这些服务要求，就需要企业有很强的适应性及柔性，需要有强大的硬件系统和有效的管理系统支撑。

3. 工作质量

工作质量指的是仓储各环节、各工种、各岗位具体工作的质量。为实现总的服务质量，要确定具体的工作要求，以质量指标形式确定下来为工作质量指标。这是将仓储服务总的目标质量分解成各个工作岗位可以具体实现的质量，是提高服务质量所做的技术、管理、操作等方面的努力。

4. 工程质量

和货物生产的情况类似，仓储质量不但取决于工作质量，而且取决于工程质量，优良的工程质量对于物流质量起到良好的保证作用，仓储工程质量受制于物流技术水平、管理水平、技术装备。好的仓储工程质量，是在整个仓储过程中形成的，要想"事前控制"仓储质量，预防仓储造成的不良品，必须对影响仓储质量的诸因素进行有效控制。

在仓储过程中，这些因素可归纳为以下六个方面：人的因素，包括人的知识结构、能力结构、技术熟练程度、质量意识、责任心等反映人的素质的各项因素；体制的因素，包括领导方式、组织结构、工作制度等方面；设备因素，包括物流各项装备的技术水平、设备能力、设备适用性、维修保养状况及设备配套性等；工艺方法的因素，包括仓储流程、设备组合及配置、工艺操作等；计量与测试因素，包括计量、测试、检查手段及方法等；环境因素，包括仓储设施规模、水平、湿度、温度、粉尘、照明、噪声、卫生条件等。

四、实施仓储质量管理的意义

1. 仓储质量管理是保持商品质量的必要条件

生产决定了产品的内在质量，作为流通领域的仓储环节若想保持商品质量，就必须采取各种科学方法提高仓储的质量管理。

2. 仓储质量管理是实施商品供应的有力保证

仓储质量管理以为用户生产建设服务为目的，它既能提供质量完好的商品又能保证商品准确、及时地供应。

3. 仓储质量管理是提高仓储经济效益和仓储管理水平的有效手段

仓储质量管理能消灭各种事故、差错的发生，有助于降低消耗，从根本上降低仓储成本，提高仓储经济效益。仓储管理是一门科学，而质量管理是科学管库的管理方法，提高仓储质量管理的过程就是提高仓储管理水平的过程。

4. 仓储质量管理有利于国民经济的发展

仓储联系着生产、流通、交通等部门，关系到国民经济全局。仓储质量管理提升仓库的供应保障能力，有利于企业的经营，有利于国民经济的发展。

5. 仓储质量管理有利于提高仓储企业的竞争力

仓储质量直接影响仓储企业的信誉，要想提高仓储企业的竞争力，仓储质量管理是重要的手段。

步骤二　掌握仓储质量管理的目标和方法

一、仓储质量管理的目标

仓储质量管理必须满足两方面的要求：一方面是满足供应商的要求，因为仓储的结果，必须保护供应商的产品能保质保量地转移给用户；另一方面是满足用户的要求，即按用户要求完成商品的送交任务。仓储质量管理的目的，就是在"向用户提供满足要求的质量服务"和"以最经济的手段来提供"两者之间找到一条优化的途径，同时满足这两个要求。为此，必须全面了解生产者、消费者、流通者等各方面所提出的要求，从中分析出真正合理的、各方面都能接受的要求，作为管理的具体目标。从这个意义上来讲，仓储质量管理也可以理解为"用经济的办法，向用户提供满足其要求的仓储质量的方法体系"。

二、仓储质量管理基本方法

1. 开展全面的质量管理

仓储的全面质量管理是以仓储产品的质量为中心，以最优的质量、最佳的服务、最低的消耗，满足客户的各种需求，运用一定的组织体系和科学的管理方法，动员、组织各部门和全体员工共同努力，提高仓储产品质量。

全面质量管理包括四个方面：

（1）质量管理是全过程的管理。从市场宣传、商务磋商到仓储安排、接受货物、作业、交付、包装、客户保持的全过程都采取全面质量过程。

（2）仓储全面质量管理是一种全员的管理。直接、间接参与仓储活动的所有部门及人员，从企业的高层管理人员直到底层的员工都应积极参与质量管理，确保产品质量。

（3）质量管理的对象是全面的。包括仓储计划、仓库设计规划、仓储作业、仓储管理、财务、商务、设备管理、人力资源等各方面。

（4）质量管理的方法是系统的。整个仓储活动的质量管理，需要依据统一的质量标准和质量体系，对所有人员、部门的质量要求必须一致。

2. 采取以防为主的质量管理

质量管理需要有效地建立质量管理体系，采取严格的质量责任制，通过事先控制、以防为主来保证质量，形成质量管理和保证的系统。以事先的要求、事先的检查、事先的防范进行管理，因而需要充分综合现代手段与技术进行质量控制，预先发现问题，提前做好控制工作，确保达到质量标准。

3. 加强细节管理

虽然说质量管理是一项系统的工作，要有规划、有系统地进行，从大处着眼，但是在质量管理中更要重视对细节的质量管理，从仓储、服务的小处入手。通过一系列小变革、小改革，解决小问题，改变小瑕疵，不断进行质量改进的良性循环，不断提高整体质量，这样可以大幅度降低质量管理的成本。

步骤三　仓储质量管理的质量指标

质量指标是用于反映货物质量现状的数据，用于判定货物质量水平的标准，是制定质量改进措施的依据，也是全面质量管理用数据说话的表现。

一、库存量

是指在统计期内平均存货数量，反映了仓库平均库存水平和库容利用程度，反映了仓库的经营情况。

$$月平均库存量 = \frac{月初库存量 + 月末库存量}{2}$$

$$年平均库存量 = \frac{各月平均库存量之和}{2}$$

二、收发正确率

表示仓库在某一段时期正确收发货物的程度。从反向看，则表示收发误差程度。

$$物资收发正确率 = \frac{期内吞吐量 - 发生收发误差的物资总量}{同期吞吐量} \times 100\%$$

三、完好率

表示在统计期内货物发生丢失、损坏、变质等质量事故的整体程度。

$$物资完好率 = \frac{期内平均库存量 - 期内丢失、损坏、变质的物资总和}{同期平均库存量} \times 100\%$$

四、平均验收时间

表示仓库对入库的货物验收所花费的时间指标（单位：天/批）。

$$平均验收时间 = \frac{期内各批验收天数之和}{同期验收批次数}$$

五、赔偿率

仓库事故造成毁损的损失赔偿和违反行政管理制度的罚款总额占经营收入的比例，表示仓储经营的风险成本。

$$业务赔偿率 = \frac{期内业务赔偿罚款总额}{同期业务总收入} \times 100\%$$

【单元知识考核】

一、填空题

1. 仓储合同当事人分别为_____和_____。
2. 仓库常用的防火方法主要包括：_____、_____、消除着火源等三种。
3. 常用的灭火方法有：_____、_____、隔绝法、化学抑制法、综合灭火法等几种。

4. 为了保证安全作业，人力操作中男工人力搬运货物每件不超过_____千克，距离不大于_____米。

二、判断题

（　　）1. 仓储合同的标的是仓储物。

（　　）2. 仓储合同中的违约金和定金可以同时履行。

（　　）3. 作为一般仓储合同，保管人在交还仓储物时，应将原物及其孳息、残余物一同交还。

（　　）4. 预约合同并不是仓储合同本身，仅仅是双方达成了将要订立仓储合同的协议，因此它不是有效的合同。

（　　）5. 仓单是有价证券，这种有价证券的价值是固定不变的。

【强化技能训练】

一、仓储合同案例

2010年3月，原告大观园和被告商业储运公司订立了一份仓储合同。合同约定：由商业储运公司为大观园商场储存衣服、布料等物品一年，期限为2010年4月10日至2011年4月10日止，仓储费每月2800元。合同对储存货物的品名、数量、验收方法、入库、出库手续等都做了规定。合同订立后，商业储运公司即开始清理二号仓库，从2010年3月15日起不再接受其他单位的存储业务。至2010年4月5日，仓库已全部清理完毕，商业储运公司马上通知大观园商场运货入库。可是大观园商场称其已经租到仓位，不再需要商业储运公司提供仓储服务了。商业储运公司要求大观园商场支付违约金，并赔偿损失。大观园商场则称合同还没有生效，自然谈不上履行义务和承担违约责任的问题。于是，商业储运公司向人民法院起诉，要求大观园商场支付违约金、赔偿损失。

请分析：

1. 仓储合同是否生效？
2. 仓储公司的要求是否合理？为什么？
3. 如果你是法官，会做怎样的判决？

二、仓单转让纠纷案例

海燕服装公司与被告富来货仓公司签订了一份仓储合同，合同约定：货仓公司为服装公司储存20万件羽绒服，并在储存期间保证羽绒服完好无损，不发生虫蛀、霉变；服装公司交纳2万元仓储费；储存期间至同年12月20日。合同签订后，服装公司依约将羽绒服送至货仓公司处，并交纳了仓储费。货仓公司在收到羽绒服并验收后签发了仓单。同年12月初，第一百货商场向服装公司订购了20万件羽绒服。服装公司为了简便手续，让第一百货商场早日提货并节省交易费用，于是将仓单背书转让给第一百货商场，实际上是把提取羽绒服的权利转让给了百货商场，并在事后通知了货仓公司。第一百货商场持仓单向货仓公司提货时，货仓公司以第一百货商场不是合法的仓单持有人为由拒绝交付羽绒服。第一百货商场则认为，该仓单已由原存货人合法背书转让，且服装公司已通知了货仓公司，货仓公司应履行返还义务。由于货仓公司拒不给货，耽误了时节，羽绒服作为季节性商品已过旺季销售，第一百货商场遭受了损失，遂向人民法院起诉，要求货仓公司赔偿损失。

请分析此案例。

三、仓储安全知识案例

某市化工厂新录用了一批工人，但该厂目前暂时没有住宿用房。有人提出，可以先到外面去租用住房。厂长认为，到外面租房成本太高，厂内一个仓库的二层还闲着，可以先住到那里。副厂长说，仓库存放的三硝基苯是一种爆炸性物质，工人住那里不太安全。厂长说，没事，告诉大家注意点就行了。由于厂长说话，其他人不好坚持，这批新录用的工人就住进了仓库的二层。一天晚上，仓库突然发生爆炸并倒塌，造成30多名工人死亡，10多人重伤。

请用仓储安全知识分析此案例。

项目三　入库作业管理

【学习目标】
1. 了解入库流程；
2. 掌握货物分类标准；
3. 掌握包装标志。

【技能要求】
1. 能够科学设计货位；
2. 认真验收接货；
3. 及时录入货物信息；
4. 独立完成入库作业。

【学习情境】
2010年9月25日，某超市仓库运营部接到如下表所示的一批饮料1 000箱需要入库。

可乐类	国产干红葡萄酒	矿泉水	低度白酒⇐40度
汽水·苏打水	国产干白葡萄酒	纯净水	保健酒
加味汽水	国产粉红葡萄酒	茶·冰茶	威士忌
100%果汁	进口干红葡萄酒	加味茶	白兰地
浓缩果汁	进口干白葡萄酒	健康饮料	米酒
水果汁	进口粉红葡萄酒	咖啡	黄酒·加饭酒
果肉型饮料	其他葡萄酒	国产啤酒	国产香烟
蔬菜汁	高度白酒>40度	洋啤酒	进口香烟
汽酒	雪茄烟		

【情境分析】
作为仓储主管，应该能够组织工作人员做好货物入库准备及验收，处理好货物验收中发现的问题，及时办理入库手续。具体包括如下操作。

1. 货到后首先核对单据上的信息，检查是否存在货损，对于正常货物录入货物信息并填写入库单据；对于异常货物，拍照并将其放入异货区。

2. 把进来的货物进行码放，按照一层7个，一个托盘21个的标准把货物码放在托盘上。注意：在仓库码货时要按照一定尺寸规则。

3. 粘贴条码：一种是货物条码，贴在货物上的，反映了货物的数量和品种等信息；另外一种是托盘条码，贴到托盘上，为了方便系统知道货物所处的位置，便于出货和查找。

4. 用 POS 机对贴好条码的货物进行数据处理，并把信息传递到主控室的中央处理器上，系统寻找最适当的空位并将信息反映到传输带旁的屏幕上。

5. 利用叉车把处理好的货物运送到传输带上，货物经过传输带前端的电子眼扫描后进一步核查入库货物的信息。

6. 升降机根据电脑的信息提示，按照"先进先出"的原则把货物放入指定的货位上。

7. 生成入库单—分成入库分单—贴上条码标识—扫描托盘条码标识（或人工键入）—管理系统分配一个目的储存货位—操作人员驾驶堆垛机行驶至目的货位—操作成功后，确认反馈—成功完成本次操作。

任务一　入库作业流程设计

【任务描述】

按照作业流程要求，根据货物的属性要求，设计货位，准备相应的入库设备以及相关单证。

步骤一　了解入库作业的操作流程

（1）熟悉货物情况，比如货物的名称、数量、规格、存期、性质、保管要求。

（2）做好货位准备，选择货位使用方式，比如可选择固定货位、随机货位或分类货位。

（3）选择货位的原则，根据货物情况，作业分布均匀，保证先进先出，大不围小，重近轻远。

（4）装卸工艺设定。

（5）文件单证准备。

步骤二　核对凭证

核对凭证，也就是对各种相关凭证进行全面整理核对。第一，入库通知单和订货合同副本，这是仓库接受货物的凭证。第二，供货单位提供的材质证明书、装箱单、磅码单、发货明细表等。第三，货物承运单位提供的运单，若货物在入库前发现残损情况，还要有承运部门提供的货运记录或普通记录，作为向责任方交涉的依据。

步骤三　做好货物的接运

做好货物接运业务管理的主要意义在于，防止把在运输过程中或运输之前已经发生的货物损害和各种差错带入仓库，减少或避免经济损失，为验收和保管创造良好的条件。接运方式大致有四种：车站、码头接货；专用线接车；仓库自行接货；库内接货。

步骤四　绘制入库作业流程

绘制入库作业流程（见图3-1）。

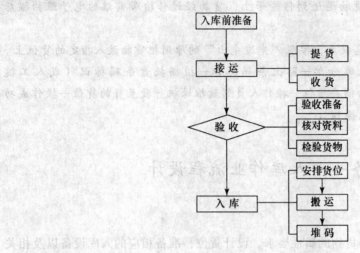

图3-1　入库作业流程

任务二　货物分类

【任务描述】

按照一定的标志，科学地、系统地将货物分成若干不同类别，便于入库。

步骤一　熟悉货物分类的要求

货物分区分类是根据货物的类别、性能和特点，结合仓库的建筑结构情况、容量、装卸设备等条件，确定各储存区域存放货物的种类、数量，然后分类分区编成目录并绘制平面图。

对货物进行分区分类的存放，以确保货物的储存安全。货物存放应便于检查和取货。根据仓库的建筑、设备等条件，将库房、货棚、垛场划分为若干保管货物的区域，以适应货物存放的需要。货物分类就是按照货物大类、性质和它的连带性将货物分为若干类，分类集中存放，以利收发货与保管业务的进行。

1. 货物的分区分类

货物分区分类就是对储存货物在"四一致"（货物性能一致、养护措施一致、作业手段一致、消防方法一致）的前提下，把货物储存区划分为若干保管区域，根据货物大类和性能等划分为若干类别，以便分类集中保管。如钢材区、建材区、化工区等。

2. 货物分区分类的作用

(1) 可以缩短货物收、发作业时间。

(2) 可以合理地使用仓容。

(3) 可以使保管员掌握货物进、出库活动规律，熟悉货物性能，提高保管技术水平。

（4）可以合理配置和使用机械设备，提高机械化操作程度。

3. 货物分区分类的原则

（1）存放在同一货区的货物必须具有互容性。
（2）保管条件不同的货物不应混存。
（3）作业手段不同的货物不能混存。
（4）灭火措施不同的货物决不能混存。

4. 货物分区分类的方法

（1）按货物的种类和性质分区分类，即按货物的自然属性归类，并集中存放在适当场所，这是大多数仓库采用的方法。
（2）按不同货主来分区分类。
（3）按货物流向分类。
（4）按货物危险性质分区分类。

步骤二 掌握超市货物分类方法

1. 大分类

大分类是超级市场最粗线条的分类。大分类的主要标准是货物特征，如畜产、水产、果菜、日配加工食品、一般食品、日用杂货、日用百货、家用电器等。为了便于管理，超级市场的大分类一般以不超过10个为宜。

2. 中分类

中分类是大分类中细分出来的类别。其分类标准主要有：

（1）按货物功能与用途划分。如日配品这个大分类下，可分出牛奶、豆制品、冰品、冷冻食品等中分类。
（2）按货物制造方法划分。如畜产品这个大分类下，可细分出熟肉制品的中分类，包括咸肉、熏肉、火腿、香肠等。
（3）按货物产地划分。如水果蔬菜这个大分类下，可细分出国产水果与进口水果的中分类。

3. 小分类

小分类是中分类中进一步细分出来的类别。主要分类标准有：

（1）按功能用途划分。如"畜产"大分类中、"猪肉"中分类下，可进一步细分出"排骨"、"肉米"、"里脊肉"等小分类。
（2）按规格包装划分。如"一般食品"大分类中、"饮料"中分类下，可进一步细分出"听装饮料"、"瓶装饮料"、"盒装饮料"等小分类。
（3）按货物成份分类。如"日用百货"大分类中、"鞋"中分类下，可进一步细分出"皮鞋"、"人造革鞋"、"布鞋"、"塑料鞋"等小分类。
（4）按货物口味划分。如"糖果饼干"大分类中、"饼干"中分类下，可进一步细分出"甜味饼干"、"咸味饼干"、"奶油饼干"、"果味饼干"等小分类。

4. 单品

单品是货物分类中不能进一步细分的、完整独立的货物品项。如上海申美饮料有限公司生产的"355毫升听装可口可乐"、"1.25升瓶装可口可乐"、"2升瓶装可口可乐"、"2升瓶装雪碧",就属于四个不同单品。

步骤三 超市货物分类示例

超市货物分类示例如表3-1所示。

表3-1 超市货物分类示例

货物分类						
大 类		中 类		小 类		
编码	名称	编码	名称	编码	名称	
100	饮料	1000	碳酸饮料	10000	可乐类	
				10001	汽水·苏打水	
				10002	加味汽水	
		1001	果汁	10010	100%果汁	
				10011	浓缩果汁	
				10012	水果汁	
				10013	果肉型饮料	
				10014	蔬菜汁	
		1002	水类	10020	矿泉水	
				10021	纯净水	
		1003	茶	10030	茶·冰茶	
				10031	加味茶	
		1004	机能性饮料	10040	健康饮料	
				10041	咖啡	
101	酒类	1010	啤酒·汽酒	10100	国产啤酒	
				10101	洋啤酒	
				10102	汽酒	
		1011	葡萄酒	10110	国产干红葡萄酒	
				10111	国产干白葡萄酒	
				10112	国产粉红葡萄酒	
				10113	进口干红葡萄酒	
				10114	进口干白葡萄酒	
				10115	进口粉红葡萄酒	
				10116	其他葡萄酒	
		1012	白酒	10120	高度白酒>40度	
				10121	低度白酒≤40度	
				10122	保健酒	
				10123	威士忌	
				10124	白兰地	
		1013	米酒·黄酒	10130	米酒	

续 表

货物分类					
大 类		中 类		小 类	
编码	名 称	编码	名 称	编码	名 称
				10131	黄酒·加饭酒
102	烟类	1020	烟	10200	国产香烟
				10201	进口香烟
				10202	雪茄烟
		1021	附属产品	10210	附属产品
103	礼盒	1030	礼盒	10300	葡萄酒礼盒
				10301	白酒礼盒
				10302	香烟礼盒

任务三　识别常用包装标志

【任务描述】

掌握各类包装标记，以便于入库时科学安排货位。

步骤一　了解包装标记的作用

包装标志是为了便于货物交接、防止错发错运，便于识别，便于运输、仓储和海关等有关部门进行查验等工作，也便于收货人提取货物，在进出口货物的外包装上标明的记号。

包装的基本作用有三种：保护、保存和介绍。包装应在贮存期间和从制造商运至消费者手中期间，起到保护的作用。保护货物不仅包括防止丢失、损坏和被盗，还包括根据货物的性质，防止货物受潮、失火、受到高温或低温、气体、昆虫等的损害、遭受污染和其他自然风险。包装对货物的介绍作用主要取决于形式，涉及诸如尺寸、形状、颜色、装饰、等级、名称等因素。包装还应符合国际标准，符合国际规范和有关国家法规的要求。

步骤二　掌握包装标志的类型

1. 运输标志，即唛头

这是贸易合同、发货单据中有关标志事项的基本部分。它一般由一个简单的几何图形以及字母、数字等组成。唛头的内容包括：目的地名称或代号，收货人或发货人的代用简字或代号、件号（即每件标明该批货物的总件数），体积（长×宽×高），重量（毛重、净重、皮重）以及生产国家或地区等。

2. 指示性标志

按货物的特点，对于易碎、需防湿、防颠倒等货物，在包装上用醒目图形或文字，标明"小心轻放"、"防潮湿"、"此端向上"等。

3. 警告性标志

对于危险物品,例如易燃品、有毒品或易爆炸物品等,在外包装上必须醒目标明,以示警告。

在选用图示标志时,应根据货物特点,选用针对性强的图示。标志所用字体应粗壮有力,中文字可考虑使用"粗黑体"字,英文字可选用大写印刷体。危险品标志用黑白图像表示。标志的尺寸大小,应与纸箱相称,整体排列适宜,过大或过小都会影响整体美观。

步骤三 熟记各类包装标志

(一)储运标志

1. 识别标志

(1)贸易标志——是该批货物的特定记号,或是出品公司或国外货物代号。多采用三角形、菱形、四边形及圆形等简明图形,配以代用简字。

(2)货物品名和商标——用图案文字表示,要求显著醒目,一般为中英文对照。

(3)目的地标志——用来表示货物运往目的地的地名标志。为了准确无误地运输货物到达目的地,地名必须用文字写出全称。一般在货物右上角标志收货地点。

(4)货号和数量标志——用来表示货物货号、箱内货物数量。计量方法有用盒、只、支、双、套、打等。一般都用中英文,往往由于单词冗长,因而多采用缩写。

(5)体积与重量标志——标明每箱的实际外廓尺寸(长×宽×高)和重量(净重和总量),以便承运部门参考这些数据,选择运输方式和货物的堆垛方法。

(6)出产厂和国名标志标明货物出产厂名——出口货物可使用"中华人民共和国制造"或"中国制造"。有些货物可表明产品制造省市,例如"中国·西安"。一般都用中英文对照标出。

2. 指示标志

根据货物的特性,对一些容易破碎损坏及变质的货物,标明在装卸搬运操作和存放保管方面所提出的要求和注意事项,例如"向上"、"防湿"、"小心轻放"、"由此吊起"、"重心点"、"防热"、"防冻"、"堆叠高度"等。常用的标志指示参看有关标准,如表3-2所示。

表3-2 常用的标志图形及示例

标志名称	标志图形	含义	备注/示例
易碎物品	(酒杯图形)	运输包装件内装的是易碎品,因此搬运时应小心轻放	使用示例:(包装箱图形)

续　表

标志名称	标志图形	含　义	备注/示例
禁用手钩		搬运运输包装件时禁用手钩	
向上		表明运输包装件的正确位置是竖直向上	使用示例：
怕晒		表明运输包装件不能直接照晒	
怕辐射		包装物品一旦受辐射便会完全变质或损坏	
怕雨		包装件怕雨淋	
重心		表明一个单元货物的重心	使用示例： 本标志应标在实际的重心位置上

续表

标志名称	标志图形	含义	备注/示例
禁止翻滚		不能翻滚运输包装	
此面禁用手推车		搬运货物时此面禁放手推车	
禁用叉车		不能用升降叉车搬运的包装件	
由此夹起		表明装运货物时夹钳放置的位置	
此处不能卡夹		表明装卸货物时此处不能用夹钳夹持	
堆码重量极限		表明该运输包装件所能承受的最大重量极限	
堆码层数极限		相同包装的最大堆码层数，n 表示层数极限	
禁止堆码		该包装件不能堆码并且其上也不能放置其他负载	

续表

标志名称	标志图形	含　义	备注/示例
由此吊起	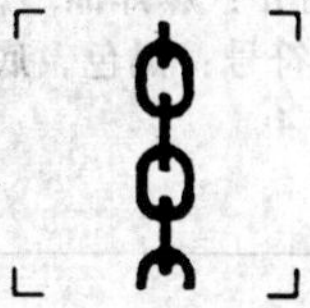	起吊货物时挂链条的位置	使用示例： 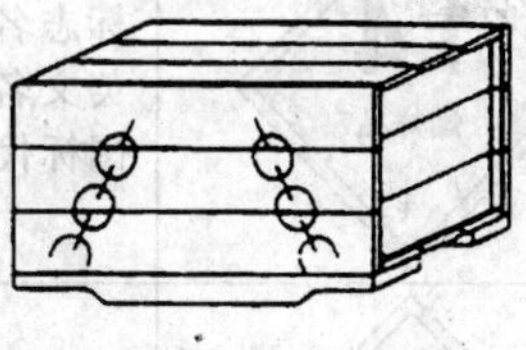 本标志应标在实际的起吊位置上
温度极限		表明运输包装件应该保持的温度极限	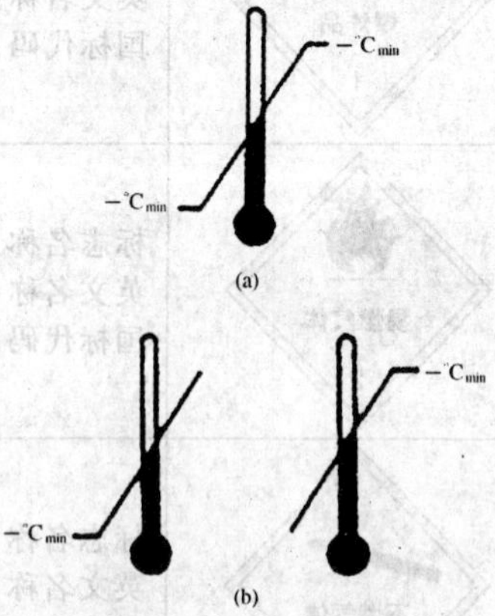 (a) (b)

（二）危险标志

如果包装纸箱内装有爆炸品、氧化剂、易燃压缩气体、有毒压缩气体、易燃物品、自燃物品、有毒品、剧毒品等危险品，应在运输包装物上明显地标明危险标志。常用的标志指示参看有关标准，如表 3-3 所示。

《中华人民共和国国家标准（GB 190—1990）危险货物包装标志》（Labels for Packages of Dangerous Goods）。

主题内容与适用范围本标准规定了危险货物包装图示标志（以下简称标志）的种类、名称、尺寸及颜色等。本标准适用于危险货物的运输包装。

在选用图示标志时，应根据货物特点，选用针对性强的图示。标志所用字体应粗壮有力，中文字可考虑使用"粗黑体"字，英文字可选用大写印刷体。危险品标志用黑白图像表示。标志的尺寸大小，应与纸箱相称，整体排列适宜，过大或过小都会影响整体美观。

表 3-3　危险货物包装图示标志

标志图形	标志名称	对应的危险货物类项号
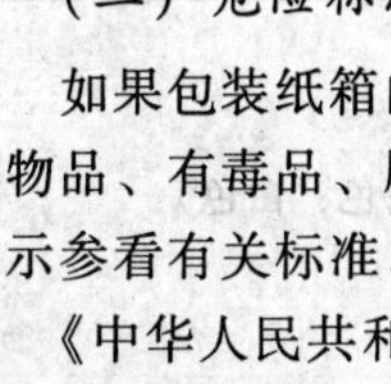	标志名称：爆炸品 英文名称： 国标代码：GB 190-1990	简介：爆炸品 1.1 1.2 1.3 （符号：黑色，底色：橙红色）

续　表

标志图形	标志名称	对应的危险货物类项号
1.4 爆炸品	标志名称：爆炸品 英文名称： 国标代码：GB 190-1990	简介：爆炸品 （符号：黑色，底色：橙红色） 1.4
1.5 爆炸品	标志名称：爆炸品 英文名称： 国标代码：GB 190-1990	简介：爆炸品 （符号：黑色，底色：橙红色） 1.5
易燃气体	标志名称：易燃气体 英文名称： 国标代码：GB 190-1990	简介：易燃气体 （符号：黑色或白色，底色：正红色） 2.1
不燃气体	标志名称：不燃气体 英文名称： 国标代码：GB 190-1990	简介：不燃气体 （符号：黑色或白色，底色：绿色） 2.2
有毒气体	标志名称：有毒气体 英文名称： 国标代码：GB 190-1990	简介：有毒气体 （符号：黑色，底色：白色） 2.3
易燃液体	标志名称：易燃液体 英文名称： 国标代码：GB 190-1990	简介：易燃液体 （符号：黑色或白色，底色：正红色） 3
易燃固体	标志名称：易燃固体 英文名称： 国标代码：GB 190-1990	简介：易燃固体 （符号：黑色，底色：白色红条） 4.1
自燃物品	标志名称：自燃物品 英文名称： 国标代码：GB 190-1990	简介：自燃物品 （符号：黑色，底色：上白下红） 4.2

续 表

标志图形	标志名称	对应的危险货物类项号
遇湿易燃物品 4	标志名称：遇湿易燃物品 英文名称： 国标代码：GB 190-1990	简介：遇湿易燃物品 （符号：黑色或白色，底色：蓝色） 4.3
氧化剂 5.1	标志名称：氧化剂 英文名称： 国标代码：GB 190-1990	简介：氧化剂 （符号：黑色，底色：柠檬黄色） 5.1
有机过氧化物 5.2	标志名称：有机过氧化物 英文名称： 国标代码：GB 190-1990	简介：有机过氧化物 （符号：黑色，底色：柠檬黄色） 5.2
剧毒品 6	标志名称：剧毒品 英文名称： 国标代码：GB 190-1990	简介：剧毒品 （符号：黑色，底色：白色） 6.1
有毒品 6	标志名称：有毒品 英文名称： 国标代码：GB 190-1990	简介：有毒品 （符号：黑色，底色：白色） 6.1
有害品（远离食品）6	标志名称：有害品（远离食品） 英文名称： 国标代码：GB 190-1990	简介：有害品（远离食品） （符号：黑色，底色：白色） 6.1
感染性物品 6	标志名称：感染性物品 英文名称： 国标代码：GB 190-1990	简介：感染性物品 （符号：黑色，底色：白色） 6.2
一级放射性物品 7	标志名称：一级放射性物品 英文名称： 国标代码：GB 190-1990	简介：一级放射性物品 （符号：黑色，底色：白色，附一条红竖条） 7

续表

标志图形	标志名称	对应的危险货物类项号
(二级放射性物品 7)	标志名称：二级放射性物品 英文名称： 国标代码：GB 190-1990	简介：二级放射性物品 （符号：黑色，底色：上黄下白，附二条红竖条） 7
(三级放射性物品 7)	标志名称：三级放射性物品 英文名称： 国标代码：GB 190-1990	简介：三级放射性物品 （符号：黑色，底色：上黄下白，附三条红竖条） 7
(腐蚀品 8)	标志名称：腐蚀品 英文名称： 国标代码：GB 190-1990	简介：腐蚀品 （符号：上黑下白，底色：上白下黑） 8
(杂类 9)	标志名称：杂类 英文名称： 国标代码：GB 190-1990	简介：杂类 （符号：黑色，底色：白色） 9

任务四　设计货位

【任务描述】

遵循货位选择的原则，科学编制货位编码，合理确定货位大小。

步骤一　选择货位

一、选择货位要遵循的原则

货位是指仓库中实际可用于堆放货物的面积。货位选择是在分区分类保管的基础上进行的。货位的选择是落实到每批入库货物的储存点，必须遵循"安全、优质、方便、多储、低耗"的原则，具体地说就是确保货物安全，方便吞吐发运，力求节约仓容。

(1) 根据货物的尺度、货量、特性、保管要求选择货位。

(2) 保证先进先出，缓不围急。

(3) 出入库频率高的货物使用方便作业的货位。

(4) 小票集中，大不围小，重近轻远。

(5) 方便操作，作业分布均匀。

二、货位编码

货位编码是将仓库范围的房、棚、场以及库房的楼层、仓间、货架、走道、支道等按地点、位置顺序编列号码,并作出明显标示,以便货物进出库可按号存取。

1. 货位编码的要求
(1)标志设置要适宜。
(2)标志制作要规范。
(3)编号顺序要一致。
(4)段位间隔要恰当。

2. 货位编码的方法
目前,仓库中货位编号常用的方法有以下几种:
(1)仓库内储存场所的编号。
(2)库房编号。
(3)货位编号。

3. 货位编码的应用
(1)当货物入库后,应将货物所在货位的编号及时登记在账册上或输入电脑。
(2)当货物所在的货位变动时,该货物账册上的货位编号也应作相应的调整。
(3)为提高货位利用率,一般同一货位可以存放不同规格的货物,但必须配备区别明显的标识,以免造成差错。

对于整个仓库各储存场所的编号。整个仓库内的储存场若有库房、货棚、货场,则可以按一定的顺序,各自连续编号。库房的编号一般写在外墙上或库门上,字体要统一、端正、清晰醒目、易于辨认。货场的编号一般写在场地上,书写的材料要耐磨擦、耐雨淋、耐日晒。货棚编号书写的地方,则可以根据具体情况而定。

库房内各货位编号。可按照库房内干支道的分布,划分若干货位,按顺序编号,并标于明显处。

货场货位的编号。一般可将货场划分排号,再对各排按顺序编上货位号。货位号码可直接标于地上。对于集装箱堆场,应对每个箱位进行编号,并划出箱位四角位置标记。按层、位进行编号。顺序应是从上到下,从左到右、从里到外。

仓库分区编号示意图(如图 3-2 所示)。

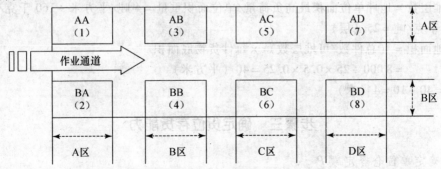

图 3-2 仓库分区示意图

一般采用"四号定位法",即用库房(或库区)号、货架号、货架层号和货位顺序号等四个号码来表示一个货位。如 3-10-3-06 表示三号库房(或库区)、十号货架、三层的第六号货位。用数码和字母的组合混合编号比较好。如:K5AB10d15。表示:5号库房 AB 货区第 10 号料架第四层 15 号货位。

步骤二　确定货位大小

【例3-1】 现仓库存储 5 000 箱货物,每箱尺寸 50×50×20(单位:厘米),限高 10 层,某货位长 10 米,需多宽多高的货位?

解:　　10÷0.5 = 20(箱)
　　　　5 000 = 20×B×10
　　　　B = 25(箱)
　　　　25×0.5 = 12.5(米)
　　　　0.2×10 = 2(米)

则此货位是长为 10 米、宽为 12.5 米、高为 2 米的货位。

【例3-2】 现有罐头食品 8 000 纸箱,纸箱尺寸为 50 厘米×25 厘米×20 厘米,每箱重 20 千克,拟安排在长度为 10 米、高度为 4 米的货位堆垛,采用平台垛形式,问该货垛需要开多宽的脚桩?(注:该仓库地面的单位面积技术定额为 4 吨/米)

1. 按体积计算

采用重叠式堆码

(1) 先计算层数 = 4÷0.2 = 20(层)

(2) 再计算每层的箱数 = 8 000÷20 = 400(箱)

纵列式

长度方向的箱数 = 10÷0.5 = 20(箱);宽度方向的箱数 = 400÷20 = 20(箱)

宽 = 0.5×10 = 5(米)

横列式

长度方向的箱数数 = 10÷0.25 = 40(箱);宽度方向的箱数 = 400÷40 = 10(箱)

宽 = 0.25×20 = 5(米)

2. 按重量

单位面积重量 = 每件货物毛重/该件货物的底面积 = 20÷0.5×0.25 = 160(千克/平方米)

可堆层数 = 地坪单位面积最高负荷量/单位面积重量 = 4 吨/平方米÷160 千克/平方米÷1 000 千克/吨 = 25(层)

占地面积 = (总件数/可堆层数)×每件货物底面积
　　　　 = 8 000÷25×0.5×0.25 = 40(平方米)

宽 = 40÷10 = 4(米)

步骤三　确定货位存货能力

1. 确定单位仓容定额 P

已知存放货物名称进行堆存,确定 $P_{库}$ 和 $P_{货}$ 中较小数值

（1）库场单位面积技术定额 $P_{库}$：是指库场地面设计和建造所达到的强度，由（吨/平方米）表示，一般为 2.5～3（吨/平方米），加强型地面为 5～10（吨/平方米）。

（2）货物单位面积堆存定额 $P_{货}$：是指货物本身的包装及其本身强度所确定的堆高限定。

【例 3-3】 某电冰箱注明限高为 4 层，每箱底面积为 0.8×0.8 平方米，每箱重 80 千克，存于某仓库，仓库地面单位面积定额为 3（吨/平方米），则单位仓容定额 P 为多少？

$P_{货} = 80 \times 4 \div (0.8 \times 0.8) \div 1000 = 0.5$（吨/平方米）

$P_{库} = 3$（吨/平方米）

则 $P_{货} < P_{库}$，则单位仓容定额 P 为 0.5 吨/平方米

2. 计算货位存货数量

$Q = PS$

例：如仓库此货位占地面积为 100 平方米，则此货位存货数量为多少？

则 $Q = 0.5 \times 100 = 50$（吨）

任务五　接收货物

【任务描述】

货物入库管理，是根据货物入库凭证，在接受入库货物时所进行的卸货、查点、验收、办理入库手续等各项业务活动的计划和组织。

步骤一　熟悉接收货物的方式

由于货物到达仓库的形式不同，除了一小部分由供货单位直接运到仓库交货外，大部分要经过铁路、公路、航运、空运和短途运输等多种运输方式。凡经过交通运输部门转运的货物，都必须经过仓库接运后，才能进行入库验收。因此，货物的接收是入库业务流程的第一道作业环节，也是仓库直接与外部发生的经济联系。

货物接运的主要任务是及时而准确地向交通运输部门提取入库货物，要求手续清楚，责任分明，为仓库验收工作创造有利条件。因为接收工作是仓库业务活动的开始，如果接收了损坏的或错误的货物，那将直接导致货物出库装运时出现差错。货物接收是货物入库和保管的前提，接收工作完成的质量直接影响货物的验收和入库后的保管保养。因此，在接运由交通运输部门（包括铁路）转运的货物时，必须认真检查、分清责任，取得必要的证件，避免将一些在运输过程中或运输前就已经损坏的货物带入仓库，造成验收中责任难分和在保管工作中的困难或损失。

（一）提货

1. 到车站、码头提货

这是由外地托运单位委托铁路、水运、民航等运输部门或邮局代运或邮递货物到达本埠车站、码头、民航站、邮局后，仓库依据货物通知单派车提运货物的作业活动。此外，

在接受货主的委托,代理完成提货、末端送货活动的情况下也会发生到车站、码头提货的作业活动。这种到货提运形式大多是零担托运、到货批量较小的货物。

提货人员对所提取的货物应了解其品名、型号、特性和一般保管知识以及装卸搬运注意事项等,在提货前应做好接运货物的准备工作,例如装卸运输工具,腾出存放货物的场地等。提货人员在到货前,应主动了解到货时间和交货情况,根据到货多少,组织装卸人员、机具和车辆,按时前往提货。

提货时应根据运单以及有关资料详细核对品名、规格、数量,并要注意货物外观,查看包装、封印是否完好,有无沾污、受潮、水渍、油渍等异状。若有疑点或不符,应当场要求运输部门检查。对短缺损坏情况,凡属铁路方面责任的,应做出商务记录,属于其他方面责任需要铁路部门证明的应做出普通记录,由铁路运输员签字。注意记录内容与实际情况要相符。

在短途运输中,要做到不混不乱,避免碰坏损失。危险品应按照危险品搬运规定办理。

货物到库后,提货员应与保管员密切配合,尽量做到提货、运输、验收、入库、堆码成一条龙作业,从而缩短入库验收时间,并办理内部交接手续。

2. 到货主单位提取货物

这是仓库受托运方的委托,直接到供货单位提货的一种形式。其作业内容和程序主要是当货栈接到托运通知单后,做好一切提货准备,并将提货与物资的初步验收工作结合在一起进行。最好在供货人员在场的情况下,当场进行验收。因此,接运人员要按照验收注意事项提货,必要时可由验收人员参与提货。

3. 托运单位送货到库接货

这种接货方式通常是托运单位与仓库在同一城市或附近地区,不需要长途运输时被采用。其作业内容和程序是,当托运方送货到货栈后,根据托运单(需要现场办理托运手续的须先办理托运手续)当场办理接货验收手续,检查外包装,清点数量,做好验收记录。如有质量和数量问题托运方应在验收记录上签证。

4. 铁路专用线到货接运

这是指仓库备有铁路专用线,大批整车或零担到货接运的形式。一般铁路专线都与公路干线联合。在这种联合运输形式下,铁路承担主干线长距离的货物运输,汽车承担直线部分的直接面向收货方的短距离运输。

接到专用线到货通知后,应立即确定卸货货位,力求缩短场内搬运距离,组织好卸车所需要的机械、人员以及有关资料,做好卸车准备。

车皮到达后,引导对位,进行检查。看车皮封闭情况是否良好(即卡车、车窗、铅封、苫布等有无异状);根据运单和有关资料核对到货品名、规格、标志和清点件数;检查包装是否有损坏或有无散包;检查是否有进水、受潮或其他损坏现象。在检查中发现异常情况,应请铁路部门派员复查,做出普通或商务记录,记录内容应与实际情况相符,以便交涉。

卸车时要注意为货物验收和入库保管提供便利条件,分清车号、品名、规格,不混不乱；保证包装完好，不碰坏，不压伤，更不得自行打开包装。应根据货物的性质合理堆放，以免混淆。卸车后在货物上应标明车号和卸车日期。

编制卸车记录，记明卸车货位规格、数量，连同有关证件和资料，尽快向保管员交代清楚，办好内部交接手续。

（二）仓库收货

货物到库后，仓库收货人员首先要检查货物入库凭证，然后根据入库凭证开列的收货单位和货物名称与送交的货物内容和标记进行核对。然后就可以与送货人员办理交接手续。如果在以上工序中无异常情况出现，收货人员在送货回单上盖章表示货物收讫；如发现有异常情况，必须在送货单上详细注明并由送货人员签字，或由送货人员出具差错、异常情况记录等书面材料，作为事后处理的依据。

任务六　入库验收

【任务描述】

凡货物进入仓库储存，必须经过检查验收，只有验收后的货物，方可入库保管。货物入库验收是仓库把好"三关"（入库、保管、出库）的第一道，抓好货物入库质量关，能防止劣质货物流入流通领域，划清仓库与生产部门、运输部门以及供销部门的责任界线，也为货物在库场中的保管提供第一手资料。

步骤一　验收准备

验收准备具体包括：人员准备、资料准备、器具准备、货位准备、设备准备。对于有些特殊货物的验收，例如毒害品、腐蚀品、放射品等，还要准备相应的防护用品。

步骤二　核对凭证

（1）入库通知单和订货合同副本，这是仓库接收货物的凭证。
（2）供货单位提供的材质证明书、装箱单、磅码单、发货明细表等。
（3）货物承运单位提供的运单，若货物在入库前发现残损情况，还要有承运部门提供的货运记录或普通记录，作为向责任方交涉的依据。

核对凭证，也就是将上述凭证加以整理核对。入库通知单、订货合同要与供货单位提供的所有凭证逐一核对，相符后，才可进行下一步实物检验。

步骤三　实物检验

所谓实物检验，就是根据入库单和有关技术资料对实物进行数量和质量检验。

1. 数量检验

数量检验是保证物资数量准确不可缺少的重要步骤，一般在质量验收之前，由仓库保管职能机构组织进行。按货物性质和包装情况，数量检验分为三种形式，即计件、检斤、检尺求积。

2. 质量检验

质量检验包括外观检验、尺寸检验、机械物理性能检验和化学成分检验四种形式。仓库一般只作外观检验和尺寸精度检验，后两种检验如果有必要，则由仓库技术管理职能机构取样，委托专门检验机构检验。

步骤四　选用合理货物验收方式

货物验收方式分为全验和抽验。在进行数量和外观验收时一般要求全验。当批量大，规格和包装整齐，存货单位的信誉较高，或验收条件有限的情况下，通常采用抽验的方式。

货物验收方式和有关程序应该由存货方和保留方共同协商，并通过协议在合同中加以明确规定。

步骤五　处理验收中发现的问题

在货物验收过程中，如果发现货物数量或质量出现问题，应该严格按照有关制度进行处理。验收过程中发现的数量和质量问题可能发生在各个流通环节，如可能是由于供货方或交通运输部门或收货方本身的工作造成的。按照有关规章制度对问题进行处理，有利于分清各方的责任，并促使有关责任部门吸取教训，改进今后的工作。

步骤六　检查货物

需要说明的是，货物即使检验、验收合格入库之后，为保证在库储存保管的货物质量完好、数量齐全，还必须进行经常的和定期的数量、质量、保管条件、计量工具、安全等方面的检查工作。

步骤七　掌握货物的数量、质量检验要达到的程度

（1）数量检验的范围。

不带包装的（散装）货物的检斤率为100%，不清点件数；有包装的毛检斤率为100%，回皮率为5%～10%，清点件数为100%。

定尺钢材检尺率为10%～20%，非定尺钢材检尺率为100%。

贵重金属材料100%过净重。

有标量或者标准定量的化工产品，按标量计算，核定总重量。

同一包装、规格整齐、大批量的货物，包装严密、符合国家标准且有合格证的货物采取抽查的方式验量，抽查率为10%～20%。

（2）质量检验的范围。

带包装的金属材料，抽验5%～10%；无包装的金属材料全部目测查验，少于10%；运输、起重设备100%查验；仪器仪表外观质量缺陷查验率为100%。

易于发霉、变质、受潮、变色、污染、虫蛀、机械性损伤的货物，抽验率为5%～10%。外包装质量缺陷检验率为100%。对于供货稳定，信誉、质量较好的厂家产品，特大批量货物可以采用抽查的方式检验质量。进口货物原则上100%逐件检验。

相关知识

货物验收

1. 货物验收的作用

(1) 验收是做好货物保管保养的基础。
(2) 验收记录是仓库提出退货、换货和索赔的依据。
(3) 验收是避免货物积压,减少经济损失的重要手段。
(4) 验收有利于维护国家利益。

2. 验收工作的要求

货物验收工作是一项技术要求高,组织严密的工作,关系到整个仓储业务能否顺利进行,所以,必须做到及时、准确、严格、经济。

(1) 及时。到库货物必须在规定的期限内完成验收入库工作。这是因为货物虽然到库,但未经过验收的货物没有入账,不算入库,不能供应给用料单位。只有及时验收,尽快提出检验报告才能保证货物尽快入库入账,满足用料单位的需求,加快货物和资金的周转。同时货物的托收承付和索赔都有一定的期限,如果验收时发现货物不合规定要求,要提出退货、换货或赔偿等请求,均应在规定的期限内提出。否则,供方或责任方不再承担责任,银行也将办理拒付手续。

(2) 准确。验收应以货物入库凭证为依据,准确地查验入库货物的实际数量和质量状况,并通过书面材料准确地反映出来。做到货、账、卡相符,提高账货相符率,降低收货差错率,提高企业的经济效益。

(3) 严格。仓库的各方都要严肃认真地对待货物验收工作。验收工作的好坏直接关系国家和企业的利益,也关系以后各项仓储业务的顺利开展。因此,仓库领导应高度重视验收工作,直接参与验收人员要以高度负责的精神来对待这项工作,明确每批货物验收的要求和方法,并严格按照仓库验收入库的业务操作程序办事。

(4) 经济。货物在验收时,多数情况下,不但需要检验设备和验收人员,而且需要装卸搬运机具和设备以及相应工种工人的配合。这就要求各工种密切协作,合理组织调配人员与设备,以节省作业费用。此外在验收工作中,尽可能保护原包装,减少或避免破坏性试验,也是提高作业经济性的有效手段。

3. 货物的验收程序

货物验收包括验收准备、核对凭证、检验货物。

(1) 验收准备。

验收准备是货物入库验收的第一道程序。仓库接到到货通知后,应根据货物的性质和批量提前做好验收的准备工作,具体包括以下内容:

① 全面了解验收物资的性能、特点和数量,根据其需求确定存放地点、垛形和保管方法。

② 准备堆码苫垫所需材料和装卸搬运机械、设备及人力,以便使验收后的货物能及时入库保管存放,减少货物停顿时间。若是危险品则需要准备防护设施。

③ 准备相应的检验工具，并做好事前检查，以便保证验收数量的准确性和质量的可靠性。

④ 收集和熟悉验收凭证及有关资料。

⑤ 进口物资或上级业务主管部门指定需要检验质量者，应通知有关检验部门会同验收。

（2）核对凭证。

入库货物即须具备下列凭证：

① 货主提供的入库通知单和订货合同副本，这是仓库接收货物的凭证。

② 供货单位提供的验收凭证，包括材质证明书、装箱单、磅码单、发货明细表、说明书、保修卡及合格证等。

③ 承运单位提供的运输单证，包括提货通知单和登记货物残损情况的货运记录、普通记录以及公路运输交接单等，作为向责任方进行交涉的依据。

核对凭证，就是将上述凭证加以整理后全面核对。入库通知单、订货合同要与供货单位提供的所有凭证逐一核对，相符后，才可以进入下一步的实物检验；如果发现有证件不齐或不符等情况，要与存货、供货单位及承运单位和有关业务部门及时联系解决。

（3）检验货物。

检验货物是仓储业务中的一个重要环节，包括检验数量、检验外观质量和检验包装三方面的内容，即复核货物数量是否与入库凭证相符，货物质量是否符合规定的要求，货物包装能否保证在储存和运输过程中的安全。

任务七　处理入库信息

【任务描述】

2010年12月23日A仓库收到一份送货单如表3-4所示，验收时发现螺栓少5个，请签单，并编制相应的入库单、进销存卡、物资库存日报表及出库单。

表3-4　送货单示例

送货单　　　　　　　　　　NO：0312456

单位：X　　　　　　　　日期：2010年12月23日

品　名	规　格	单　位	数　量	单　价	金　额	备　注
螺帽	200mm	个	100	1.00	100.00	
螺栓	200mm	个	100	2.00	200.00	
漏电保护器	3型	盒	20	10.00	200.00	

入库物品经过点数、查验之后，可以安排卸货、入库堆码，表示仓库接收了物品。在卸货、搬运、堆垛作业完毕后，与送货人办理交接手续，并建立仓库台账。

步骤一　交接手续

交接手续是指仓库对收到的物品向送货人进行的确认，表示已接收物品。办理完交接手续，意味着分清了运输、送货部门和仓库的责任。完整的交接手续包括：

1. 接收物品

仓库通过理货、查验物品，将不良物品剔出、退回或者编制残损单证等明确责任，确定收到物品的确切数量、物品表面状态良好。

2. 接收文件

接收送货人送交的物品资料、运输的货运记录、普通记录等，以及随货的在运输单证上注明的相应文件，如图纸、准运证等。

（1）货物说明资料。

（2）货运记录：表明承运单位负有责任、收货单位可据此索赔的文件，如物品名称、件数与运单记载不符，物品被盗、丢失或损坏，物品污损、受损、生锈、霉变或其他货物差错等。

（3）普通记录：承运部门开具的一般性证明文件，不具备索赔效力，如棚车的铅封印纹不清、不符或没有按规定施封或不严，篷布苫盖不严实。

（4）随货的在运输单证上注明的相应文件，如图纸、准运证等。

3. 签署单证

仓库与送货人或承运人共同在送货人交来的送货单、交接清单上签字并留存相应单证。提供相应的入库、查验、理货、残损单证，事故报告，并由送货人或承运人签字。

步骤二　登　账

物品入库，仓库应建立详细反映物品仓储的明细账，登记物品入库、出库、结存的详细情况，用以记录库存物品动态和入出库过程。

登账的主要内容有：物品名称、规格、数量、件数、累计数或结存数、存货人或提货人、批次、金额，注明货位号或运输工具、接（发）货经办人。

步骤三　立　卡

物品入库或上架后，将物品名称、规格、数量或出入状态等内容填在料卡上，称为立卡。料卡又称为货卡、货牌，插放在货架上物品下方的货架支架上或摆放在货垛正面明显位置。

步骤四　建　档

建档是将物品接收作业全过程的有关资料证件进行整理、核对，便于货物管理，也可作为日后解决争议的凭证，还可以总结和积累仓库保管经验。

【单元知识考核】

一、单项选择题

1. 以下对货物验收的作用，描述不正确的是（　　）。
   A. 验收是作好货物保管保养的基础　　B. 验收有利于维护货主利益
   C. 验收记录是买方提出退货、换货和索赔的依据
   D. 验收是避免货物积压，减少经济损失的重要手段
2. 如对砂石进行数量检验，应采用的形式是（　　）。
   A. 计件　　　　　B. 检斤　　　　　C. 检尺求积　　　D. 尺寸检验
3. 在仓库中，质量验收主要进行的是（　　）。
   A. 货物外观检验　　　　　　　　　B. 化学成分检验
   C. 货物的尺寸检验　　　　　　　　D. 机械物理性能检验
4. 以下各种检验中，直接通过人的感觉器官进行检验的是（　　）。
   A. 数量检验　　　B. 货物外观检验　C. 货物的尺寸检验　D. 理化检验
5. 检查货物有无潮湿、霉腐、生虫等属于（　　）。
   A. 货物外观检验　　　　　　　　　B. 理化检验
   C. 机械物理性能检验　　　　　　　D. 化学成分检验

二、多项选择题

1. 在货物入库操作中，货物接运的方式有（　　）。
   A. 站、码头接货　B. 产地接货　　　C. 仓库内接货　　D. 专用线接货
   E. 仓库自行接货
2. 货物验收作业包括的主要作业环节有（　　）。
   A. 验收准备　　　B. 核对证件　　　C. 内容登记　　　D. 检验实物
   E. 数值分析
3. 仓库接到到货通知后，所作的验收准备工作包括（　　）。
   A. 人员准备　　　B. 器具准备　　　C. 资料准备　　　D. 设备准备
   E. 货位准备
4. 以下资料中，可作为仓库接收货物凭证的是（　　）。
   A. 装箱单　　　　B. 入库通知　　　C. 发货明细表　　D. 订货合同副本
   E. 承运单位提供的运单
5. 对货物进行质量检验的形式有（　　）。
   A. 货物外观检验　　　　　　　　　B. 货物的尺寸检验
   C. 货物的数量检验　　　　　　　　D. 化学成分检验
   E. 机械物理性能检验
6. 以下各项中属于货物入库单证的有（　　）。
   A. 货卡　　　　　B. 磅码单　　　　C. 领料卡　　　　D. 入库通知单
   E. 实物明细账

三、判断题

（　　）1. 入库验收是货物入库业务流程的第一道作业环节。

（　　）2. 凡货物进入仓库储存，必须经过检查验收，只有验收后的货物，方可入库保管。

（　　）3. 验收虽然有利于维护货主利益，但并不能避免货物积压，进而减少经济损失。

（　　）4. 仓库接收货物的凭证是供货单位提供的货物凭证。

（　　）5. 按照货物性质和包装情况，数量检验分为三种形式：计件、检斤、检尺求积。

（　　）6. 进行数量检验时，一般情况应进行抽检。

（　　）7. 在仓库中，质量验收主要是进行理化检验。

（　　）8. 大批量货物的尺寸检验一般采用全部检验的方式进行。

四、简答题

1. 简述货物的入库流程。
2. 简述验收作业流程及其内容。
3. 货物入库时需进行哪些准备工作？
4. 货位使用有何方式？选择货位要遵循哪些原则？

【强化技能训练】

1. 某仓库单位面积技术定额为3吨/平方米，现有10米×6米×6米仓库货位，计划堆存一批货物，已知该货物为纸箱包装，箱尺寸为50厘米×30厘米×60厘米，每箱重20千克，请问该货位能堆放多少箱？

2. 某仓库有两个货位，第一个货位预计存放电视机，限高6层，每箱重60千克，每箱底面积为0.6米×0.6米，有效占用面积为100平方米。第二个货位预计存放机器零件，限高7层，每箱重100千克，每箱底面积为0.4米×0.5米，有效占用面积为20平方米。请估算该仓库的储存能力。（注：该仓库地面的单位面积定额为2.5吨/平方米。）

【项目作业】

一、实训目标

通过完成该作业，使学生掌握货物入库的作业流程。

二、实训内容

参观某仓库，记录该仓库某批货物入库的操作内容，写出评价报告。

三、实训完成步骤

1. 参观某仓库，了解该仓库某批货物的具体入库时间、数量和入库方式。
2. 记录该批货物入库验收的操作程序和方法。
3. 记录该批货物入库单证的流转过程。
4. 绘制该仓库货物入库流程图。
5. 评价该仓库入库管理过程是否恰当。

四、实训完成方式

1. 可以采取小组完成的方式，每两人为一组，获取所需资料，以报告形式显示调查结果，但在课业中应体现出各自独立完成的部分。
2. 以B5纸、5号宋体字打印。

五、评价标准

	标准	证明方式	教师评价
优秀	1. 获取信息充实、真实有效 2. 语言流利,使用专业术语 3. 流程设计合理,评价得当	分析报告	
良好	1. 获取大量信息 2. 能使用专业术语 3. 能正确评价现行流程	分析报告	
及格	1. 能显示调查信息 2. 能对所得信息进行分析	分析报告	

六、能力评价信息表

通用技能	证明方式	教师评价
1. 自我管理的能力 2. 分析运用信息的能力 3. 与他人合作的能力	按时递交作业 分析报告 分析报告	

项目四　货物储存保管管理

【学习目标】
1. 熟悉堆码和苫垫的各种使用方法及其使用范围；
2. 掌握货物的盘点作业流程；
3. 掌握货物保管环境温湿度的调节与控制方法；
4. 掌握常用的库存分析方法。

【技能要求】
1. 能够进行堆垛设计和苫盖垫垛；
2. 能够设计盘点方案及其作业流程；
3. 能够调节和控制仓库温湿度以适应货物的保管要求；
4. 会运用常用的库存分析方法。

【学习情境】
某物流中心是一个以专业从事图书仓储、分拣、配送服务为特色的物流企业，为180多家出版社的图书入库、储存、包装、出库等提供服务，应用图书管理系统对图书物流业务的仓储、运输等全过程实现信息化管理，为出版社、经销商、书店提供数据交换，为客户提供网上查询服务，邮件、手机短信服务，优化配送路线等，且利用条码技术，进行全程单品管理。

2010年12月18日，物流中心接到客户的通知，要求盘点物流管理方面的图书库存情况，且按照图书出版的时间分成两大类，三年前出版的和近三年出版的。

在仓库内，物流管理方面的书籍大多是三年前出版的，现在根据物流管理专业教师的用书需求，准备对近三年出版的物流管理书籍进行订购，具体内容如表4-1所示。

表4-1　物流管理书籍信息表

序　号	书　　名	数量/本	备　注
1	仓储管理实务	500	
2	物流运筹方法与工具	600	
3	仓储作业实务	100	
4	仓储管理实务情景实训	200	
5	配送管理实务情景实训	220	

【情境分析】
作为物流中心负责图书仓储的主管来说，为了使客户满意，要保证图书在其仓储期间不破损、不变形、不变色，且要在短时间内及时地完成客户的库存盘点要求。那么，图书仓储期间，仓储主管就应该科学合理地设计货垛，做好苫垫、仓库的温湿度控制、盘点、库存数量控制等仓储作业的管理工作。

任务一　堆码设计

【任务描述】

为了达到堆码的基本要求，必须根据保管场所的实际情况、货物本身的特点、装卸搬运条件和仓储作业过程的要求，对货物堆码进行科学地总体设计。设计的内容主要包括堆码方式、货垛参数、垛基、垛形等。

步骤一　理解堆码的基本原则和要求

堆码是指将物品整齐、规则地摆放成货垛的作业。堆码的主要目的是便于对物品进行维护、盘点等管理，以提高仓库利用率。

根据物品的包装、外形、性质、特点、种类和数量，结合季节和气候情况，以及储存时间的长短，将物品按一定的规律码成各种形状的货垛。

一、堆码的基本原则

1. 分区分类存放

分区分类存放是仓库储存规划的基本要求，是保证货物质量的重要手段，因此也是堆码需要遵循的基本原则。

（1）不同类别的货物分类存放，甚至需要分区分库存放。

（2）不同规格、不同批次的货物也要分位、分堆存放。

（3）残次品的货物要与质量合格的货物分开存放。

（4）对于需要分拣的货物，在分拣之后，应分开存放，以免混串。

此外，分类存放还包括不同流向货物、不同经营方式货物的分类分存。

2. 选择适当的搬运活性

为了减少作业时间、次数，提高仓库物流速度，应该根据货物作业的要求，合理选择货物的搬运活性。对搬运活性高的入库存放货物，也应注意摆放整齐，以免堵塞通道，浪费仓容。

3. 面向通道，不围不堵

货垛以及存放货物的正面，应尽可能面向通道，以便察看。另外，所有货物的货垛、货位都应有一面与通道相连，处在通道旁，以便能对货物进行直接作业。只有在所有的货位都与通道相通时，才能保证不围不堵。

4. 尽可能地向高处码放，提高保管效率

5. 注意上轻下重，确保稳固

6. 根据出库频率选定位置

7. 同一品种在同一地方保管原则

8. 便于识别原则

9. 便于点数原则

10. 依据形状安排保管方法

二、对堆垛商品的要求

（1）货物的数量、质量应该已经彻底查清。

（2）外包装完好，标志清楚。

（3）外包装上的沾污、尘土等应该已经清除，不影响货物质量。

（4）受潮、锈蚀以及已经发生某些质量变化或质量不合格的部分，已经加工恢复或者已经剔除另行处理，与合格品不相混杂。

（5）为便于机械操作，金属材料等应该打捆的已经打捆，机电产品和仪器仪表等可集中装箱的已经装入合适的包装箱。

三、对堆码场地的要求

1. 库内堆码

货垛应该在墙基线和柱基线以外，垛底需要垫高。

2. 货棚内堆码

货棚需要防止雨雪渗透，货棚内的两侧或者四周必须有排水沟或管道，货棚内的地坪应该高于货棚外的地面，最好铺垫沙石并夯实。一般应垫高 30～40 厘米。

3. 露天堆码

堆垛场地应该坚实、平坦、干燥、无积水以及杂草，场地必须高于四周地面，垛底还应垫高 40 厘米，四周必须排水畅通。

四、货垛"五距"要求

货垛"五距"应该符合安全和消防规范要求。货垛的"五距"指的是垛距、墙距、柱距、顶距和灯距。堆码货垛时，不能依墙、靠柱、碰顶、贴灯；不能紧挨旁边的货垛，必须留有一定的间距。无论采用哪种垛形，库房内必须留出相应的走道，以方便商品的出入库作业和消防用途，如图 4-1 所示。

图 4-1　货垛五距

1. 垛距

货垛与货垛之间的必要距离，称为垛距，常以支道作为垛距。垛距能方便存取作业，起通风、散热的作用，方便消防工作。库房垛距一般为 0.3～0.5 米，货场垛距一般不少于 0.5 米。

2. 墙距

为了防止库房墙壁和货场围墙上的潮气对商品的影响，也为了散热。

通风、消防工作、建筑安全、收发作业，货垛必须留有墙距。墙距可分为库房墙距和货场墙距，其中，库房墙距又分为内墙距和外墙距。内墙距是指货物离没有窗户墙体的距离，此处潮气相对少些，一般距离为 0.1～0.3 米；外墙距是指货物离有窗户墙体的距离，这里湿度相对大些，一般距离为 0.1～0.5 米。

3. 柱距

为了防止库房柱子的潮气影响货物，也为了保护仓库建筑物的安全，必须留有柱距。柱距一般为 0.1～0.3 米。

4. 顶距

货垛堆放的最大高度与库房、货棚屋顶横梁间的距离，称为顶距。顶距能便于装卸搬运作业，能通风散热，有利于消防工作，有利于收发、查点。顶距一般为 0.5～0.9 米，具体视情况而定。

5. 灯距

货垛与照明灯之间的必要距离，称为灯距。为了确保储存商品的安全，防止照明灯发出的热量引起靠近商品燃烧而发生火灾，货垛必须留有足够的安全灯距。灯距按规定应有不少于 0.5 米的安全距离。

五、堆码的基本要求

1. 科学合理

垛形必须适合商品的性能特点，不同品种、型号、规格、牌号、等级、批次、产地、单价的商品，均应分开堆垛，以便合理保管，并要合理地确定堆垛之间的距离和走道的宽度，便于装卸、搬运和检查。垛距一般为 0.5～0.8 米，主要通道约为 2.5～4 米。

2. 牢固结实

货垛必须不偏不斜、不歪不倒，不压坏底层的商品和地坪，与屋顶、梁柱、墙壁保持一定距离，确保堆垛牢固安全。

3. 定量准确

每行每层的数量力求成整数，过秤商品不成整数时，每层应该明显分隔，表明重量，便于清点发货。

4. 美观整齐

垛形有一定的规格，各个垛排列整齐有序，包装标志一律朝外。

5. 合理节约

堆码时考虑节省货位，提高仓库利用率。

6. 简单方便

六、堆码前的准备工作

（1）按货物的数量、体积、重量和形状，计算货垛的占地面积、垛高以及计划好对于箱装、规格整齐划一的商品所采用的跺形。

占地面积 =（总件数/可堆层数）* 每件商品底面积。

可堆层数 = 地坪单位面积最高负荷量/单位面积重量。

单位面积重量 = 每件商品毛重/该件商品的底面积。

（2）做好机械、人力、材料准备。垛底应该打扫干净，放上必备的垫墩、垫木等垫垛材料，如果需要密封货垛，还需要准备密封货垛的材料等。

提示：上层商品的重量不超过底层商品或其容器可负担的压力，整个货垛的压力不能超过地坪的允许载荷量。

步骤二 垛型设计

一、垛基设计

垛基是货垛的基础，其主要作用是：承受整个货垛的重量，将货物的垂直压力传递给地基；将货物与地面隔开，起防水、防潮和通风的作用；垛基空间为搬运作业提供方便条件。因此，对垛基的基本要求是：将整垛货物的重量均匀地传递给地坪；保证良好的防潮和通风；保证垛基上存放的货物不发生变形。

二、垛形设计

垛形是指货垛的外部轮廓形状。常见的垛形有以下六种，如图 4-2 所示。

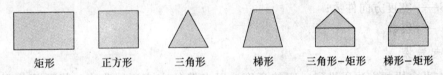

图 4-2 垛形

按垛底的平面形状可以分为矩形、正方形、三角形、圆形、环形等。

按货垛立面的形状可以分为矩形、正方形、三角形、梯形，另外还可组成矩形 - 三角形、矩形 - 梯形等复合形状。

不同立面的货垛都有各自的特点。

矩形、正方形垛易于堆码，便于盘点计数，库容整齐，但随着堆码高度的增加货垛稳定性就会下降。

梯形、三角形垛的稳定性好，便于苫盖，但是不便于盘点计数，也不利于仓库空间的利用。

矩形、三角形等复合货垛恰好可以整合它们的优势，尤其是在露天存放的情况下更须加以考虑。

三、货垛参数设计

货垛参数是指货垛的长、宽、高,即货垛的外形尺寸。

通常情况下,需要首先确定货垛的长度,例如长形材料的尺寸长度就是其货垛的长度,包装成件货物的垛长应为包装长度或宽度的整数倍。货垛的宽度应根据库存货物的性质、要求的保管条件、搬运方式、数量多少以及收发制度等确定,一般多以两个或五个单位包装为货垛宽度。货垛高度主要根据库房高度、地坪承载能力、货物本身和包装物的耐压能力、装卸搬运设备的类型和技术性能,以及货物的理化性质等来确定。在条件允许的情况下应尽量提高货垛的高度,以提高仓库的空间利用率。

1. 平台垛

平台垛是先在底层以同一个方向平铺摆放一层货物,然后垂直继续向上堆积,每层货物的件数、方向相同,垛顶呈平面,垛形呈长方体。当然在实际堆垛时并不是采用层层加码的方式,往往从一端开始,逐步后移。平台垛适用于包装规格单一的大批量货物,包装规则,能够垂直叠放的方形箱装货物、大袋货物、规则的软袋成组货物、托盘成组货物。平台垛只是用在仓库内和无需遮盖的堆场堆放的货物码垛,如图4-3所示。

平台垛具有整齐、便于清点、占地面积小、堆垛作业方便的优点。但该垛型的稳定性较差,特别是小包装、硬包装的货物有货垛端头倒塌的危险,所以在必要时(如太高、长期堆存、端头位于主要通道等)要在两端采取稳定的加固措施。

对于堆放很高的轻质货物,往往在堆码到一定高度后,向内收半件货物后再向上堆码,以保证货垛稳固。

标准平台垛的货物件数:$A = L * B * h$。

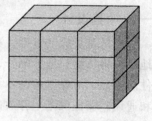

图4-3 平台垛

式中,A——总件数;

L——长度方向件数;

B——宽度方向件数;

h——层数。

2. 起脊垛

先按平台垛的方法码垛到一定的高度,以卡缝的方式逐层收小,将顶部收尖成屋脊形。起脊垛是用于堆场场地堆货的主要垛型,货垛表面的防雨遮盖从中间起向下倾斜,便于雨水排泄,防止水湿货物。有些仓库由于陈旧或建筑简陋有漏水现象,仓内的怕水货物也采用起脊垛堆垛并遮盖。

起脊垛是平台垛为了遮盖、排水需要的变形,具有平台垛操作方便、占地面积小的优点,适用于平台垛的货物都可以采用起脊垛堆垛。但是起脊垛由于顶部压缝收小,形状不规则,无法在垛堆上清点货物,顶部货物的清点需要在堆垛前以其他方式进行。另外由于起脊的高度使货垛中间的压力大于两边,因而采用起脊垛时库场使用定额要以脊顶的高度来确定,以免中间底层货物或库场被压损坏。

起脊垛的货物件数:$A = L * B * h + 起脊件数$。

式中,A——总件数;

L——长度方向件数;

B——宽度方向件数；

h——未起脊层数。

3. 立体梯形垛

立体梯形垛是在最底层以同一方向排放货物的基础上，向上逐层同方向减数压缝堆垛，垛顶呈平面，整个货垛呈下大上小的立体梯形形状。立体梯形垛用于包装松软的袋装货物和上层面非平面而无法垂直叠码的货物的堆码，如横放的桶装、卷形、捆包货物。立体梯形垛极为稳固，可以堆放得较高，仓容利用率较高。对于在露天堆放的货物常采用立体梯形垛，为了排水需要也可以在顶部起脊，如图4-4所示。

立体梯形垛货物件数：$A = (2L - h + 1)hB/2$。

式中，A——总件数；

L——长度方向件数；

B——宽度方向件数；

h——层数。

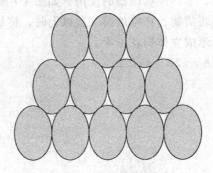

图4-4 立体梯形垛

4. 行列垛

行列垛是将每票货物按件排成行或列，每行或列一层或数层高。垛形呈长条形。行列垛用于存放货物批量较小的库场码垛使用，如零担货物。为了避免混货，每批独立开堆存放。长条形的货垛使每个货垛的端头都延伸到通道边，可以直接作业而不受其他货物阻挡。但每垛货量较少，垛与垛之间都需留空，垛基小而不能堆高，使得行列垛占用库场面积大，库场利用率较低，如图4-5所示。

5. 井型垛

井型垛用于长形的钢材、钢管及木方的堆码。它是在以一个方向铺放一层货物后，再以垂直的方向铺放第二层货物，货物横竖隔层交错逐层堆放。垛顶呈平面。井型垛垛型稳固，但层边货物容易滚落，需要捆绑或者收进。井型垛的作业较为不便，需要不断改变作业方向，如图4-6所示。

井型垛货物件数：$A = (L + B)h/2$。

式中，A——总件数；

L——纵向方向件数；

B——横向方向件数；

h——层数。

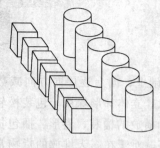
图 4-5 行列垛

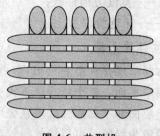
图 4-6 井型垛

6. 梅花垛

对于需要立直存放的大桶装货物，先按行列垛的方式排好第一行货物（其个数就是宽度方向的个数），第二行的每件靠在第一行的两件之间卡位，第三行同第一行一样，然后每行依次卡缝排放，形成梅花形垛（行数就是长度方向的个数）。梅花形垛货物摆放紧凑，充分利用了货件之间的空隙，节约库场面积的使用，如图 4-7 所示。

对于能够多层堆码的桶装货物，在堆放第二层以上时，将每件货物压放在下层的三件货物之间，四边各收半件，形成立体梅花形垛。

单层梅花垛货物件数：$A = (2B - 1)L/2$。

A——总件数；

L——长度方向件数；

B——宽度方向件数。

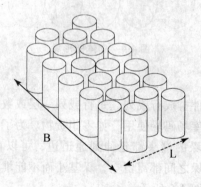
图 4-7 梅花垛

7. 鱼鳞式货垛

这种货垛适用于圆型成圈的电线、铅丝等商品。堆码时把一圈商品的一半压在另一圈商品上，上一层的商品又向相反的方向用相同的方法顺序排列，依次堆高，堆成的货垛花纹像鱼鳞一般，货垛稳固且节约仓容。

步骤三 掌握货物堆码存放的基本方法

一、散堆法

散堆法适用于露天存放的没有包装的大宗货物，如煤炭、矿石等，也适用于库内少量存放的谷物、碎料等散装货物。

散堆法是直接用堆扬机或者铲车在确定的货位后端起,直接将货物堆高,在达到预定的货垛高度时,逐步后推堆货,后端先形成立体梯形,最后成垛。由于散货具有流动、散落性,堆货时不能堆到太近垛位四边,以免散落使货物超出预定的货位。

二、堆垛法

对于有包装(如箱、桶)的货物,包括裸装的计件货物,采取堆垛的方式储存。堆垛方式储存能够充分利用仓容,做到仓库内整齐,方便作业和保管。货物的堆码方式主要取决于货物本身的性质、形状、体积、包装等。一般情况下多采取平放,使重心最低,最大接触面向下,易于堆码,稳定牢固。

常见的堆码方式包括重叠式、纵横交错式、仰伏相间式、压缝式、通风式、栽柱式、衬垫式等。

1. 重叠式(如图 4-8 所示)

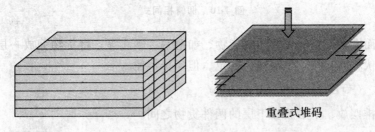

图 4-8 重叠式

重叠式也称直堆法,是逐件、逐层向上重叠堆码,一件压一件的堆码方式。为了保证货垛稳定性,在一定层数后改变方向继续向上,或者长宽各减少一件继续向上堆放。该方法方便作业、计数,但稳定性较差。适用于袋装、箱装、箩筐装货物,以及平板、片式货物等,具体操作步骤如下:

(1)取一箱货物,将箱体的长度方向与托盘的长度方向平行(垂直)码放,且与托盘边缘对齐,注意包装的条形码和标志向外;

(2)重复第一步,直到码放好一层;

(3)重复第一步、第二步,直到货物码放好为止。

2. 纵横交错式(如图 4-9 所示)

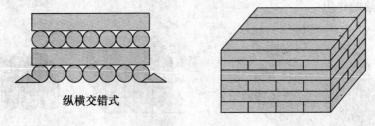

图 4-9 纵横交错式

纵横交错式是指每层货物都改变方向向上堆放。适用于管材、捆装、长箱装货物等。该方法较为稳定,但操作不便。

相邻两层箱体的码放旋转 90 度,一层成横向放置,另一层成纵向放置,具体操作步骤如下：

（1）取一箱货物，将箱体的长度方向与托盘的长度方向平行（垂直）码放，且与托盘边缘对齐，注意包装的条形码和标志向外；

（2）重复第一步，直到码放好一层；

（3）将箱体旋转 90 度，重复第一步、第二步，直到货物码放好为止。

操作速度快，且有一定的咬合效果。

3. 仰伏相间式（如图 4-10 所示）

图 4-10　仰俯相间式

对上下两面有大小差别或凹凸的货物，如槽钢、钢轨等，将货物仰放一层，在反一面伏放一层，仰伏相向相扣。该垛极为稳定，但操作不便。

4. 压缝式（如图 4-11 所示）

将底层并排摆放，上层放在下层的两件货物之间。

图 4-11　压缝式

5. 通风式（如图 4-12 所示）

货物在堆码时，任意两件相邻的货物之间都留有空隙，以便通风。层与层之间采用压缝式或者纵横交错式。通风式堆码可以用于所有箱装、桶装以及裸装货物堆码，起到通风防潮、散湿散热的作用。

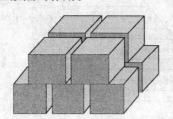 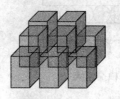

图 4-12　通风式

6. 栽柱式（如图 4-13 所示）

码放货物前先在堆垛两侧栽上木桩或者铁棒，然后将货物平码在桩柱之间，几层后用铁丝将相对两边的柱拴连上，再往上摆放货物。此法适用于棒材、管材等长条状货物。

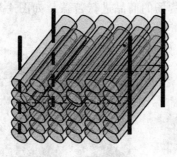

图 4-13　栽柱式

7. 衬垫式堆垛

码垛时，隔层或隔几层铺放衬垫物，衬垫物平整牢靠后，再往上码。适用于不规则且较重的货物，如无包装电机、水泵等。

8. "五五化"堆垛（如图 4-14 所示）

"五五化"堆垛就是以五为基本计算单位，堆码成各种总数为五的倍数的货垛，以五或五的倍数在固定区域内堆放，使货物"五五成行、五五成方、五五成包、五五成堆、五五成层"，堆放整齐，上下垂直，过目知数。便于货物的数量控制、清点盘存。

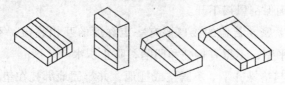

图 4-14　五五堆码

任务二　苫　垫

【任务描述】

为了防止商品直接受到风吹、雨打、日晒、冰冻的侵蚀，通常使用塑料布、席子、油毡纸、铁皮、苫布等，也可以利用一些货物的旧包装材料等对存放在露天货场的商品进行苫垫。

步骤一　了解苫垫及其基本要求

苫垫是指为了防止自然环境影响储存货物的质量而进行的仓储作业。

一、苫盖技术

1. 苫盖

苫盖是指采用专用苫盖材料对货垛进行遮盖。为了防止商品直接受到风吹、雨打、日晒、冰冻的侵蚀，通常使用塑料布、席子、油毡纸、铁皮、苫布等，也可以利用一些商品的旧包装材料等对存放在露天货场的商品进行苫盖，如图4-15所示。

图4-15 苫盖

2. 苫盖的基本要求

（1）选择合适的苫盖材料。选用符合防火、无害的安全苫盖材料；苫盖材料不会与货物发生不利影响；成本低廉，不宜损坏，能重复使用；没有破损和霉烂。

（2）苫盖牢固。每张苫盖材料都需要牢固固定，必要时在苫盖物外用绳索、绳网绑扎或者采用重物镇压，确保刮风揭不开。

（3）苫盖接口要紧密。苫盖的接口要有一定深度的互相叠盖，不能迎风叠口或留空隙，苫盖必须拉挺、平整，不得有折叠和凹陷，防止积水。

（4）苫盖的底部与垫垛齐平。不腾空或拖地，并牢固地绑扎在垫垛外侧或地面的绳桩上，衬垫材料不露出垛外，以防雨水顺延渗入垛内。

（5）要注意材质和季节。使用旧的苫盖物或在雨水丰沛季节，垛顶或者风口需要加层苫盖，确保雨淋不透。

（6）为了防止货垛倒塌，对某些稳定性较差的货垛，应进行必要的加固。加固是为了增加货垛的整体性和稳定性。货垛加固常用的方法有周围立档柱、层间加垫板、使用U型架、使用钢丝拉连等。

二、垫垛技术

1. 垫垛

垫垛是指在货物码垛前，在预定的货位地面位置，使用衬垫材料进行铺垫。垫垛就是在商品堆垛前，根据货垛的形状、底面积大小、商品保管养护的需要、负载重量等要求，预先铺好垫垛物的作业。

2. 垫垛材料

一般采用专门制作的水泥墩或石墩、枕木、木板及防潮纸。由于垫垛是一项重复而又繁重的劳动，所以现在正在逐步推行固定式的垛基，如用水泥预制件代替枕木，可以不移动地重复使用，节省劳动力，提高作业效率。

3. 垫垛的目的

(1) 使地面平整。

(2) 使堆垛货物与地面隔开,防止地面潮气和积水浸湿货物。

(3) 通过强度较大的衬垫物使重物的压力分散,避免损害地坪。

(4) 使地面杂物、尘土与货物隔开。

(5) 形成垛底通风层,有利于货垛通风排湿。

(6) 使货物的泄漏物留存在衬垫之内,防止流动扩散,以便于收集和处理。

4. 垫垛的基本要求

(1) 所使用的衬垫物与拟存货物不会发生不良影响,并具有足够的抗压强度。

(2) 地面要平整坚实、衬垫物要摆放平整,并保持同一方向。

(3) 衬垫物间距适当,直接接触货物的衬垫面积与货垛底面积相同,衬垫物不伸出货垛外。

(4) 要有足够的高度,露天堆场要达到 0.3～0.5 米,库房内 0.2 米即可。

步骤二　掌握苫垫技术

一、苫盖技术

1. 就垛苫盖法

直接将大面积苫盖材料覆盖在货垛上遮盖。适用于起脊垛或大件包装货物。一般采用大面积的帆布、油布、塑料膜等。就垛苫盖法操作便利,但基本不具有通风条件。

2. 鱼鳞式苫盖法

将苫盖材料从货垛底部开始,自下而上呈鱼鳞式逐层交叠围盖。一般采用面积较小的席、瓦等材料苫盖。鱼鳞式苫盖法具有较好的通风条件,但每件苫盖材料都需要固定,操作比较繁琐复杂,如图 4-16 所示。

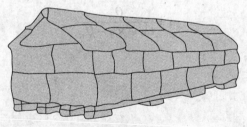

图 4-16　鱼鳞式苫盖

3. 活动棚苫盖法

是用预制的苫盖骨架与苫叶合装而成的简易棚架,但不需基础工程,可随时拆卸和人力移动。在货物堆垛完毕,移动棚架到货垛遮盖,或者采用即时安装活动棚架的方式苫盖。活动棚苫盖法较为快捷,具有良好的通风条件,但活动棚本身需要占用仓库位置,也需要较高的购置成本。

二、垫垛技术

1. 在露天货场垫垛

露天货场的货垛垫底，先要平整、夯实地面，周围挖沟排水，再采用枕木、石墩、水泥墩作为垫底材料。

露天货场的地坪材料要根据堆存货物对地面的承载要求，应使地坪达到平坦、干燥、无积水、无杂草和坚实，并有良好的排水设施，堆码场必须高于四周地面，货垛须垫高40厘米。

墩与墩之间视具体情况，留有一定的间距，这样有利于空气流通，可免用枕木和代用木材。必要时，可在垫墩上铺一层防潮纸或塑料薄膜，而后再放置储存的商品。垫垛高度可保持在40厘米左右。

2. 在库房内垫垛

用于承受商品堆码的库房地坪，要求平坦、坚固、耐摩擦。货垛应在墙基线和柱基线以外，垛底须垫高。

3. 货棚内垫垛

货棚为防止雨雪渗漏、积聚，货棚堆码场地四周必须有良好的排水沟、排水管道等排水系统。货棚内堆码的地坪应高于货棚地面，货垛一般应垫高20～40厘米。

根据地坪和商品防潮要求而定。一般水泥地坪只需安放一层垫墩，高度20厘米以上即可。有的商品可以不垫，只须铺一层防潮纸。有的库房地坪已设隔潮层，一般情况下可不垫垛。而对化工材料、棉麻及其制品以及容易受潮霉烂的商品，应尽可能加高垫层，使垛底通风。而在使用垫板垫架、稻糠等物料时，垫底物料的排列，要注意将空隙对准走道和门窗，以利通风散潮。

步骤三　确定垫垛物的数量

$$n = \frac{Q_m}{l \times w \times q - Q_{自}}$$

式中，n——衬垫物数量；

　　　Q_m——货物重量；

　　　l——衬垫物长度；

　　　w——衬垫物宽度；

　　　q——仓库地坪承载能力；

　　　$Q_{自}$——衬垫物自重。

【例】 某仓库内存放自重20吨设备，设备底架为两条2米×0.2米的钢架。$P_{库} = 2$吨/平方米，如何采用2米×1.5米，自重0.5吨的钢板垫垛？

1. $P_{货} = 20 \div (2 \times 0.2 \times 2) = 25$（吨/平方米）

因为$P_{货}$大于$P_{库}$，所以需要衬垫。

2. $Q = PS$

$20 + n \times 0.5 = 2 \times 2 \times 1.5n$

$5.5n = 20$

$n = 3.63 \approx 4$ 块

任务三　温湿度控制

【任务描述】

货物在仓库储存期间发生的霉变、锈蚀、虫蛀、溶化等各种变质形象，几乎都与仓库内的温湿度密切相关。例如：食糖受潮溶化，洗衣粉受潮结块。空气潮湿、闷热，就会引起微生物和霉菌的生长繁殖，如茶叶、烟霉变；温度过高或过低，也会引起货物质量的变化，如蜡制品遇热发粘或熔化，福尔马林受冻聚合沉淀等。

因此，应该根据各种库存货物的自身特性要求，结合仓库中温湿度的自然变化规律，及时采取科学合理的养护技术控制或调节仓库的温湿度，创造储存货物适宜温湿度条件，以确保货物质量不变。

步骤一　认知温度、湿度及其变化规律

一、温湿度

1. 温度

温度是指物体（包括空气）冷热的程度。

温度对商品的影响；怕热的商品，如油毡、复写纸、各种橡胶制品及腊等，如果储存温度超过要求（30～35℃）就会发黏、溶化或变质；某些怕冻的商品，如医药针剂、口服液、墨水、乳胶等则因库存温度过低会出现冻结，沉淀或失效。例如：苹果贮藏在1℃的环境里要比储藏在4～5℃的环境时寿命延长1倍。

温度的变化可以提高或降低货物的含水量，引起某些易溶、易挥发的液体货物以及有生理机能的货物发生质量变化。为此，必须对仓库提出适合于货物长期安全储存的温度界限，即"安全温度"。对一般货物来说，要求的是最高温度界限，而一些怕冻货物和鲜活货物，则要求最低温度界限。

2. 湿度

表示货物或空气含水量的多少，分为货物湿度和空气湿度。

（1）货物湿度，用百分比来表示货物的含水量。货物含水量越高，就越容易发生霉变、溶解、锈蚀、发热、化学反应（如碳化钙遇水分解并产生易燃汽体乙炔气）；反之，货物则会发生干裂、干涸、挥发、易燃等现象。因此，控制货物湿度是确保货物质量安全的关键。

湿度对商品储存的影响，由于商品本身含有一定的水分，如果空气相对湿度超过75%，有吸湿性的商品就会从空气中吸收大量的水分而逐渐增大本身的含水量，从而产生

影响。如食盐、麦乳精、洗衣粉等出现潮解、结块，服装、药材、糕点等生霉、变质，金属氧化生锈。而空气相对湿度过小（低于30%），也会使一些商品的水分蒸发影响质量。如皮革、香皂、木器家俱、竹制品等发生开裂，失去商品的使用价值。因此，经常观察和了解气象变化的规律，根据要求进行调整，才能保证商品的质量，如表4-2列出了几种商品的温湿度要求。

表 4-2　几种商品的温湿度要求

种　类	温度（℃）	相对湿度（%）	种　类	温度（℃）	相对湿度（%）
金属及制品	5～30	≤75	重质油、润滑油	5～35	≤75
碎末合金	0～30	≤75	轮胎	5～35	45～65
塑料制品	5～30	50～70	布电线	0～30	45～60
压层纤维塑料	0～35	45～75	工具	10～25	50～60
树脂、油漆	0～30	≤75	仪表、电器	10～30	70
汽油、煤油、轻油	≤30	≤75	轴承、钢珠、滚针	5～35	60

（2）空气湿度。空气湿度是指空气中水蒸气含量的多少。常用绝对湿度、饱和湿度、相对湿度等表示。

● 绝对湿度（e）：单位体积空气中实际所含水蒸气的重量，即每立方米的空气中所含水汽量（克/立方米）。温度对绝对湿度有直接影响，温度愈高，水分蒸发愈多，绝对湿度亦愈大；反之，温度愈低，水分蒸发愈少，绝对湿度亦愈小。

● 饱和湿度（E）：在一定气压、气温下，单位体积的空气中所能容纳的最大水汽量。空气的饱和湿度是随着空气温度的变化而变化的。温度愈高，空气中所能容纳的水汽量就愈多，饱和湿度也愈大；反之，温度愈低，饱和湿度就愈小，不同温度有相应的饱和湿度值。

● 相对湿度（r）：相对湿度表示在一定温度下，空气中实际含有的水汽量（绝对湿度）距离饱和状态（饱和湿度）的程度。它表示同一温度下空气的绝对湿度与饱和湿度的百分比。

相对湿度＝绝对湿度/饱和湿度×100%（同一温度下）

例如：仓库内的相对湿度为88%，库内温度28℃（饱和湿度26.92克/立方米），可计算库内绝对湿度是多少？

要了解空气的干湿程度，主要看空气的相对湿度高低。即相对湿度越大，表示空气越潮湿，水分越不易蒸发；反之，相对湿度越小，表示空气越干燥，即越易蒸发。因此，相对湿度对仓储货物的质量有较大的影响，掌握空气的相对湿度对商品保管养护至关重要。

3. 露点

露点是指保持空气的水汽含量不变而使其冷却，直至水蒸气达到饱和状态而将结出露水时的温度。当相对湿度≥1时出现露点，俗称汗水。

当库内温度低于露点温度时，空气中的水汽会结露使货物受潮，因此在采用通风方式调节库内温湿度时，应避免露点温度出现。

当含有一定数量水蒸气的空气（绝对湿度）的温度下降到一定程度时，所含水蒸气就会达到饱和（饱和湿度，即相对湿度达到100%），并开始液化成水，这种现象叫结露。水蒸气开始液化成水的温度叫做露点温度（简称露点）。如果温度继续下降到露点以下，空气中的水蒸气就会凝集在物体的表面上，俗称"出汗"现象，会造成货物的湿损现象。

4. 临界湿度

临界湿度是指使货物发生变化的相对湿度范围。对于金属材料及制品来说，就是引起金属锈蚀的相对湿度范围。一般情况下，铁的临界湿度为65%～70%，钢的临界湿度为70%～80%，如果空气中含有大量的炭粒、二氧化硫、氨和氯等杂质，则钢和铁的临界湿度范围将缩小到60%左右。

二、温湿度的变化规律

1. 大气温度变化规律

温度的日变化规律通常为单峰型，即大气温度从上午8点开始迅速升高，到下午2～3点达到最高，过后随着日照减弱而逐渐下降，到次日凌晨2点左右为最低。

2. 大气湿度变化规律

绝对湿度反映空气中水蒸气的实际含量，由于在不同的自然地理条件下，或在不同的季节中，绝对湿度的日变化规律不完全相同，因此在我国有一高一低（单峰型）和两高两低（双峰型）绝对湿度日变化形式。

除此之外，同一时点库内不同的位置的温湿度也不相同。一般情况下地面附近温度较低、湿度较大，屋顶附近温度较高、湿度较小；向阳面温度较高、相对湿度较小，背阴面温度较低、相对湿度较大；库房四角温度较高，但因通风受阻其相对湿度也就偏高，而库房门、窗附近受库外温湿度影响较大，所以与库外温湿度比较接近。

绝对湿度的变化规律：一般来说，绝对湿度是随着温度的升高而增加，随着温度的降低而减小的。绝对湿度的变化有日变化和年变化情况。

相对湿度的变化规律：相对湿度随气温的升高而减小，随气温的降低而增大。相对湿度也有日变化和年变化情况。

步骤二　掌握湿度的测量方法

仓库的温湿度管理是一项基本工作，应该定时观测并记录绝对湿度、相对湿度和温度等。现代湿度测量方法最主要的有两种：干湿球测湿法和电子式湿度传感器测湿法。

1. 干湿球测湿法

早在18世纪人类就发明了干湿球湿度计，干湿球湿度计的准确度还取决于干球、湿球两支温度计本身的精度。湿度计必须处于通风状态，只有纱布水套、水质、风速都满足一定要求时，才能达到规定的准确度。干湿球湿度计的准确度只有5%～7%RH。

干湿球测湿法采用间接测量方法，空气湿度可以通过测量干球、湿球的温度经过计算得出，因此对使用温度没有严格限制，在高温环境下测湿不会对传感器造成损坏。干湿球湿度计是用两支温度计（干球温度计和湿球温度计），湿球温度计下端用纱布裹缠住，然后将纱布一端浸泡在水中，干球温度计直接放置在空气中。读出干、湿两球所指示的温度，计算干湿温度差，由湿度对照表就可以查出空气的相对湿度。

例如：干球温度为19℃，湿球温度为17℃。干湿温度差是2℃，可先在湿度对照表中找到气温19℃所在的那一行，然后再找到干湿温度差2℃所在的那一列，找到行和列交汇处的那个数据81，说明空气的相对湿度为81%。

干湿球测湿法的维护相当简单，在实际使用中，只需定期给湿球加水及更换湿球纱布即可。与电子式湿度传感器相比，干湿球测湿法不会产生老化、精度下降等问题。所以干湿球测湿方法更适合于在高温及环境恶劣的场合使用，如表4-3所示。

表4-3 湿度对照表

干湿示差	0.5	1.0	1.5	2.0	2.5	3.0	3.5	4.0	4.5	5.0	5.5	6.0	6.5	7.0	7.5	8.0
干球温度							相对湿度（%）									
50	97	94	92	89	87	84	82	79	77	74	72	70	68	66	63	61
49	97	94	92	89	86	84	81	79	77	74	72	70	67	65	63	61
48	97	94	92	89	86	84	81	79	76	74	71	69	67	65	62	60
47	97	94	92	89	86	83	81	78	76	73	71	69	66	64	62	60
46	97	94	91	89	86	83	81	78	76	73	71	68	66	64	62	59
45	97	94	91	88	86	83	80	78	75	73	70	68	66	63	61	59
44	97	94	91	88	86	83	80	78	75	72	70	67	65	63	61	58
43	97	94	91	88	85	83	80	77	75	72	70	67	65	62	60	58
42	97	94	91	88	85	82	80	77	74	72	69	67	64	62	59	57
41	97	94	91	88	85	82	79	77	74	71	69	66	64	61	59	56
40	97	94	91	88	85	82	79	76	73	71	68	66	63	61	58	56
39	97	94	91	87	84	82	79	76	73	70	68	65	63	60	58	55
38	97	94	90	87	84	81	78	75	73	70	67	64	62	59	57	54
37	97	93	90	87	84	81	78	75	72	69	67	64	61	59	56	53
36	97	93	90	87	84	81	78	75	72	69	66	63	61	58	55	53
35	97	93	90	87	83	80	77	74	71	68	65	63	60	57	55	52
34	96	93	90	86	83	80	77	74	71	68	65	62	59	56	54	51
33	96	93	89	86	83	80	76	73	70	67	64	61	58	56	53	50
32	96	93	89	86	83	79	76	73	70	66	64	61	58	55	52	49
31	96	93	89	86	82	79	75	72	69	66	63	60	57	54	51	48
30	96	92	89	85	82	78	75	72	68	65	62	59	56	53	50	47
29	96	92	89	85	81	78	74	71	68	64	61	58	55	52	49	46
28	96	92	88	85	81	77	74	70	67	64	60	57	54	51	48	45
27	96	92	88	84	81	77	73	70	66	63	60	56	53	50	47	43
26	96	92	88	84	80	76	73	69	66	62	59	55	52	48	46	42
25	96	92	88	84	80	76	72	68	64	61	58	54	51	47	44	41
24	96	91	87	83	79	75	71	68	64	60	57	53	50	46	43	39

续　表

23	96	91	87	83	79	75	71	67	63	59	56	52	48	45	41	38
22	95	91	87	82	78	74	70	66	62	58	54	50	47	43	40	36
21	95	91	86	82	78	73	69	65	61	57	53	49	45	42	38	34
20	95	91	86	81	77	73	68	64	60	56	52	58	44	40	36	32
19	95	90	86	81	76	72	67	63	59	54	50	56	42	38	34	30
18	95	90	85	80	76	71	66	62	58	53	49	44	41	36	32	28
17	95	90	85	80	75	70	65	61	56	51	47	43	39	34	30	26
16	95	89	84	79	74	69	64	59	55	50	46	41	37	32	28	23
15	94	89	84	78	73	68	63	58	53	48	44	39	35	30	26	21
14	94	89	83	78	72	67	62	57	52	46	42	37	32	27	23	18
13	94	88	83	77	71	66	61	55	50	45	40	34	30	25	20	15
12	94	88	82	76	70	65	59	53	47	43	38	32	27	22	17	12
11	94	87	81	75	69	63	58	52	46	40	36	29	25	19	14	8
10	93	87	81	74	68	62	56	50	44	38	33	27	22	16	11	5
9	93	86	80	73	67	60	54	48	42	36	31	24	18	12	7	1
8	93	86	79	72	66	59	52	46	40	33	27	21	15	9	3	
7	93	85	78	71	64	57	50	44	37	31	24	18	11	5		
6	92	85	77	70	63	55	48	41	34	28	21	13	7			
5	92	84	76	69	61	53	46	36	28	24	16	9				
4	92	83	75	67	59	51	44	36	28	20	12	5				
3	91	83	74	66	57	49	41	33	25	16	7	1				
2	91	82	73	64	55	46	38	29	20	12	1					
1	90	81	72	62	53	43	34	25	16	8						
0	90	80	71	60	51	40	30	21	12	3						

2. 电子式湿度传感器测湿法

电子式湿度传感器是近几十年，特别是近二十年才迅速发展起来的。湿度传感器生产厂在产品出厂前都要采用标准湿度发生器来逐支标定，电子式湿度传感器的准确度可以达到 2%～3% RH。

在实际使用中，由于尘土、油污及有害气体的影响，电子式湿度传感器使用时间一长，就会产生老化，精度下降，湿度传感器年漂移量一般都在±2%左右，甚至更高。一般情况下，生产厂商会标明 1 次标定的有效使用时间为 1 年或 2 年，到期需重新标定。

电子式湿度传感器的精度水平要结合其长期稳定性去判断，一般说来，电子式湿度传感器的长期稳定性和使用寿命不如干湿球湿度传感器。

湿度传感器是采用半导体技术，因此对使用的环境温度有要求，超过其规定的使用温度将对传感器造成损坏。所以电子式湿度传感器测湿方法更适合于在洁净及常温的场合使用。

步骤三　掌握温湿度的控制方法

仓库温度的控制既要注意库温和气温，也要注意垛温。

控制库房温湿度方法很多，如人工吸潮、排潮、加热、降温和密封库房等，特别是利用自然通风办法调节库内温湿度，对仓库保管更具有经常和普遍的应用价值。

为了保证保管质量，除了温度、湿度、通风控制外，仓库应根据货物的特性采取相应的保管措施。如对货物进行油漆、涂刷保护涂料、除锈、加固、封包、密封等，发现虫害及时杀虫，释放防霉药剂等针对性保护措施。必要时采取转仓处理，将货物转入具有特殊保护条件的仓库，如冷藏。

1. 密封

密封是利用一些不透气、能隔热隔潮的材料，把商品严密地封闭起来，以隔绝空气，降低或减少空气温湿度变化对商品的影响。它要求封前要检查商品的含水量、温度、湿度，选择绝热防潮材料（沥青纸、塑料薄膜、芦席等），确定密封时间，封后加强管理。密封的形式可以是整库密封、整垛密封、整柜密封、整件密封。

做好仓库的维护管理，保持良好的密闭性，雨季应事先清理排水沟，确保通畅，风雨天应及时检查有无漏水和地面反潮现象。同时，进行良好的防潮包装，密封的商品及包装必须干燥，没有任何霉变迹象。密封所使用的材料，必须符合防潮、隔潮等要求。一旦商品受潮，应及时采取措施降潮或晾晒。

2. 通风

就是利用库内外空气对流，达到调节库内温湿度的目的。通风既能起到降温、降潮和升温的作用，又可排除库内的污浊空气，使库内空气适宜于储存商品的要求。

通风有自然通风和机械通风两种。

易潮商品吸湿性强，湿度过大会使这些商品生霉腐烂、潮解、溶化（如钾、钠、食盐等），结块失效（如水泥）。因此应做好易潮商品的保管工作。

当库内湿度大，库外空气比较干燥时，就可以利用通风降低库内湿度。通风降潮时不但要比较库内外湿度而且要比较库内外温度，经过换算后再决定是否适宜通风。

设：相对湿度：库外为 $r1$　　库内为 $r2$

绝对湿度：库外为 $e1$　　库内为 $e2$

饱和湿度：库外为 $E1$　　库内为 $E2$

若把当时的库外空气排入室内后，其相对湿度变为：$r3 = r1 \times E1/E2 \times 100\%$。

或 $r3 = e1/E2 \times 100\%$

若 $r3 < r2$，则可通风，否则就不能通风降潮。因此，当库外温度、相对湿度都低于库内时可以通风；库外温度稍高于库内，但不超过 3℃，绝对湿度和相对湿度都低于库内时可以通风；库外温度高于库内温度在 3℃ 以上时，虽绝对湿度和相对湿度都比库内低一般不进行通风；库外温度低于库内，但绝对湿度和相对湿度都大于库内时不能通风，具体可参考表 4-4 所示。

表4-4 通风降温条件参考表

温度		相对湿度		绝对湿度		通风与否
库外	库内	库外	库内	库外	库内	
低	高	低	高	低	高	可　以
高	低	低	高	低	高	可　以
低	高	相等	相等	低	高	可　以
高	低	低	高	相等	相等	可　以
相等	相等	低	高	低	高	可　以
低	高	高	低	低	高	可　以
高	低	高	低	高	低	不　可　以
低	高	高	低	低	高	可　以
高	低	相等	相等	高	低	可　以
相等	相等	高	低	高	低	可　以
低	高	高	低	相等	相等	一般不可，但物资长期未通风，急需通风防霉时，也可进行

3. 吸湿

就是利用吸湿剂减少库房的水分，以降低库内湿度的一种方法。当库内湿度大，又不能采用通风方式降低湿度时，可采用吸湿剂来降低库内的湿度。尤其在霉雨季或阴雨天，当库内湿度过大，不宜通风散潮时，为保持库内干燥，可以放置吸湿剂吸湿。常用的吸湿剂有生石灰、氯化钙、氯化锂、硅胶、木灰、炉灰等。

步骤四　掌握温湿度管理的具体方法

（1）一般可在每个库房内的中央部位悬挂一个温湿度计，悬挂在离地面1.2～1.5米的高处，不可放在门窗附近或墙角。

库外测量时，也可以将温湿度计放在库外的百叶箱内。百叶箱应置于空旷通风的地方，距地面约1米，箱门向北。

（2）指定专人每天按时观察和记录。仓管员每天对仓库内的温度进行检查和记录。仓库温度应尽量保持在25度左右。

当仓库温度高过允许的上限（38%）或者等于/低于允许的下限（0度），仓管员应在一个小时内通知仓库主管，要求采取措施，调整仓库温度。

当仓库湿度高过允许的上限（85%），仓管员应在一个小时内通知仓库主管，要求采取适当的措施，保持仓库正常湿度。

当仓库温度超出允许范围，仓储主管应在24小时内将问题解决。

为了保证仓库温度湿度的均衡，仓储主管应对可以预见的问题进行预防，减少事故的发生。

（3）按月、季、年分析记录，统计该时期内最高、最低和平均温湿度，以便积累资料。

（4）当发现库内温湿度超过要求时，应立即采取相应措施，以保证货物的安全储存。

任务四　盘点作业

【任务描述】

仓库中的库存物不断地进库和出库，长时间积累后，在作业过程中产生的误差会使库存资料反映的数据与实际数据不相符。有些货物则因存放时间太长或保管不当，会发生数量和质量的变化，甚至货物质量不能满足用户的需要。为了对库存货物的数量进行有效控制，并查清其在库中的质量状况，必须定期或不定期地对各储存场所进行清点、查核，这就是盘点作业。盘点的结果经常会出现较大的盈亏，因此，通过盘点可以查出作业和管理中存在的问题，并通过解决问题提高管理水平，减少损失。

步骤一　明确盘点作业的目的和内容

一、盘点的目的

（1）保证账实相符。盘点可以查清实际库存数量，并通过盈亏调整使库存账面数量与实际库存数量一致。账面库存数量与实际存货数量不符的主要原因通常是收发作业中产生的误差，如记录库存数量时多记、误记、漏记；作业中导致的损失、遗失；验收与出货时清点有误；盘点时误盘、重盘、漏盘等。通过盘点清查实际库存数量与账面库存数量，发现问题并查明原因，及时调整。

（2）帮助企业计算资产损益。对货主企业来讲，库存商品总金额直接反映企业流动资产的使用情况，库存量过高，流动资金的正常运转将受到威胁。而库存金额又与库存量及其单价成正比，因此为了能准确地计算出企业实际损益，必须通过盘点。

（3）发现仓库管理中存在的问题。通过盘点查明盈亏的原因，发现作业与管理中存在的问题，并通过解决问题来改善作业流程和作业方式，提高人员素质和企业的管理水平。

二、盘点作业的主要内容

（1）查数量。通过点数计数查明在库货物的实际数量，核对库存账面资料与实际库存数量是否一致。

（2）查质量。检查在库货物质量有无变化，有无超过有效期和保质期，有无长期积压等现象，必要时还必须对其进行技术检验。

（3）查保管条件。检查保管条件是否与各种货物的保管要求相符合。如堆码是否合理稳固，库内温度是否符合要求，各类计量器具是否准确等。

（4）查安全。检查各种安全措施和消防设备、器材是否符合安全要求，建筑物和设备是否处于安全状态。

步骤二　设计盘点作业流程

盘点作业主要有三个阶段：盘点前的准备、盘点中作业实施和盘点后评估（如图4-17所示）。

项目四 货物储存保管管理·115

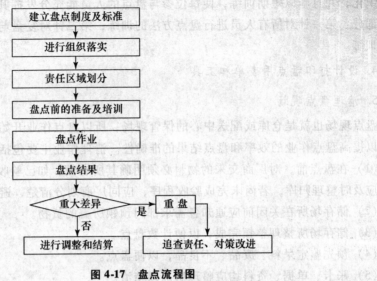

图 4-17 盘点流程图

一、盘点前的准备

盘点作业的事先准备工作是否充分，关系到盘点作业进行的顺利程度，为了使盘点能在短促的时间内，利用有限的人力达到迅速准确的目标，事先的准备工作内容如下。

1. 确定盘点时间

一般性货品就货账相符的目标而言盘点次数愈多愈好，但因每次实施盘点必须投入人力、物力、财力，这些成本耗资不菲，故也很难经常为之。事实上，导致盘点误差的关键因素在于出入库的过程，可能是因出入库作业单据的输入，检查点数的错误，或是出入库搬运造成的损失，因此一旦出入库作业次数多时，误差也会随之增加。所以，可以根据货物的不同特点、价值大小、流动速度、重要程度来分别确定不同的盘点时间，盘点时间的间隔可以从每天、每周、每月到每年盘点一次不等。以一般生产厂家而言，因其货品流动速度不快，半年至一年实施一次盘点即可。但在配送中心货品流动速度较快的情况下，我们既要防止过久盘点对公司造成的损失，又碍于可用资源的限制，因而最好能视配送中心各货品的性质制定不同的盘点时间。

比如说，一般在有建立 ABC 分类管理的企业，A 类主要货物：每天或每周盘点一次；B 类货物：每二三周盘点一次；C 类较不重要货物：每月盘点一次即可。

而未实施 ABC 分类管理的企业，至少也应对较容易损耗毁坏及出入库频繁的货物增加其盘点次数。另外，当实施盘点作业时，盘点时间应尽可能缩短，以 2～3 日内完成最好。至于选择的日期一般会选择在财务决算前或淡季进行。

2. 明确建立盘点的具体方法和作业程序

因为不同现场对盘点的要求不同，盘点的方法也会有差异，为尽可能快速准确地完成盘点作业，必须根据实际需要确定盘点方法。

3. 盘点人员的组织与培训

为使盘点工作得以顺利进行，盘点时必须增派人员协助进行，由各部门增援的人员必须组织化，并且施以短期训练，使每位参与盘点的人员能充分发挥其作用。人员的培训分为两部分：第一针对所有人员进行盘点方法的训练；第二针对复盘与监盘人员进行认识货物的训练。

4. 设计打印盘点用表单和工具

5. 清理盘点现场

盘点现场也就是仓库或配送中心的保管现场，所以盘点作业开始之前必须对其进行整理，以提高盘点作业的效率和盘点结果的准确性。清理作业主要包括以下几方面的内容：

（1）在盘点前，对厂商交来的物料必须明确其所有数，如已验收完成，属本配送中心的，应及时整理归库，若尚未完成验收程序，应同厂商划分清楚，避免混淆。

（2）储存场所在关闭前应通知各需求部门预领所需的货物。

（3）储存场所整理整顿完成，以便计数盘点。

（4）预先鉴定呆料、废品、不良品，以便盘点。

（5）账卡、单据、资料均应整理后加以结清。

（6）储存场所的管理人员在盘点前应自行预盘配合财务会计做好准备。

二、盘点中作业实施

盘点中作业一般有三种：初盘作业、复盘作业、抽盘作业。

盘点时可以采用人工抄表计数，也可以用电子盘点计数器。盘点工作不仅工作量大，而且非常繁琐。因此，除了加强盘点前的培训工作外，盘点作业时的指导与监督也非常重要。

三、盘点后盘点差异原因分析和结果处理

1. 差异原因分析

当盘点结束后，发现所得数据与账簿资料不符时，应追查差异的主因。其着手查找原因的方向有：

（1）是否因记账员素质不高，致使货品数目无法表达。

（2）是否因料账处理制度的不健全，导致货物数目无法明确表达。

（3）是否因盘点制度的缺点导致账物不符。

（4）盘点所得的数据与账簿的资料，差异是否在容许误差范围内。

（5）盘点人员是否尽责，产生盈亏时应由谁负责。

（6）是否产生漏盘、重盘、错盘等情况。

（7）盘点的差异是否可事先预防，是否可以降低账物数量差异的程度。

2. 盘点结果处理

差异原因追查后，应针对主要原因进行适当的调整与处理，至于呆废品、不良品减价的部分则需与盘亏一并处理。

货物除了盘点时产生数量的盈亏外，有些货品在价格上也会产生增减，这些变更在经主管审核后必须利用货品盘点盈亏及价目增减更正表修改。

步骤三　编制和打印盘点表

盘点作业常用台账、工具表主要有：货物盘点表（见表4-5）、货物盘点调整表（见表4-6）、盘点盈亏分析表（见表4-7）。

表4-5　货物盘点表

编号	品名	规格	上期库存数量	本期入库数量	本期出库数量	账面数量	实盘数量	账物差

表4-6　货物盘点调整表

编号	货品名称	包装单位	账面数量	增加数量	减少数量	实盘数量	调整原因说明

表4-7　盘点盈亏分析表

编号	品名	规格	单位	账面数量	实盘数量	盘盈数量	盘亏数量	盈亏原因分析	对策或建议

步骤四　选择盘点的方法

盘点的方法有两种：账面盘点和现货盘点。

1. 账面盘点

账面盘点就是将每种商品分别设立"存货账卡"，将每天出入库商品的数量及单价记录在电脑或账簿的"存货账卡"上，连续计算汇总出账面上的库存结余数量及库存金额，不必实地盘点即能随时从电脑或账册上查悉货品的存量。账面盘点法的记载形式，如表4-8所示。

表4-8　账面盘点表

表	货　品　总　账
品名：_____	编号：_____
订购点：_____	经济批量：_____

续　表

日期		订购		入　库			出　库		库　存		附注
月	日	数量	订购单	数量	单价	价值	数量	货单	数量	总价	

2. 现货盘点

现货盘点就是实际去储存场所清点商品数量，再依商品单价计算出实际的库存金额。现货盘点法按时间频率的不同又可分为期末盘点和循环盘点。

（1）期末盘点法，指在期末一起清点所有货品数量的方法。

由于期末盘点是将所有商品一次点完，因此工作量大、要求严格。通常采取分区、分组的方式进行，其目的是为了明确责任，防止重复盘点和漏盘。分区就是将整个储存区域划分成一个个的责任区，不同的区由专门的小组负责盘点，因此，一个小组通常至少需要三个人：一人负责清点数量并填写盘点单，另一人复查数量并登记复查结果，第三人负责核对前二次盘点数量是否一致，对不一致的结果进行检查。待所有盘点结束后，再与电脑或账册上反映的账面数核对。

（2）循环盘点法。循环盘点是在每天、每周做少品种少量的盘点，到了月末或期末则每项货品至少完成一次盘点的方法。

循环盘点通常是对价值高或重要的商品进行盘点的一种方法。因为这些商品属于重要货物，对库存条件的要求比较高，一旦出现差错，不但会大大影响仓储中心的经济效益，而且有损企业的形象。因此，在仓储管理过程中，要对货物按其重要程度科学地分类，对重要的货物进行重点管理，加强盘点，防止出现差错。由于循环盘点只对少量商品盘点，所以通常只需保管人员自行对照库存资料进行盘点即可，发现问题及时处理。目前，国内大多数配送中心都已使用电脑来处理库存账务，当账面库存数与实际库存数发生差异时，很难断定是账面有误还是实盘出现错误，所以，可以采取"账面盘点"与"现货盘点"相结合的方法进行盘点。

因盘点场合、要求的不同，盘点的方法亦有差异，为符合不同状况的产生，盘点方法的决定必须明确，以免盘点时混淆。

步骤五　盘点后的结果分析及处理

1. 核对盘点单据

盘点开始时发给盘点人员的盘点表，必须统一编号，盘点后及时收回，以防最后计算上的疏漏。

2. 查找账上数据

盘点表是盘点实际库存数的记录，应将盘点表与商品账、卡进行核对。

3. 编表与分析

商品盘盈、盘亏与金额增减处理完后，应编制商品盘点分析表，作为库存管理考核的依据。

主要指标如下。

(1) 盘点数量误差率。

盘点数量误差 = 实际库存数 - 账面库存数

盘点数量误差率 = 盘点误差数量/实际库存数 ×100%

(2) 盘点品项误差率。

盘点品项误差率 = 盘点误差品项数/盘点实际品项数 ×100%

(3) 平均盘差品金额。

平均盘差品金额 = 盘点误差金额/实际盘点次数 ×100%

(4) 盘差次数比率。

盘差次数比率 = 盘点误差次数/实际盘点次数 ×100%

4. 追查发生盈亏的原因

盘点表与商品账、卡核对结果后，如发生盈亏时，要及时分析并查明原因。

(1) 计账员素质不高，登录数据时发生错登、漏登等情况。
(2) 账物处理系统管理制度和流程不完善，导致数据出错。
(3) 盘点时发生漏盘、重盘、错盘现象，盘点结果出现错误。
(4) 盘点前数据资料未结清，使账面数不准确。
(5) 入库作业登记账卡、包装或分割出库时发生错误是数量短缺。
(6) 货品因腐蚀、硬化、变质、生锈、发霉、破损、丢失或自然损耗等而发生的数量短缺。
(7) 衡器、量具不准或使用方法不当引起数量错误等原因。

5. 盘盈或盘亏的处理

发生盈亏的原因查清之后，要研究处理办法，并及时办理调整商品账卡的手续。

(1) 整体而言，货品不可能有盘盈，除非有进货无进货传票、盘点虚增或计算错误。盘损则属于正常状况，但超过规定水平便是异常。

(2) 对盘点结果发现盘盈、盘亏、损毁、变质、报废、久储、滞销等货品，查明原因报业务部门处理。盘损率若在2%以下，则可以进行账务调整；若超过2%以上，则应追查差异原因。

6. 根据盘点结果找出问题点，并提出改善对策

盘点结果出来后，应研究确定今后的库存策略，作为下一阶段库存管理工作的依据，以防止问题的再度发生。采取积极措施，处理过期、变质、残损、生锈的货品，尽可能减少损失。

商品盘点差异原因追查清楚后，应针对主要原因进行调整与处理，制定解决方法：

(1) 依据管理绩效，对分管人员进行奖惩。
(2) 对废次品、不良品减价的部分，应视为盘亏。
(3) 存货周转率低，占用金额过大的库存商品宜设法降低库存量。
(4) 盘点工作完成以后，所发生的差错、呆滞、变质、盘亏、损耗等结果，应予以迅速处理，并防止以后再发生。
(5) 呆滞品比率过大，宜设法研究，致力于降低。
(6) 商品除了盘点时产生数量的盘亏外，有些商品在价格上会产生增减，这些差异经主管部门审核后，必须利用商品盘点盈亏及价格增减更正表修改。

相关知识

货物盘点作业实施注意事项

(1) 盘点前做到"三清、两符、一归",即票证数清、现金点清、往来手续结清;账账(会计账与保管账)相符、账单(账簿与有关单据)相符;各仓库保管员按常规、非常规等大类、规格将全部库存货物整理归类码放。

货物盘点的"六检查":检查物料账上数量、实物数量、标识卡上数量是否一致;检查物料的收发情况及是否按先进先出的原则发放物料;检查物料的堆放及维护情况;检查物料有无超储积压,损坏变质;检查对不合格品及呆料的处理;检查安全设施及消防安全情况。

(2) 货物盘点按 ABC 分类法进行,外发加工货物应同采购部人员前往供应商处,或委托供应商清点实际数量;残次货物(残次货物的系统、手工保管账必须建立)均单独堆放,与正常库存货物分开。

(3) 盘点表正确填写的要求。盘点时应将盘点票填写好,数量一栏应将箱数、包数等填上。盘点时间,为正式盘点的当天;货物条码、名称、店内码要填写清楚、完整;货柜编号、盘点人员要按要求填写;在填写盘点表时字迹要工整,不允许随意更改、涂写,数字的书写不要连笔,更改时需用红笔在更改处签名;对于盘点的"破损"一栏,与"备注"的意义相同,在盘点的过程中如发现破损货品时,只需在此栏做出注明;在盘点卡上,无论是初盘还是复盘,盘点人员都要进行签名。

盘点表在领取时是连号,每一货架要求使用一张盘点表,如发生损坏需重新领取,并将原损坏的盘点表附在正确的盘点表后面,并标有"作废"字样。

(4) 初盘和复盘作业。初盘由各部门自行安排人员,按两人一组进行编排,对初盘结果要进行复盘。复盘要互换责任人,由盘点委员会拟定复盘人员花名册,按两人一组进行编排,其中应有原初盘人员一人在内进行指引,复点后将结果用红笔记录在盘点单上。

初盘完成后,将初盘数量记录于盘点表上,将盘点表转交给复盘人员;复盘时由初盘人员带复盘人员到盘点地点,复盘人员不应受初盘之影响;复盘与初盘有差异的,应与初盘人员一起寻找差异原因,确认后记录在盘点表上。

(5) 盘点作业检查(抽盘)。抽盘由财务部、行政部部门及各部门负责人两人一组进行编排,对各小组的盘点结果认真加以检查。检查的重点是:每类货品是否都已记录到盘点单上,并已盘点出数量和金额;对单价高或数量多的货品,需要将数量再复查一次,做到确实无差错;复查劣质货品和破损货品的处理情况。

抽盘时可根据盘点表随机抽盘或随地抽盘,ABC 类物质抽查比例为 5:3:2。

(6) 具体盘点必须由三人组成一个盘点实施小组,盘点人负责有顺序地唱报货品型号,由仓库保管员担任;记录人负责盘点人唱报货物型号的记录工作,由仓库负责人(或销管)担任;监盘人负责复核、监督盘点人唱报型号与记录型号的一致。

(7) 盘点开始后停止所有货物的进出库动作,要保证仓库不进不出。如供应商来送货了,则把货放在旁边,不要入仓库。

（8）盘点作业要确定责任区域落实到人，在盘点时应注意：货物保管员必须在场，协助盘点人员做好盘点工作；按盘点计划有步骤地进行，防止出现重复盘点或漏盘；盘点过程一般采用点数、过称、量尺、技术推算等方法来确定数量。

任务五　库存控制

【任务描述】

库存具有整合需求和供给，维持物流系统中各项活动顺畅进行的功能。例如：某零售商直接向生产商订购了一批货物，并要求第二天到货，而生产商预先准备一定数量的该货物，并储存在仓库，可立即满足客户的要求，避免发生缺货或延期交货的现象，但库存过多，又会发生不必要的库存费用和占用资金，从而产生损失的可能。因此，要科学合理地控制库存数量。

步骤一　了解库存及其合理化

一、库存的含义和分类

（一）库存的含义

表示某段时间内持有的存货。

（1）消耗品：在正常运营中消耗的但不构成成品。

（2）原材料：变成成品的投入物。

（3）在制品：处于生产过程中已部分完工的制品。

（4）成品。

（二）库存的分类

1. 基本库存

补给过程中产生的库存，这种库存随每日的销售不断减少，当库存降到某一水平时（如采购点）就要进行订货来补充库存，这种库存补充是按一定的规则反复进行的。如每年12批，每批1000件，库存将收货1000件，每月到200件时，订货1000件，二周后到货。

2. 安全库存

因需求不稳定，防止由不确定因素的作用而使订货需求加大而准备的缓冲库存。

3. 在途库存

是指正在转移（处于运输状态在途）或装在运输工具上待运的存货，主要包括处于生产加工过程和运输过程中的库存。

二、库存合理化

库存把采购、储存和销售等企业经营的各个环节连接起来。库存在企业中的角色，不同部门存在不同看法，库存管理部门尽量保持最低库存水平以减少资金占用，节约成本；而采购部门希望多采购，可获得价格优惠；销售部门、用料部门希望多库存，满足客户需要；运输部门也希望多运输，提高效益和效率。因此各部门对库存的要求是不同的，但要求库存的合理化十分重要。所谓合理化就是用最经济的方法和手段从事库存活动，并能发挥其作用。

（一）储存量合理

是指在下一批货物到来之前，能保证这个期间货物正常供应的数量，影响合理储存量的因素有：

(1) 社会需求量：成正比。
(2) 货物再生产时间：成正比，时间长、储量大。
(3) 交通运输条件：条件好、储量小。
(4) 管理水平和设备条件要合理。

（二）储存结构合理

既要满足供应总量又要满足市场变化对货物品种、规格的合理比例。

（三）储存时间合理

(1) 受销售时间的影响：销得快，储存时间就短，物流部门要随时了解生产、销售情况，促进生产，扩大销售，加速周转等。
(2) 受商品自然属性的影响：保证商品安全，减少损失、损耗为前提。

（四）仓库网点布局合理

批发企业储量大，零售企业储量小，库存相对集中。

步骤二　掌握常用的库存控制管理方法

一、ABC 库存管理法

ABC 分析法是仓储管理中常用到的管理手段，企业库存货物的种类繁多，对企业的全部库存货物进行管理是一项复杂而繁重的工作。如果管理者对所有库存货物均匀地使用精力，必然会使其有限的精力过于分散，只能进行粗放式的库存管理，致使管理效率低下。因此，在库存控制中，应把管理的重心放在重点货物上，加强重点管理，以提高管理的效率。ABC 分析法便是库存控制中常用的一种重点控制法。

（一）ABC 库存管理法的基本原理

ABC（Activity Based Classification）库存管理法又称为 ABC 分析法、重点管理法，它是"关键的少数和次要的多数"的帕累托原理在仓储管理中的应用。ABC 库存管理法就是强调对物资进行分类管理，根据库存物资的不同价值而采取不同的管理方法。

ABC 库存分类法的基本原理是：由于各种库存品的需求量和单价各不相同，其年耗用金额也各不相同。那些年耗用金额大的库存品，由于其占压企业的资金较大，对企业经营的影响也较大，因此需要进行特别的重视和管理。

（二）ABC 分类法的标准和原则

1. ABC 分类法的标准

一般来说，企业按照年度货币占用量将库存分为三类（见图 4-18）

（1）A 类商品：其价值占库存总值的 70%～80%，品种数通常为总品种数的 5%～15%。

（2）B 类商品：其价值占库存总值的 15%～25%，品种数通常为总品种数的 20%～30%。

（3）C 类商品：其价值占库存总值的 5%～10%，品种数通常为总品种数的 60%～80%。

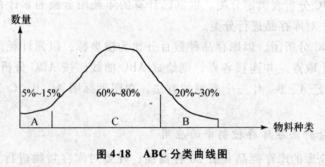

图 4-18　ABC 分类曲线图

2. ABC 分类法的原则

（1）成本—效益原则。无论采用何种方法，只有其付出的成本能够得到完全补偿的情况下才可以施行。

（2）"最小最大"原则。我们要在追求 ABC 分类管理的成本最小的同时，追求其效果的最优。

（3）适当原则。在施行 ABC 分析进行比率划分时，要注意企业自身境况，对企业的存货划分 A 类、B 类、C 类并没有一定的基准。

（三）ABC 分析法的一般步骤

（1）搜集数据。按分析对象和分析内容，搜集有关数据。例如，打算分析产品成本，则应搜集产品成本因素、产品成本构成等方面的数据；打算分析某一系统，则应搜集系统中各局部功能、各局部成本等数据。

（2）处理数据。利用搜集到的年需求量、单价，计算出各种库存货物的年耗用金额。

（3）编制 ABC 分析表。根据已计算出的各种库存货物的年耗用金额，把库存货物按照年耗用金额从大到小进行排列，并计算累计百分比。

ABC 分析表栏目构成如下：第一栏物品名称；第二栏品目数累计，即每种货物皆为一个品目数，品目数累计实际就是序号；第三栏品目数累计百分数，即累计品目数对总品目数的百分比；第四栏货物单价；第五栏平均库存量；第六栏是第四栏单价乘以第五栏平均库存量，为各种货物的平均资金占用额；第七栏为平均资金占用额累计；第八栏平均资金占用额累计百分数；第九栏为分类结果。

制表按下述步骤进行：将第 2 步已求算出的平均资金占用额，以由大到小排队方式，由高至低填入表中第六栏。以此栏为准，将货物名称填入第一栏、货物单价填入第四栏、平均库存量填入第五栏、在第二栏中按 1，2，3，4，…编号，则为品目累计。此后，计算品目数累计百分数，填入第三栏；计算平均资金占用额累计，填入第七栏；计算平均资金占用额累计百分数，填入第八栏，如表 4-9 所示。

表 4-9 ABC 分析表

货物名称	品目数累计	品目数累计百分数	单价	平均库存量	单价乘以平均库存量	平均资金占用额累计	平均资金占用额累计百分数	分类结果
①	②	③	④	⑤	⑥ = ④×⑤	⑦	⑧	⑨

（4）根据 ABC 分析表确定分类。根据已计算的年耗用金额的累计百分比，按照 ABC 分类的基本原理，对库存品进行分类。

（5）绘制 ABC 分析图。以库存品种数百分比为横坐标，以累计耗用金额百分比为纵坐标，在坐标图上取点，并连接各点，则绘成 ABC 曲线。按 ABC 分析曲线对应的数据，以 ABC 分析表确定 A、B、C 三个类别的方法，在图上标明 A、B、C 三类，则制成 ABC 分析图。

（四）ABC 分析法在库存控制中的应用

例：某公司仓库的库存商品共有 20 种商品，现要对库存货物进行 ABC 分类法管理，具体操作如下：

（1）收集 20 种库存商品的名称、单价、平均库存量等资料。

（2）计算 20 种库存商品的平均资金占用额。

（3）绘制 20 种库存商品 ABC 分类表，如表 4-10 所示。

表 4-10 库存商品 ABC 分类表

货物名称	品目数累计	品目累计百分数（%）	货物单价（百元/件）	平均库存量（件）	货物平均资金占用额（百元）	平均资金占用额累计	平均资金占用累计百分数（%）	分类结果
①	②	③	④	⑤	⑥ = ④×⑤	⑦	⑧	⑨
甲 A	1	5	30	100	3000	3000	30.00	A
甲 B	2	10	20	140	2800	5800	58.00	A
甲 C	3	15	60	20	1200	7000	70.00	A
甲 D	4	20	30	26	780	7780	77.80	A
乙 A	5	25	7	60	420	8200	82.00	B
乙 B	6	30	6	60	360	8560	85.60	B
乙 C	7	35	3	100	300	8860	88.60	B
乙 D	8	40	4	70	280	9140	91.40	B
丙 A	9	45	8	30	240	9380	93.80	C
丙 B	10	50	2	100	200	9580	95.80	C
丙 C	11	55	2	50	100	9680	96.80	C

续 表

货物名称	品目数累计	品目累计百分数（%）	货物单价（百元/件）	平均库存量（件）	货物平均资金占用额（百元）	平均资金占用额累计	平均资金占用累计百分数（%）	分类结果
丙D	12	60	1	80	80	9760	97.60	C
丁A	13	65	3	20	60	9820	98.20	C
丁B	14	70	1	50	50	9870	98.70	C
丁C	15	75	4	10	40	9910	99.10	C
丁D	16	80	2	15	30	9940	99.40	C
戊A	17	85	2	10	20	9960	99.60	C
戊B	18	90	1	18	18	9978	99.78	C
戊C	19	95	1	12	12	9990	99.90	C
戊D	20	100	1	10	10	10000	100.00	C

ABC 分类表按库存货物平均资金占用额的大小，由高到低依次排队、列表。然后，再在第一栏中填入对应货物名称，在第四栏中填入货物单价，在第五栏中填入平均库存量。在第二栏中填入库存货物的编号（即品目累计数），在第三栏中填入品目累计百分数（如：1÷20＝5%），在第七栏中填入平均资金占用额累计数。最后，计算并在第八栏中填入平均资金占用累计百分数（如：3000÷10000＝30%，5800÷10000＝58%）。

（4）根据库存商品 ABC 分类表中品目累计百分数和平均资金占用累计百分数，参考 A 类、B 类、C 类商品的分类原则、比例及货物在生产、销售中的重要性，对 20 种库存货物进行分类，分类结果如表 4-8 中第九栏所示。

（5）绘制 ABC 分类管理图，如图 4-19 所示。

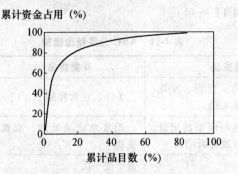

图 4-19　ABC 分类管理图

（五）ABC 库存管理措施

1. A 类货物的管理措施

对 A 类物资应该进行重点管理，现场管理应该更加严格，应放在更安全的地方；为了保持库存记录的准确，要经常进行检查和盘点；对 A 类库存进行预测应该更加仔细。

由于 A 类货物进出仓库比较频繁，如果供给脱节将对生产经营活动造成重大影响。但是，如果 A 类货物存储过多，仓储费用就会增加很多，因此，对 A 类货物的管理要注意以下几点。

(1) 根据历史资料和市场供求的变化规律,认真预测未来货物的需求变化,并依此组织入库货源。

(2) 多方了解货物供应市场的变化,尽可能地缩短采购时间。

(3) 控制货物的消耗规律,尽量减少出库量的波动,使仓库的安全储备量降低。

(4) 合理增加采购次数,降低采购批量。

(5) 加强货物安全、完整的管理,保证账实相符。

(6) 提高货物的机动性,尽可能地把货物放在易于搬运的地方。

(7) 货物包装尽可能标准化,以提高仓库利用率。

2. B 类货物的管理措施

对 B 类物资进行次重点管理,现场管理不必投入比 A 类物资更多的精力;库存检查和盘点周期可以比 A 类物资更长一些。

3. C 类货物的管理措施

对 C 类物资只进行一般的管理,现场管理可以更粗放一些。但是由于品种多,差错出现的可能性也比较大,因此也必须定期进行库存检查和盘点,周期可以比 B 类物资长一些。

B、C 类货物相对来说进出库不是很频繁,因此一般对货物的组织和发送的影响较小。但是,由于这些货物要占用较大的仓库资源,使仓储费用增加,因此管理上的重点应该是简化管理,可以参考以下原则管理:

(1) 将那些很少使用的货物可以规定最少出库的数量,以减少处理次数。

(2) 依据具体情况储备必要的数量。

(3) 对于数量大、价值低的货物可以不作为日常管理的范围,以减少这类货物的盘点次数和管理工作(如表 4-11 所示)。

表 4-11 ABC 分类管理措施

管理措施	A 类货品	B 类货品	C 类货品
控制程度	严密控制收货、保管、发货、报废损失和记录文档	关注、正常控制	尽可能地采用最简便的控制
库存记录	最准确、完整与明细的记录,频繁地甚至实时地更新记录	正常地记录处理,成批更新	不用记录或是最简单地记录,大计量单位计数
盘点原则	每月一次	每季度一次	每半年一次
订货策略	提供详细、准确的订货量、订货点等数据,频繁地审核以保证供应并压缩库存	每季度或发生主要变化时评审一次经济订货批量与订货点	常用目视评审下一年的供应量
安全库存	尽可能低	较大	允许偏高
保管位置	出入口附近	中间	里面
作业优先	最高优先级	正常处理	最低优先级

二、订货点技术

订货点技术主要是解决"什么时候订货"的问题,主要有定量订货法和定期订货法两种。

(一) 定量订货法

1. 基本原理

定量订货法是指预先确定某种货物的订货点和订货批量,随时监控货物的库存量,当库存量下降到预定的订货点时,按预定的订货批量,发出订货单,进行补充货物的一种库存控制方法。定量订货法主要使用订货点 R 和订货批量 Q 两个参数来控制订货,达到既最好地满足库存需求,又能使库存总费用最低的目的。

定量订货法解决的问题主要是:

(1) 确定订货点,解决什么时候订货。

(2) 确定订货批量,解决一次订多少货。

(3) 确定订货如何具体实施与操作,以及库存系统的基本库存、安全库存、周转率。

2. 确定订货点

在定量订货法中,发出订货时仓库里该品种的实际库存量叫做订货点。它是直接控制库存水平的关键。影响订货点的主要因素:单位时间内的平均需求量、订货提前期 L_T 和订货提前期需求量。

(1) 需求量和订货提前期都已确定。

不需要设置安全库存,可直接求出订货点。公式如下:

$$R = L_T \times D/360$$

式中,D 是每年的需要量。

订货点 = 订货提前期的平均需求量

= 每天需求量 × 订货提前期 (天)

= (全年需求量/360) × 订货提前期 (天)

【例 4-1】 某配送中心每年需要配送某种货物的数量为 36 000 件,订货提前期是 5 天,确定订货点。

订货点 = 订货提前期的平均需求量

= 每天需求量 × 订货提前期 (天)

= (全年需求量/360) × 订货提前期 (天)

= 36 000/360 × 5 = 500 (件)

(2) 需求量和订货提前期都不确定。

在实际工作中,常常会遇到各种波动的情况,如需要量发生变化,交纳周期因某种原因而延长等,这时必须设置安全库存 S,这时订货点则应用下列公式确定:

订货点 = 订货提前期的平均需求量 + 安全库存

= (单位时间的平均需求量 × 最大订货提前期) + 安全库存

3. 确定订货量

每次的订货量直接关系货物库存的数量和库存总成本,因此,订货量大小主要影响因素:单位时间内的需求量和库存总费用。

订货量的确定依据条件不同,可以有多种确定的方法。基本经济订货批量 EOQ (Economic Order Quantity) 是简单、理想状态的一种。

通常,年库存总成本的计算公式为:

年库存总成本 = 年采购成本 + 年订货成本 + 年保管成本 + 缺货成本

假设不允许缺货的条件下，年库存总成本 = 年采购成本 + 年订货成本 + 年保管成本

即 $T_C = AP + AC_2/Q + QC_1/2$

式中，T_C——年总库存成本；

A——年总需求量；

P——货物的单价；

C_2——每次订货成本（元/次）；

C_1——单位商品年保管成本（元/年）；

Q——批量或订货量。

基本经济订货批量，就是使库存总成本达到最低的订货数量，它是通过平衡订货成本和保管成本两方面得到的。

$$\frac{A}{Q}C_2 = \frac{Q}{2}C_1$$

经济订货批量计算公式如下：

$$Q^* = \sqrt{\frac{2AC_2}{C_1}}$$

【例 4-2】 某仓库某种商品年需求量为 16 000 件，单位商品年保管费 2 元，每次订货成本为 40 元，求经济订货批量 Q^*。

$$Q^* = \sqrt{\frac{2AC_2}{C_1}} = \sqrt{\frac{2 \times 16\,000 \times 40}{2}} = 20 \text{（件）}$$

4. 定量订货法的适用范围

（1）单价比较便宜，不便于少量订货的产品，如螺栓、螺母等。

（2）需求预测比较困难的维修材料。

（3）品种数量繁多、库房管理事务量大的物品。

（4）消费量计算复杂的产品。

（5）通用性强、需求量比较稳定的产品等。

（二）定期订货法

1. 基本原理

定期订货法的原理：预先确定一个订货周期 T 和一个最高库存量 Q_{max}，周期性地检查库存，发出订货。

2. 定期订货法解决的问题

（1）确定订货周期，解决间隔多长时间订货。

（2）确定最高库存量 Q_{max}，解决企业库存量的最高库存控制线是多少。

（3）确定订货量，解决一次订多少货。

3. 确定订货周期 T

订货周期与定量订货法的订货间隔期不同，定量订货法的订货间隔期可能不等，而定期订货法的订货间隔周期总是相等的。

订货周期一般根据经验确定，主要考虑制订生产计划的周期时间，常取月或季度作为库

存检查周期,但也可以借用经济订货批量的计算公式确定使库存成本最有利的订货周期。

$$T^* = \sqrt{\frac{2C_2}{AC_1}}$$

订货周期 = 1/订货次数 = Q/A

4. 确定最高库存量 $Q_{\max}$

定期订货法的最高库存量是为了满足 $T + T_K$ 期间的库存需求的。

目标库存水平是满足订货期加上提前期的时间内的需求量。它包括两部分:一部分是订货周期加提前期内的平均需求量,另一部分是根据服务水平保证供货概率的安全库存量。

$$Q_{\max} = (T + T_K)r + Q_S$$

式中,T——订货周期;

T_K——订货提前期;

R——单位时间内的需求量。

5. 确定订货量

每个周期订货量的大小都是按当时的实际库存量的大小确定。每次检查的值不同,则订货量也不同。

$$Q_i = Q_{\max} + Q_{Ni} - Q_{Ki} - Q_{Mi}$$

式中,Q_i——第 i 次订货的订货量;

$Q_{\max}$——最高库存量;

Q_{Ni}——第 i 次订货点的在途库存量;

Q_{Ki}——第 i 次订货点的实际库存量;

Q_{Mi}——第 i 次订货点的待出库量。

6. 定期订货法适用范围

(1) 消费金额高、需要实施严格管理的重点物品,如常见的 A 类商品。

(2) 根据市场的状况和经营方针经常调整生产或采购数量的物品。

(3) 需求量变动幅度大,但变动具有周期性,而且可以正确判断其周期的物品。

(4) 建筑工程、出口等时间可以确定的物品。

(5) 受交易习惯的影响,需要定期采购的物品。

(6) 多种商品一起采购可以节省运输费用的。

(7) 同一品种物品分散保管、同一品种物品向多家供货商订货、批量订货分期入库等订货、保管和入库不规则的物品。

相关知识

定量与定期库存控制法的区别

1. 提出订购请求时点的标准不同。定量订购库存控制法提出订购请求的时点标准是,当库存量下降到预定的订货点时,即提出订购请求;而定期订购库存控制法提出订购请求的时点标准则是,按预先规定的订货间隔周期,到了该订货的时点即提出请求订购。

2. 请求订购的商品批量不同。定量订购库存控制法每次订购商品的批量相同，都是事先确定的经济批量；而定期订购库存控制法每到规定的请求订购期，订购的商品批量都不相同，可根据库存的实际情况计算后确定。

3. 库存商品管理控制的程度不同。定期订购库存控制法要求仓库作业人员对库存商品进行严格地控制，精心地管理，经常检查、详细记录、认真盘点；而用定量订购库存控制法时，对库存商品只要求进行一般的管理，简单的记录，不需要经常检查和盘点。

4. 适用的商品范围不同。定量订购库存控制法适用于品种数量少，平均占用资金大、需重点管理的 A 类商品；而定期订购库存控制法适用于品种数量大，平均占用资金少、只需一般管理的 B 类和 C 类商品。

【单元知识考核】

一、选择题

1. 保管人处理货物在存储期间的检查和取样要求时，应注意（　　）。
   A. 提出要求的人必须是合同的当事人
   B. 提取样品检查货物的要求必须合理
   C. 提出要求的人必须是仓单持有人
   D. 提取样品检查货物应与仓单记载内容一致

2. 货物储存的码垛方法中，（　　）适用于露天存放的没有包装的大宗货物，如煤炭、矿石、河沙等，也可适用于库内的少量存放的谷物、碎料等散装货物。
   A. 先堆高后平垛　　B. 堆垛法存货　　C. 货架存放　　D. 散堆法

3. （　　）是指货物在库场码放的形状，垛形的确定根据货物的特性，保管的需要，能方便、迅速实现作业，并充分利用仓容的原则。
   A. 码垛　　　　　B. 垛形　　　　　C. 垫垛　　　　　D. 苫盖

4. 在垫垛的基本要求中，衬垫物要有足够的高度，露天堆场要达到 0.3～0.5 米，库房内要达到（　　）米。
   A. 0.1　　　　　B. 0.2　　　　　C. 0.3　　　　　D. 0.4

5. 苫盖的方法包括就垛苫盖法、（　　）、活动棚苫盖法。
   A. 竹席苫盖法　　B. 固定棚苫盖法　　C. 鱼鳞式苫盖法　　D. 塑料膜苫盖法

6. 为了有效地控制货品数量和质量，而对各储存场所进行数量清点的作业，称之为（　　）作业。
   A. 盘点　　　　　B. 分拣　　　　　C. 理货　　　　　D. 清点

7. （　　）是指根据物品的包装、外形、性质、特点、重量和数量，结合季节和气候情况，以及储存时间的长短，将物品按一定的规律码成各种形状的货垛。
   A. 分货　　　　　B. 堆码　　　　　C. 分拣　　　　　D. 上架

8. （　　）是将每票物品按件排成行或列排放，每行或列一层或数层高，垛形呈长条形。
   A. 行列垛　　　　B. 立体梯形垛　　C. 平台垛　　　　D. 井型垛

9. 常见堆码方式中（　　）是逐件、逐层向上重叠堆码，一件压一件的堆码方式。

A. 重叠式　　　　B. 纵横交错式　　　C. 仰伏相间式　　　D. 压缝式

10. （　　）是指在物品码垛前，在预定的货位地面位置，使用衬垫材料进行铺垫。

A. 堆码　　　　　B. 码垛　　　　　　C. 垫垛　　　　　　D. 垛基

11. 苫盖的方法主要有（　　）、鱼鳞式苫盖法和活动棚苫盖法。

A. 整体苫盖法　　B. 就垛苫盖法　　　C. 局部苫盖法　　　D. 选择苫盖法

12. 垫垛要求要有足够的高度，露天堆场一般要达到（　　）米。

A. 0.3～0.5　　　B. 1～2　　　　　　C. 0.5～1　　　　　D. 0.1～0.3

13. 堆码的基本原则包括（　　）。

A. 节省空间　　　　　　　　　　　　B. 选择适当的搬运活性

C. 分类存放　　　　　　　　　　　　D. 面向通道

14. 堆码的基本要求为（　　）。

A. 合理　　　　　B. 牢固　　　　　　C. 整齐　　　　　　D. 方便

15. 物品堆码存放的基本方法有（　　）。

A. 平堆法　　　　B. 散堆法　　　　　C. 罗列法　　　　　D. 堆垛法

二、判断题

（　　）1. 散堆法适用于小件、品种规格复杂且数量较少，包装简易或脆弱、易损害、不便堆垛，特别是价值较高而需要经常查数的货物的仓储存放。

（　　）2. 起脊垛是平台垛为了遮盖、排水需要的变形，具有平台垛操作方便、占地面积小的优点，适用于平台垛的货物都可以采用起脊垛堆垛。

（　　）3. 现货盘点依其盘点时间频度的不同可分为期初盘点及期末盘点。

（　　）4. 在盘点商品前，对厂商交来的物料必须明确其所有权，避免混淆。

（　　）5. 各种不同立面的货垛都有各自的特点。矩形垛、三角形垛的稳定性好，梯形垛、正方形垛易于堆码。

（　　）6. 物品的堆码方式主要取决于物品本身的性质、形状、体积、包装等，一般情况下多采取平放，使重心最低，最大接触面向下，易于堆码，如片状易碎品等。

（　　）7. 衬垫式堆码方式适用于不规则且较重的物品，如无包装电机、水泵等。

（　　）8. 苫盖的目的是为了给物品遮阳、避雨、挡风、防尘等。

三、案例分析题

1. 某公司对甲产品的年需求量为 30 000 个，甲产品的单价为 100 元，单位产品的年保管费率为 10%，每次订购成本为 240 元，订货提前期为 6 天。求经济订货批量、总成本和订货点。

（注：一年的工作日为 300 天）

2. 已知某产品的年需求量为 10 000 箱，单次订货成本为 2 元，每年单位产品的库存成本为 1 元，订货提前期为 4 天，求经济订购批量、最小总成本和订货点。

3. 某时刻仓库外测得干球温度为 31℃，湿球温度为 29℃，该仓库的货物要求保管在 75%～80% 的湿度范围内，请分析，该仓库温湿度环境是否满足货物的要求？应该采取怎样的措施以适应货物的要求？

4. 某仓储公司急需入库一批棉布鞋，这时仓库的储量已经饱和。该公司货源部的业务员提出，储存肥皂的仓库昨天入库后还有货位，请分析，棉布鞋能否直接放在储存肥皂的仓库里？为什么？有什么解决办法？

【强化技能训练】

实训一

任务书	
名称	堆码
目标	掌握堆码存放方法
组织	以班级为单位，五人一组，每组设组长，组长扮演仓储主管
器具	1000毫米×40毫米×50毫米箱20个，直径400毫米高800毫米的桶状物10个，6米槽钢20根，800毫米×1000毫米的托盘若干个
内容	利用各种形状的货物进行纵横交错式、仰俯相间式、压缝式、通风式、宝塔式、栽术式及托盘堆码训练
要求	1. 会运用各种堆码方法 2. 绘制堆码方法的示意图

实训二

任务书	
名称	苫垫
目标	掌握货物的垫垛方法和衬垫面积的计算堆垛法存放方法
组织	以班级为单位，五人一组，每组设组长扮演仓储主管
器具	木箱包装，箱尺寸：50厘米×20厘米×20厘米。数量为50个
内容	货物的垫垛方法和衬垫面积的计算
要求	某仓库单位面积技术定额为2吨/平方米，现有5米×4米仓库单位，计划堆存某五金商品一批，已知该五金商品为木箱包装，箱尺寸：50厘米×20厘米×20厘米。每箱重30千克。计算货位能堆放箱数。采用合适的垛型，进行开垛堆放

实训三

任务书	
名称	仓库温湿度控制
目标	学会使用温湿度计且能够控制仓库的温湿度适应储存货物的要求
组织	以班级为单位，五人一组，每组设组长扮演仓储主管
器具	模拟货物，温湿度计
内容	1. 温湿度计的使用 2. 温湿度计的数据读取 3. 温湿度的控制方法 4. 学习制作干湿球温度计
要求	1. 会使用干湿球温度计和电子温湿度计 2. 正确读取温湿度计的刻度数据 3. 会运用密封、通风、除湿等方法

实训四

任务书

名称	盘点
目标	掌握库存商品盘点的程序、方法；库存商品对账和盘点表制作技能
组织	以班级为单位，五人一组，每组设组长扮演仓储主管
器具	模拟货物，温湿度计
内容	1. 对账 2. 编制盘点表
要求	1. 掌握盘点作业流程 2. 盘点表设计合理，数据关系正确

实训五

任务书

名称	ABC分类管理法
目标	掌握库存商品盘点的程序、方法；库存商品对账和盘点表制作技能
组织	以班级为单位，五人一组，每组设组长扮演仓储主管
器具	模拟货物，温湿度计
内容	某公司仓库中拥有20项库存货物，各种库存货物的库存量、单价如附表所示。为了加强库存货物的管理，该企业计划采用ABC分类库存管理法。假如企业决定按20%的A类货物、30%的B类货物、50%的C类货物来建立ABC库存分析系统
要求	能够运用ABC分类管理法对货物进行合理分类管理

附表　某公司的货物清单

货物代号	规格	单价	库存量	金额	备注
A1	20毫升×100瓶	510	116.0		
A2	20毫升×100瓶	230	257.4		
A3	50毫升×100瓶	100	1435.0		
A4	50毫升×40瓶	220	0420.0		
B5	100毫升×50瓶	120	1225.0		
B6	200毫升×20瓶	90	3040.0		
B7	500毫升×20瓶	85	2500.0		
B8	1000毫升×10瓶	120	680.0		
B9	50毫升×40瓶	150	244.0		
C10	100毫升×50瓶	100	445.0		
C11	200毫升×20瓶	230	88.0		
C12	1000毫升×10瓶	220	240.0		
D13	50毫升×40瓶	230	266.4		
D14	200毫升×20瓶	210	364.0		
D15	100毫升×50瓶	240	1250.0		

续表

货物代号	规 格	单 价	库存量	金 额	备 注
D16	200毫升×40瓶	130	1120.0		
E17	300毫升×20瓶	300	1704.0		
E18	50毫升×100瓶	90	610.0		
E19	20毫升×100瓶	80	540.0		
F20	50毫升×100瓶	190	10.0		

【项目作业】

一、实训目标

货物储存方案设计。

二、实训内容

烟草最容易受外界条件影响而吸潮和变干，其储存期因存贮环境不同而存在差异：在干燥的环境下，烟草可以存贮两三年；如果储存环境不好，有可能放几个月就会发生霉变。外界空气相对湿度超过70%时，烟草就容易发潮、霉变；如果外界空气的相对湿度低于60%，烟草有可能发生燥碎现象。烟草在存储过程中会发生自燃现象，会对烟草安全造成一定的威胁。以烟草为例，设计烟草养护储存方案。

三、实训完成方式

该作业可以采取小组完成的方式，每两人为一组，进行企业调研，获取所需资料，以报告形式显示调查结果，但在作业中应体现出各自独立完成的部分。

四、评价标准

	标 准	证明方式	教师评价
优秀	1. 获取信息充实、真实有效 2. 语言流利，使用专业术语 3. 对现行管理方法评价得当，并能提出自己的观点	分析报告	
良好	1. 获取大量信息 2. 能使用专业术语 3. 能正确评价现行管理方法	分析报告	
及格	1. 能显示调查信息 2. 能对所得信息进行分析	分析报告	

项目五 出库作业管理

【学习目标】
1. 掌握出库的作业流程；
2. 熟知出库的作业管理要求和出库方式；
3. 掌握出库单证的流转程序。

【技能要求】
1. 能够熟练地做好货物出库前的各项准备工作；
2. 能够正确填写、流转出库作业凭证；
3. 能够正确处理货物出库作业时发生的问题和货物出库后的有关问题；
4. 能够正确进行货物出库的核查工作。

【学习情境】
某仓储配送中心接到超市 A 的配送请求，要求从该中心配送一批商品，具体品名及数量如表 5-1 所示，试完成该订单的货品出库作业。

表 5-1 出库订单

序 号	商品代码	品 名	单 位	数 量
1	001	巧克力糖	箱	20
2	002	巧克力	箱	30
3	003	威化巧克力	箱	15
4	004	果脯	箱	20
5	005	葡萄干	箱	10
6	006	梅子	箱	10
7	007	脱水水果	箱	30
8	008	榛子·杏仁	箱	40
9	009	冰糖	箱	20
10	010	果糖	箱	10

【情境分析】
货物出库，也称为发货，是货物在库储存阶段的结束，也是仓储作业的最后一个环节。出库作业主要是仓库根据业务部门或要货单位开具的货物出库凭证（如提货单、出库单等），按其列明的货物名称、规格、型号、数量等项目的要求，经过单据审核、登账、分拣、配货、包装、刷唛、复核等步骤将货物点交给要货单位或运输部门的一系列物流作业的总称。

任务一 设计出库作业流程

【任务描述】

出库流程主要是根据货物在库内的流向和出库凭证的流转程序构成的一套严格的作业流程，它是保障出库工作顺利进行的基础。通常货物出库有八个业务环节的衔接，它们是：出库前的准备、出库凭证的审核、分拣备货、包装刷唛、复查核对、清点交接、登账结算、库内清理等，并且根据仓库管理的实际情况，流程的工作侧重点会有所差异。

步骤一 出库准备

一般情况下，库管在货物出库之前就会收到出库凭证的副本，应该根据出库凭证上货物的实际情况及时编制好有关班组的出库任务书，设备调配卡、配载计划等，并及时交由各班组负责人以便做好出库准备工作。商品出库前的准备工作，主要包括包装整理、分拆组装、用品准备、设备调配、人员组织、联络客户等方面的内容。

在具体执行出库准备工作时还要注意以下几个方面：

（1）货物经多次装卸、堆码、翻仓和拆检，会使部分包装受损，不符合运输的要求。因此，出库工作人员必须视情况事先进行整理，加固或改换包装。

（2）根据货物的特性及实际使用要求，有些货物需拆零后出库。因此，出库工作人员要事先做好准备，备足零散货物，避免因临时拆零而延误发货时间。

（3）对于需要拼箱的货物，出库工作人员应做好挑选、分类、整理和配套等准备工作。

（4）对于需要装箱或改装的货物，出库工作人员应根据货物的性质和运输的要求，准备各种包装材料、相应的衬垫物，以及刷写包装标志的用具、标签、颜料和钉箱、打包等工具。

（5）货物出库前，应留出必要的理货场地，并准备必要的装卸搬运设备，以方便运输人员的提货发运或装箱送箱，加快发送速度。

步骤二 审核凭证

货物出库时必须有正式的出库凭证。此类凭证均应由使用部门主管人员、仓储部经理签章。

出库凭证通常包括凭证编号，收货单位或提货单位名称（有些还会注明提货车辆的车号等），出库类型（自提、送货、代运等），商品的名称、型号、规格、数量、重量、单价、总值等，以及业务部门或者客户单位的签章等主要内容（如表5-2所示）。

表5-2 出库凭证

出库单　　　　　　　　　　　　　　　　　　　　第　　　号

出库类型：_____　收货单位：_____　库房：_____　出库日期：_____

序号	货号	品名	规格	包装件数	结存	单位	数量	单价	金额
1									

续表

序号	货号	品名	规格	包装件数	结存	单位	数量	单价	金额
2									
3									
4									
5									
金额合计（大写）								¥____元	
业务员			库管员			销售部经理			
财务部经理					总经理				

出库工作人员接到出库凭证后，要认真核对货物的编号、规格、品名、数量有无差错和涂改，有关部门的签章是否齐全。审核无误后，出库管理人员按照出库凭证上所列的货物品名、规格、数量与仓库账目再做全面核对，查看库内存货是否满足出库需求，是否需要从其他仓库调拨货物。

步骤三　分拣备货

审核出库凭证后，就可以进行分拣和备货了。仓库保管员按出库凭证所列项目的内容和凭证上的批注，去相应货位对货，核实后进行分拣和备货。

一般地，大宗货物或者整批货物出库，就在原货位上备货，不需要进行分拣。而对于不是整批量货物的出库，尤其是发放各种不同种类、不同类型、不同规格的货物，需要进行分拣作业，将这些商品从货位上分离出来，再运至指定的理货区域整装待运。

备货过程包括理单、销卡、核对、点数、签单等流程。

（1）理单：根据出库凭证所列出库货物的内容，迅速找准货位。

（2）销卡：在商品出库时，到商品存放的货位上对悬挂在货垛上的货卡进行核对并登记出库数量。

（3）核对：在销卡后，再进行单（出库凭证）、卡（货卡）、货（实际货物）三核对。

（4）点数：要仔细清点应发货物的数量，防止差错。

（5）签单：为明确责任，要求操作的保管员在货卡上签名并批注结存数量，同时在出库凭证上予以签字确认。

步骤四　包装与刷唛

大宗的品种单一的货物在出库时一般可以直接装箱，不需要重新进行包装，但是对于零星货物或者是经过分装、改装或拼装的货物，为了方便装卸则需要进行重新组装或加固包装。对货物包装合理化要求主要有如下几个方面。

1. 包装要适度，要防止包装不足或包装过度

包装要根据货物的外形特点和运输要求选择牢固适宜的包装材料和包装方式。严禁为了节省成本造成包装强度不足从而导致被包装货物在搬运或运输途中发生损坏。

同样不要包装过剩，例如采用的包装材料的质量过高、包装层次过多、包装方式大大超过强度要求等，这样会过分增加货物的总重和体积，有可能造成包装成本超出减少损失可能获得的效益。另外还可能大幅增加运输成本或使得包装成本占货物成本比重过大从而损害最终消费者利益。

2. 包装应便于装卸操作

现代仓储搬运与装卸作业多采用机械化方式，这可以大大增加装卸货物的数量和质量，这就要求将货物集中形成装载单元，以便于机械装卸。一般情况我们将货物置于托盘上或集装箱等包装容器内，然后利用各式叉车进行装卸搬运操作，如图 5-1，图 5-2 所示。

图 5-1　托盘包装

图 5-2　叉车搬运

3. 包装应利于运输

运输方式、运输工具、运输距离都会对包装产生影响。因此在进行包装前就要充分考虑以上因素，选择最适宜的包装材料以及包装方式并且要充分考虑降低运输成本。

4. 运输标志

为了便于装卸、运输、交接等作业顺利进行，为了防止错发、串发，为了方便收货人提货，就需要在外包装上刷上运输标志，又称为唛头（shipping marks）。

唛头通常由一些简单的几何图形或简单的文字构成，没有一定之规但是通常都包括如下一些内容：

（1）收货人的名字或简称。
（2）目的地的名称或代号。
（3）合同号或原产地、发票号等。
（4）件数与批号。

例如：　YUANJUN　　　　　　（收货人的简称）
　　　　SHANGHAI CHINA　　（目的地）
　　　　YJ-06-011　　　　　　（合同编号）
　　　　C/NO. 1-5　　　　　　（货物的件数）

步骤五　复核查对

为了避免出库货物出现种类、数量、规格等方面的差错，分拣备货后应根据出库凭证对货物进行复核查对。复核查对是防止发生货差的关键，其主要内容如表 5-3 所示。

表 5-3 复核操作

复核项目	操作说明	具体检查项目
复核出库单据	主要审查货物出库凭证有无伪造编造、是否合乎规定手续、各项目填写是否齐全等	凭证有无涂改、过期等现象
		凭证中各栏项目填写是否正确、完整
		印鉴及签字是否正确、真实、齐全
		出库货物应附的技术证件和各种凭证是否齐全
复核实物	根据货物出库凭证上所列项目对待发货物进行核对	核查货物的购货单位、品名、规格、批号、有效期、生产厂商、数量、质量状况等项目是否与出库凭证所列的内容一致
		检查外包装是否牢固和完整,如发现箱内有破损、流体外溢等现象,应及时调换补足;发现包装材料因受潮、破损或散架的,则应更换包装或加固后,才能发货
复核账、货结存情况	对配货时取货的货垛、货架上货物的结存数进行核对	检查货物的数量、规格等与出库凭证上标明的账面结存数是否相符
		核对货物的货位、货卡有无问题,以便做到账、货、卡相符

复核工作由仓库所设的复核员、仓库主管等工作人员执行,也可由操作的保管员执行。对货物的质量和状态进行检验,一般采用人工抽样的检验方式。而对于货物的编号、数量核对来说则采用信息化的方式来提高效率增加准确率。

常用的信息技术有以下几种。

1. 条码检验法

条码技术像是一条纽带把货物在仓库中的各个阶段的信息联系在一起,可以跟踪从入库至出库的全过程。条码技术的应用可以使出库作业具备操作方便快捷、可靠性高、灵活实用、信息采集量大以及流转速度快等信息化特点。如图 5-3,图 5-4,图 5-5 所示。

图 5-3 条码扫描仪

图 5-4 条码打印机

图 5-5 条码扫描

2. 无线射频识别技术(Radio Frequency Identification,RFID)

无线射频识别技术的基本组成是射频标签(SIM 数据存储卡)、手持终端等设备以及数据处理系统。RFID 可识别高速移动的物体,同时可以识别多个对象,因此广泛应用于仓储作业以及不适宜用条码标签的环境和人类不宜涉入的恶劣环境,如图 5-6,图 5-7 所示。

图 5-6　RFID 终端

图 5-7　RFID 识别操作

同条码技术相比，在出库作业中使用 RFID 技术具备如下特点。

（1）信息接收的范围大（2.5 厘米～3 米范围内都可接收）。

（2）可并行处理多个货物信息。

（3）环境适应性强。

（4）信息存储量远大于条码技术。

（5）保密性强等特点。

如经反复核对确实不符时，应立即进行调换，并将错备货物上所刷的标记除掉，退回库房。退回后，再次复核结余货物的数量或重量是否与保管账目、货物保管卡片的结余数目相符，若发现不符应立即查明原因，及时更正。

步骤六　清点交接

货物出库后无论是自提还是送货或是托运都必须办理清点交接手续。

（1）货主自提：仓库方面应将货物向提货人当面点清，办理交接手续。此时要注意当装货车辆到库装载待运货物时，出库工作人员、提货人员共同在现场监督装载全过程，实际装车件数必须共同点交清楚，然后再交接单据上共同签字确认。

在自提方式下，提货人持客户单位开具的提货单前来仓库的业务受理部门办理手续，仓库方面的业务受理员对提货单审核无误后，盖销提货单，另开具出库单（或称作业通知单、出门通知单等），由提货人再凭此出库单及盖销后的提货单前去仓库提取库存商品。

货物发运后，该货物出库工作即告结束，出库工作人员应做好清理工作，及时核销货物明细卡，调整货位上的吊牌或电子标签，以保持该类货物的账、卡、货一致，及时、准确地反映货物进出、存取的动态。

（2）送货上门：仓库应与运输部门办理内部点交手续。货物保管员与提货或运输人员点清交接，由接收人员在出库单据上签章确认，以划清责任。同时仓库保管员应做好出库记录，及时向仓库管理和财务部门报账核销。

（3）代理托运：根据承运合同点交方式可分为自提与送货。

自提：承运人派车到仓库或工厂提货，点交手续与货主自提一样。

送货：运输部门需要将出库货物运至指定的地点进行交接。此时运输人员要向承运人提供发票、箱单、托运单等单证。双方要在托运单上签章以证明货交承运人。托运单由运输人员带回交仓库和财务部门进行货物明细账的核销。

【提示】仓库方面对重要商品、特殊商品的技术要求、使用方法、运输注意事项等，要主动向提货人、承运人交待清楚。

步骤七　登账备案

出库的货物清点交接后，仓库工作人员在出库单上认真填写实发数、发货日期等相关项目并签名，然后交给提货人员办理结算手续。仓库门卫通常凭出库单的出门联或者专门的出门单放行出库的商品。保管员根据出库凭证的留存联更新货物的明细账，做到日清月结，随发随记，账、货、卡一致，而且要将出库凭证定期装订成册，妥善存档，以备后查。

步骤八　库内清理

发货后的库内清理，包括现场清理和档案清理。

（1）现场清理。商品出库后，有的货垛被拆开，有的货位被打乱，有的库内还留有垃圾和杂物等，这就需要对现场进行清理。现场清理的主要内容有：对库存的商品进行并垛、挪位、腾整货位，清扫发货场地，保持清洁卫生，检查相关设施设备和工具是否损坏、有无丢失等。

（2）档案清理。商品出库后，还要整理该批商品的出入库情况和保管保养情况，清理并按规定传递出库凭证、出库单等，相关原始依据要存入商品保管档案，档案要妥善保管，以备查用。

相关知识

货物出库中常见问题及处理

仓库货物的种类繁多，货主众多，因此在出库过程中存在的问题也是多种多样。如出现问题需严格按照有关的问题处理方案及时处理。

一、出库凭证（提货单）存在的问题

（1）对于自提方式，如出库凭证超过提货期限，必须重新办理相关手续并缴纳逾期滞仓费用方可发货，任何过期的出库凭证都不能作为提货凭证。

（2）出库凭证有假冒、复制、涂改货抬头、印章不符等情况，应及时与制票员或出具出库单的单位或部门联系，妥善处理。

（3）如货物入库时未经验收，一般暂缓发货，并通知供货商先行验收，然后再发货，提货期顺延，库管不得代验。

（4）如出库凭证标明的货物规格与实际货物不符，库管不得擅自更改票面规格，必须通过制票员重新开票方可提货。

（5）如客户将出库凭证遗失，必须凭本单位出具的证明到仓库原制票员处签字挂失，然后持签字后的证明到库管或仓库业务员处报案。如此时挂失货物已被提走，仓库不负任何责任，但是应尽力协助破案。如货物未被提走，经业务员查实后，做好登记备案，将原证作废，缓期发货，并且要防止有人用作废的凭证前来提货，一经发现应及时与保卫部门联系处理。

二、实存数小于提货数

造成这种情况的原因主要有以下几个方面：

（1）货物入库时，由于验收失误，增加了实收货物的签收数量，使得账面数大于实存数，形成错账。此种情况可用报出报入的方式调整解决。可先账面库存数出库核销，然后再按实际库存数量重新入库登账。

（2）理货员和发货人员在以前的发货过程中出现过错发、串发等失误，从而形成货物实际库存小于账面库存。此问题比较严重，是仓库管理失误造成，应由库方负责解决库存与提货单上数量之间的差额。

（3）货主单位提货后没有及时核减本方库存，从而开出的提货单货物数量过大，造成票面数量大于实际库存。此种情况可由货主重新开具出库凭证，重新组织出库。

（4）仓储过程中货物的自然损耗和人为损耗造成的减量。如自然损耗在合理范围之内由货主单位自行承担，而超过合理范围或人为损耗则由仓库方面负责解决。

（5）仓库管理和财务部门没有及时核销出库数量，使得实际库存小于账面数量。财务部门及时销账即可。

三、串发货和错发货

引起串发和错发的主要原因是发货人员在对货物种类、规格不熟悉的情况下，把错误规格、数量的货物发出库。这种情况会导致货物实际库存与账面库存不符。如货物尚未离库，立即组织重新发货即可；如货物已经出库，库管人员应把串发和错发货物的品名、规格、数量等情况如实上报仓库管理部门，并且会同货主单位和运输单位共同协商解决。一般在无直接经济损失的情况下由货主单位重新按实际发货数冲单（票）解决。如果形成直接经济损失，应按赔偿损失单据冲转调整保管账。

四、包装破损

包装破损是指在发货过程中，因货物外包装破损、砂眼等情况引起的货物渗漏、裸露等问题。造成包装破损的原因主要是堆垛不当、装卸搬运操作不慎等引起的。对此类问题应及时对其进行加固或更换包装处理，以保障货物在运输过程中的安全。

五、漏记或错记账

漏记账是指在货物出库作业中，没有及时核销库存明细账而造成账面数量大于或小于实际库存数量的现象。错记账是指在货物出库后核销明细账时没有按实际出库的货物的品名、规格、数量登记，从而造成账实不符的情况。一旦发现有漏记或错记账的情况应及时向仓库主管部门通报，同时还应根据原出库凭证查明原因调整保管账，使之与实际库存保持一致，并追究相关人员的责任。

六、退货

（1）要求退货人填写"退货申请表"并且该申请表须经客户单位签认同意。

（2）仓库方面认真清点退货，详细做好记录。

（3）仓库方面核对退回的货品与"退货申请表"所列的是否相符，若有异议须以书面形式提出。

（4）仓库方面将退回的货品根据其退货原因，分别存放和标识，登账入账，并及时向业务部门或客户单位反馈有关资料。

任务二 分拣作业

【任务描述】

根据客户订单、出库凭证等单据,把不同种类、数量的商品集中在一起分门别类堆放的作业就是分拣。

步骤一 选择分拣作业形式

分拣作业一般有以下几种形式。

1. 人工分拣

人工分拣适用于数量少、品种多的、重量轻的单件小货物的分拣作业。这种方式如图 5-8 所示,主要由人工进行,人、货架、集货设备(货箱、托盘)等配合完成配货作业,在实施时,由人一次巡回或分段巡回于各货架之间,按订单的需求拣货,直至配齐。

图 5-8 人工分拣

2. 人工与手推作业车拣选

分拣作业人员推着手推车一次巡回或分段巡回于货架之间,按订单需求进行拣货,直到配齐。它与人工拣选基本相同,区别在于借助半机械化的手推车作业。

3. 机械作业车拣选

分拣作业员乘牵引车或台车为一个订单或多个订单拣选,主要用于分拣单元装载的货物,如图 5-9 所示。

图 5-9 机械分拣

4. 传动运输带拣选

分拣作业人员，只在附近几个货位进行拣选作业，传动运输带不停地运转，分拣作业人员按指令将货物取出放在传动运输带上或者放入传动运输带上的物料盒内。传动运输带运转到末端时把货物卸下来，放在已划好的货位上整装待发，如图 5-10 所示。

图 5-10　传送带分拣

5. 拣选机械拣选

自动分拣机或由人操作的叉车、分拣台车巡回于一般高层货架间进行拣选，或者在高层立体货架一端进行拣选，如图 5-11 所示。

图 5-11　自动分拣

步骤二　选择分拣策略

现代化仓库大多安装了电子标签，因此要综合利用电子标签来选择分拣策略。电子标签是一种拣货系统的应用，它是一组安装在货架储位上的电子设备，利用计算机与软件的控制，通过发送操作数字，引领拣货人员正确、快速地完成分拣工作，如图 5-12 所示。

图 5-12　电子标签

一、单一顺序拣取操作（摘果式拣选）

电子标签安装于货架储位上，原则上一个储位内放置一项产品，即一个电子标签代表一项产品，并且以一张订单为一次处理的单位，系统会将订单中货物所代表的电子标签亮起，检货人员根据数字显示将货物取出，放入物料盒或分拣箱，即称为摘果式拣货系统。

这种作业方式是针对每张拣货单（一个客户的一张订单），作业员巡回于仓库货架间，按照拣货单上所列项目，将客户所订购的商品逐一由仓储货架中挑拣出来的方式，是一种传统的拣货方式。

【优点】作业方法单纯；前置时间短；导入容易且弹性大；作业员责任明确，派工容易、公平；拣货后不用再进行分类作业，适用于大量订单的处理。

【缺点】商品品种太多时，拣货行走路径加长，拣取效率降低。拣货区域大时，搬运系统设计困难。

为了克服摘果式分拣作业中存在的问题，我们有以下的一些应对策略：

1. 协同合作拣取

当一名分拣人员按照拣货单进行拣货时，由于一边看拣货单一边拣货的交替进行，影响了拣货效率，也容易出错。

建议两名分拣人员采用协同合作的拣货方式，即一人唱名，一人拣货，则效率会比一个人边看边拣的效率及正确性高。

2. 对拣货单列进行有效标示

拣货单上相邻两行的货物品种或数量相近，拣货单不清晰，拣货时拣货人员经常容易看错行，造成拣货错误，影响拣货效率。

拣货单相邻两行可印制不同颜色来明显区分拣货品种，以避免因视觉混淆造成重复拣取或疏漏某品种的拣货。

3. 合理规划拣货路线

分拣单未合理分类归纳排序或未按照最短行动路线打印，造成拣货员无效走动、重复走动，使行走路线过长，造成拣货时间的浪费。

按照货架的位置重新对拣货单上的货品进行排序，采取由远而近的拣取顺序，即最先拣取离出入口最远的货架上的货品，按照 S 型路线行走，再分别拣取离出入口较近的货架上的货品，最后返回入口，完成全部拣货任务。

4. 分区拣取

分拣单未合理分类归纳排序，拣货单中货品品种多且货品存储区域分布广，拣货人员寻找时间及行走时间长，影响拣货效率，这时就可以采用分区的作业策略。

所谓分区作业就是将拣取作业场地做区域划分，每个拣货人员负责拣取固定区域内的商品。在做拣货分区时亦要考虑储存分区，必须先了解储存分区的规划，才能使得拣货分区更加合理。

5. 接力拣取

此种方法与分区拣取类似，先决定出拣货员各自分担的货品项目或货架的责任范围后，每个拣货员只拣取拣货单中自己所负责的部分，然后以接力的方式交给下一位拣货员。

6. 订单分割拣取

当一张订单所订购的商品项目较多，或者某个订单需要快速处理时可以通过订单分割将一个订单切分成若干子订单，交由不同的拣货人员同时拣货以加速订单执行的速度。

二、批量拣取操作（播种式拣选）

每个电子标签所代表的是一个客户订单，每个品项为一次处理的单位，检货人员先将货品的应配总数取出，并将货物信息输入，而系统会将有订购此项货物的客户所代表的电子标签点亮，配货人员只要依电子标签的数字显示将货品配予客户即可，此乃播种式捡货系统。

播种式拣选一般把多张订单集合成一批，依据商品类别将数量相加后再进行拣取，之后依据客户订单再作分类处理。

此种作业方式之优缺点如下：

【优点】 适合订单数量庞大的系统；可以缩短拣取时行走搬运的距离，增加单位时间内的拣货量。

【缺点】 对订单的到来无法做即刻的反应，必须等订单累积到一定数量时才做一次处理，因此会有停滞的时间产生。只有根据订单到达的状况做等候分析，决定出适当的批量大小，才能将停滞时间减到最低。

播种式拣选方式主要适用于有多张订单需要处理的情况，并且每张订单的货物品种或数量不是很多，如果采取单一顺序拣取的方式，拣货人员分别对每张订单进行操作，拣货效率较低，此时宜采用批量拣取操作的方式进行。

拣货人员首先对订单进行分析，根据订单性质或客户要求的紧急程度按一定原则对订单进行分批处理，形成分货单，然后对一批的多张订单进行拣货操作。具体原则如下：

1. 合计量分批原则

将拣货作业前所有累积的订单中的货物依据种类分别合计总量，再根据总量进行拣选。此原则适合固定点间的周期性配送。

【优点】 一次拣出商品总量，可使平均拣货距离最短。

【缺点】 必须经过功能较强的分类系统完成分类作业，订单数不可过多。

2. 时段分批原则

当订单的出货时间非常紧迫时，可利用这一策略开启短暂时段，再将此一时段中所到达的订单作成一批，进行拣取。此分批方式较适合密集频繁的订单，且较能应付紧急插单的要求。

3. 定量分批原则

订单分批按先进先出的基本原则，当累计订单数到达设定的固定量后，再开始进行拣货作业的方式。

【优点】 维持稳定的拣货效率，使自动化的拣货、分类设备得以发挥最大功效。

【缺点】 订单的商品总量变化不宜太大，否则会造成分类作业的不经济。

4. 智慧型的分批原则

订单汇集后，利用计算机进行分析处理，将拣取路线相近的订单集中处理，求得最佳的订单分批，可大量缩短拣货行走搬运距离。

【优点】分批时已考虑到订单的类似性及拣货路径的顺序，使拣货效率更进一步提高。

【缺点】所需软件技术层次较高不易达成，且信息处理的前置时间较长。

【强化技能训练】分拣作业操作，如表5-4～表5-7所示。

表5-4 分拣作业操作内容

实训名称	分拣作业操作
实训背景	某物流中心接到属地不同的客户A、B、C的订单，要从该中心提取一定数量的笔记本电脑，具体品名及数量如出库单所示，出库方式为送货上门，试完成所有订单货物的分拣作业
实训的设备条件与布置	（1）实训室分为拣货区（占2/3）和学生观摩区（占1/3） （2）实训室配置带有电子标签的轻型货架或流利式货架，用于存放货物和拣取货物的周转箱、手推车作为拣货车；每组需要配备一台计算机用于拣货单处理和一台公用连网打印机及条码打印机，用于拣货单打印及条码打印 （3）实训室的拣货区由三排等长的货架及巷道组成，货架用于存放需要拣取的货物，每个货架不少于三层且不少于五个货位（即每个货架应至少能够摆放五个以上用于存放货物的周转箱），货架摆放应与教室纵向平行 （4）货架、货位应进行合理标识 （5）巷道成S型，巷道口对着观摩区，便于学生观察，人推着拣货车在巷道中行走进行拣取作业。拣货车在巷道中能在两个方面来回移动，且能很容易地改变方向
实训场所	仓储实训室
实训目标	（1）通过学生对不同拣货方式的实际操作与效果评价分析，使学生熟练掌握不同的拣货方式及其操作流程，认识各种拣货单据，熟练使用相应的拣选辅助设备。不但能够按要求完成拣货任务，并通过拣货效果分析提出改进措施，真正达到提高拣货效率、缩短拣货时间、降低拣货出错率的目的 （2）通过采取有效的拣货方式和策略，在指定时间内，从货架上拣取出拣货单（分货单）上所列出的货品，放入货箱内，并用拣货车运送到指定地点，确保所拣选货物的数量与品种准确无误，拣货过程中确保货品的质量不受损害
实训内容	（1）纸制单据拣选——单一顺序拣取操作（摘果式） （2）纸制单据拣选——批量拣取操作（播种式）
实训安排	（1）将学生分成六个人一个小组，指定一名学生作为小组负责人，负责小组人员分工，完成拣货任务 （2）对于教师提出的拣货任务，小组指派一名同学按照拣货单及拣货要求完成拣货任务，小组其他同学对拣货过程进行观察，对设备的使用及拣货路径进行记录，并对拣货所用时间及拣货结果进行详细记录 （3）以小组为单位，教师组织学生共同对拣货作业过程及效果进行分析，找出影响拣货效率的原因，提出改进策略 （4）针对改进策略，对于同一（批）拣货单重新进行拣货操作，比较改进前后的拣货时间和拣货效果 （5）教师组织学生对改进策略进行评价，归纳出不同拣货方式的特点及适用场合。学生根据实训过程、实训结果及实训结果分析撰写实训报告
学习手册要求	按要求认真填写学生手册 1. 实训项目名称、实训时间、参加人员 2. 实训目标要求与内容 3. 货物分拣操作步骤及流程 4. 分拣作业时发生问题的描述及处理意见

续 表

实训名称	考评项目	考评内容与标准（企业专家提供）	权重
考核方案	分拣作业操作	分拣作业操作	
		分拣前各项工作准备充分，方案详细、完整	20
		操作流程规范、有效	20
		审核单证认真、全面，单证填写正确、规范	20
		后续工作处理及时、合理	10
		人员分工明确，各部门协作性好	10
		周密组织，合理安排，确保安全	10
		异常情况处理得当	10

表 5-5　出库单（1）　　　　　　　第 001 号

出库类型：__送货上门__　收货单位：__A 公司__　库房：__A__　出库日期：_____

序号	货号	品名	规格	包装件数	结存	单位	数量	单价	金额
1	001	IBM	Thinkpad	10CTNS		台	10		
2	002	HP	Probook	7CTNS		台	7		
3	003	ACER	Aspire	8CTNS		台	8		
4	004	LENOVO	Ideapad	10CTNS		台	10		
5	005	APPLE	Macbook	5CTNS		台	5		
金额合计（大写）								¥	元
业务员				库管员			销售部经理		
财务部经理				总经理					

表 5-6　出库单（2）　　　　　　　第 002 号

出库类型：__送货上门__　收货单位：__B 公司__　库房：__A__　出库日期：_____

序号	货号	品名	规格	包装件数	结存	单位	数量	单价	金额
1	001	TOSHIBA	Satellite	5CTNS		台	5		
2	002	HP	Probook	10CTNS		台	10		
3	003	ACER	Aspire	20CTNS		台	20		
4	004	LENOVO	Ideapad	10CTNS		台	10		
金额合计（大写）								¥	元
业务员				库管员			销售部经理		
财务部经理				总经理					

表 5-7　出库单（3）　　　　　　　第 003 号

出库类型：__送货上门__　收货单位：__C 公司__　库房：__A__　出库日期：_____

序号	货号	品名	规格	包装件数	结存	单位	数量	单价	金额
1	001	IBM	Thinkpad	10CTNS		台	10		
2	002	SONY	VAIO	10CTNS		台	10		
3	003	SUMSUNG	SF310	10CTNS		台	10		
5	005	APPLE	Macbook	5CTNS		台	5		
金额合计（大写）								¥	元
业务员				库管员			销售部经理		
财务部经理				总经理					

任务三　出库交接及单据流转

【任务描述】

出库作业要严格按照出库流程执行各项工作任务，在具体操作中一定要注意以下几项：

（1）严格遵守公司关于货物出库的各项规章制度，按规定流程进行。货物出库凭证必须符合要求，严禁凭无签章凭证或白条发货。

（2）严格贯彻"先进先出、发陈储新"的货物出运原则，以保障库存货物的质量完好状态。对于易变质、易腐败、易老化的货物应尽量加快库存周转，而对于过保质期的货物则不准出库。

（3）严格贯彻"三不三核五检查"的原则：

"三不"，即未接单据不登账，未经审单不备货，未经复核不出库；

"三核"，即在发货时，要核实凭证、核对账卡、核对实物；

"五检查"，即对单据和实物要进行品名检查、规格检查、包装检查、件数检查、重量检查。

（4）注重提高服务水平，力求满足客户需要。货物出库要做到及时、准确、安全，要做好发货前的准备工作。

步骤一　出库方式选择

货物出库的主要方式有：送货、自提、托运、过户、转仓、取样等。出库方式不同，其风险与责任转移包括出库单证的流转也有所不同。

一、送货

送货方式是仓库受提货单位通知或出库请求，将其所需货物，按出库凭证所列内容交由运输部门运送到收货地点（收货单位或其指定仓库或地点），并在收货地点当场点交给收货人。

【特点】

（1）仓库可预先安排作业，缩短发货时间。

（2）要货单位可避免因人力、车辆等不便而引发的提货困难。

（3）在运输上，可合理使用运输工具，减少运费。

【提示】

（1）货物的交接是在收货人的仓库或指定地点进行，因此库方要承担运费、空载费以及货物运输途中的一切风险和责任。为了避免货物运输途中的风险，库方要自行办理运输保险，由此产生的保险费用也应计算在运费之内。

（2）货物出库的手续相对复杂。以送货方式出库的凭证应是一式四份，一份由送货司机签收后交给仓库保留以备核销，一份由库管签章后留存用于盘点，一份由送货司机和库管共同签章后交给装货部门作为装货通知，一份由送货司机和库管共同签章后由司机带往目的地用于交接。

二、自提

自提方式是提货单位持出库凭证自备运输工具自行到仓库提货，库管员根据出库凭证列明的货物名称、规格、数量当面点交给提货人员。

【特点】按单备货、随到随提、库内交接、现场验货、现场核单、自提自运、手续简单。

【提示】自提相当于工厂或仓库交货，其风险和责任也在货交收货人后转移给了收货人，因此双方一定要当面交接并办理签收手续。

三、托运

托运方式是仓库受要货单位委托，按单将货物配齐后通过铁路、公路、水运、航空、邮寄等方式，将货物发至收货单位所在地的车站、码头、邮局，然后由要货单位自行提货的一种出库方式。

【特点】由专业货代或承运人来承运货物，降低了货运风险，以及双方为此投入的人力、物力。

【提示】此种出库方式的风险与责任的划分是在与铁路、公路、水路、航空等运输部门进行货物交接时完成的。仓库按规定程序办理完托运手续并取得运输部门的承运凭证，将应发货物全部点交承运部门后，风险与责任也就转移给了要货单位，因此采用此种出库方式要为货物办理货运保险。

四、过户

过户是一种就地划拨的形式，物品实物并未出库，但是所有权已从原货主转移到新货主的账户中。

【特点】无须发生真正的出库操作，只需变更户主即可，方便快捷。

【提示】仓库必须根据原货主开出的正式过户凭证，才予办理过户手续。

五、转仓

转仓是货主由于业务上的需要或者改变货物的存储条件，需要将货物转移到另外一个仓库的一种出库方式。

【特点】不改变货物的所有权，只是变更库位或库房。

【提示】仓库必须根据货主开出的正式转仓单才能办理转仓手续。

六、取样

取样是货主出于对商品的质量检验或样品陈列等需要，到仓库提取样货的一种出库方式。此过程一般包括开箱、拆包、分割等操作，因此仓库必须根据货主开具的取样凭证才予发放货物。

步骤二　出库单据处理

出库单据处理流程如图 5-13 所示，相关说明如表 5-8～表 5-10 所示。

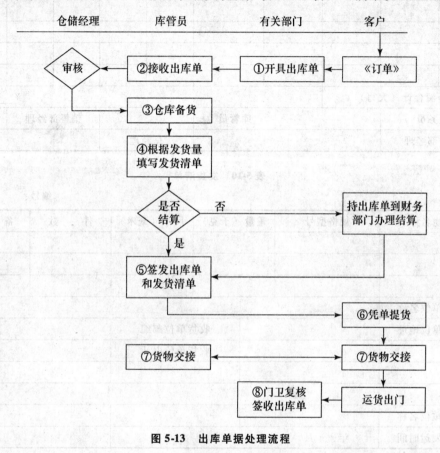

图 5-13　出库单据处理流程

表 5-8　出库单据流转处理说明

任务步骤	出库单据流转处理相关说明
①	业务人员根据客户的订货单或订货合同填写《出库单》，并将出库单交给仓库
②	仓储部接收《出库单》，仓储部经理核对《出库单》，经确认无误后签字交给仓库管理员备货
③	仓库管理员根据《出库单》进行备货、理货
④	仓库管理员根据实际发货数量填制《发货清单》
⑤	仓库管理员在确认货物结算事宜已办妥后签发《出库单》与《发货清单》
⑥	客户指派的提货人凭《出库单》和《发货清单》提货出库
⑦	仓库管理员与提货人办理货物交接手续，双方共同核实货物数量
⑧	门卫核查提货人所持的《出库单》与货物，复核无误后签字收回《出库单》

表 5-9　出库单　　　　　　　　　　　　　　　　　　　　第　　　号

出库类型：_____　　收货单位：_____　　库房：_____　　出库日期：_____

序号	货号	品名	规格	包装件数	结存	单位	数量	单价	金额
1									
2									
3									
4									
5									
金额合计（大写）								¥_____	元
业务员			库管员				销售部经理		
财务部经理					总经理				

表 5-10　发货清单

编号：

货物名称	规格型号	重量（千克）	尺寸（毫米）	件数	备注
收货单位名称					
收货单位地址			收货单位邮编		
			收货单位电话		
车　号					
发货单位名称					
供货发运时间	年　　月　　日				

相关知识

货物出库操作注意事项

（1）货物出库，必须按出库凭证办理，不得凭白条出库。

（2）货物出库时，必须经复核员复核，复核员根据"货物出库单"仔细检验库别、签章、品名、产地、规格、数量是否清楚，发现问题及时与有关部门联系，妥善解决。

（3）验单合格后，先销账后出库。

（4）货物出库时，必须以单对账、以账对卡、以卡对物。

（5）货物出库时，出库工作人员要仔细清点出库数量，做到"人不离垛、件件过目、动碰复核、监搬监运"，对搬运不符合要求的动作要及时纠正，防止货物损坏。

（6）货物出库时，要严把"货票审核关"、"动碰制度关"、"加盖货已付讫章关"。

（7）在下列情况下，出库工作人员可以拒付货物。

① 白条出库，任何人开的白条都不能视同货物出库凭证。

② 货物出库凭证字迹不清，单货型号不符或涂改。

③ 领料人与货物出库凭证所列部门不符。

④ "货物领用单"盖章不全。

（8）货物出库作业工程中要做到准确、及时、安全。

① 准确。出库货物的种类、数量等的准确与否直接关系仓储服务的质量。按照出库时间的要求做到准确无误的出库，就必须要做好复核工作，要认真核对出库凭证，从分拣备货、包装出运直至货交提货人或承运人的过程中，要随时注意账、货、卡的一致性，做到环环复核。

② 及时。按照合同以及出库凭证约定的时间及时办理货物的交接与发运是检验出库工作结果的标准。因此就要注意多与货主或提货单位沟通，了解其最新需求的变动，另外各个岗位的责任人要密切配合，认真履行责任，保障货物及时出运。

③ 安全。在出库操作中直接针对货物进行分拣、搬运、包装、装车等操作，因此要特别注意防止损坏包装、货物等情况，做到人不离垛、件件过目、动碰复核、监搬监运。

【强化技能训练】

仓储货物出库作业操作内容如表5-11～表5-12所示。

表5-11 仓储货物出库作业操作内容

名 称	仓储货物出库作业操作
背景	某物流中心接到客户A的出库要求，要从该中心提取存储的30台笔记本电脑，具体品名及数量如出库单所示，这些电脑要送往一个外地客户，出库方式为送货上门，试完成该订单的货品出库作业
目标	一、职业能力目标 1. 准确熟练地做好货物出库前的各项准备工作 2. 正确填写、流转出库作业凭证 3. 正确处理货物出库作业时发生的问题和货物出库后的有关问题 4. 正确地进行货物出库的核查工作 二、职业素养目标 细心、耐心、交流沟通能力、团队合作能力 三、岗位知识目标 1. 出库的作业流程 2. 出库的作业管理要求和出库方式
内容	1. 货物出库前的准备工作 2. 审核出库单证 3. 分拣、备货 4. 复核 5. 包装 6. 办理清点交接手续 7. 现场清理以及账务处理工作 8. 货物出库中发生问题的处理

	续表
步骤	1. 角色分配 将学生分成若干小组，每组6人，分别扮演6种不同角色： 仓储主管（1人）兼任组长、出库业务受理员（1人）、保管员（1人） 复核员（1人）、理货员（1人）、司机（1人） 以小组为单位完成该项实训任务，具体分工由组长安排。 2. 任务分配 （1）业务受理员接单并将单据内容传至保管员处 （2）保管员接到正式出库凭证后，按票面逐项核对货物信息 （3）保管员、理货员按调度要求出库时间及时备货，并按行车路线和提货单位码放商品 （4）复核员按出库清单核对待装货物 （5）核对无误后点交接货人（司机） 核对有误与保管员履行换货手续并做记录 （6）复核员待付货后，按出库清单在出库系统中确认出库，保管员在出库票上签字并盖付讫章 3. 以组为单位讨论确定货物出库作业的实施方案，并画出业务流程图 4. 实训过程中指导教师现场指导，准确了解学生的实训动态及熟练程度 5. 实训结束后由各个小组选出代表交流实训的感受并写出实训报告 教师对实训过程与完成情况进行全面的总结、考评。

评价标准	考评项目	考评内容与标准（企业专家提供）	权重
	出库作业操作	出库前各项工作的准备充分，方案详细、完整	20
		操作流程规范、有效	20
		审核单证认真，全面；单证填写正确、规范	20
		后续工作的处理及时、合理	10
		人员分工明确，各部门协作性好	10
		周密组织，合理安排，确保安全	10
		异常情况处理得当	10

表 5-12　出库单　　　　　　　　　　　　　　　　　　　第 01 号

出库类型：___送货上门___　收货单位：___A公司___　库房：___A___　出库日期：_____

序号	货号	品名	规格	包装件数	结存	单位	数量	单价	金额
1	001	IBM	Thinkpad	10CTNS		台	5		
2	002	HP	Probook	7CTNS		台	7		
3	003	ACER	Aspire	8CTNS		台	8		
4	004	LENOVO	Ideapad	10CTNS		台	10		

金额合计（大写）			¥　　　元
业务员		库管员	销售部经理
财务部经理		总经理	

【项目作业】

一、实训目标

通过完成该课业，使学生掌握货物出库的作业流程。

二、实训内容

参观某一仓库,记录该仓库某批货物出库的操作内容,写出评价报告。

三、实训完成步骤

1. 参观某仓库,了解该仓库某批货物的具体出库时间、数量和出库方式。
2. 记录该批货物出库检查的操作程序和方法。
3. 记录该批货物出库单证的流转过程。
4. 绘制该仓库货物出库流程图。
5. 评价该仓库入库管理过程是否恰当。

四、实训完成方式

1. 可以采取小组完成的方式,每两人为一组,获取所需资料,以报告形式显示调查结果,但应体现出各自独立完成的部分。
2. 以 A4 纸、5 号宋体字打印。

五、评价标准

	标 准	证明方式	教师评价
优秀	1. 获取信息充实、真实有效 2. 语言流利,使用专业术语 3. 流程设计合理,评价得当	分析报告	
良好	1. 获取大量信息 2. 能使用专业术语 3. 能正确评价现行流程	分析报告	
及格	1. 能显示调查信息 2. 能对所得信息进行分析	分析报告	

六、能力评价信息表

通用技能	证明方式	教师评价
1. 自我管理的能力 2. 分析运用信息的能力 3. 与他人合作的能力	按时递交作业 分析报告 分析报告	

项目六　仓储管理系统软件的操作和使用

【学习目标】
掌握仓储管理系统软件的各项功能。

【技能要求】
1. 能够熟练操作仓储管理系统软件；
2. 能够使用仓储管理系统软件实现对仓库的管理。

【学习情境】
刘运仓在北京的一家大型物流公司任职，刚被调到仓储部门做仓库管理员。公司刚上了一套由北京金文天地信息咨询有限公司研发的仓储管理系统软件，正在调试期，一方面要将仓库、设备等资料录入系统中试运行，另一方面又不能对日常的业务管理产生影响。刘运仓计划多投入一些时间和精力来学习和研究公司的这套管理系统，以便出色地完成本职工作。

【情境分析】
利用仓储管理系统软件进行仓储管理大体可分为七个方面：系统基本资料录入、入库作业、出库作业、移库作业、盘点作业、库存货品管理和综合查询。我们将这七个方面工作转化为七项任务以提升刘运仓的实际工作能力。

任务一　系统基本资料录入

【任务描述】
刘运仓要将一号仓库的资料完整地录入仓储管理信息系统。要实现运用仓储管理系统对仓库进行管理，首先要在系统中建立虚拟仓库，将仓库信息录入管理系统中去。主要包括三方面信息：一是仓储管理资源信息，主要指设备资源和人力资源；二是仓库本身信息，主要指仓储尺寸、货架摆放等；三是储存货物信息等。要完成此任务，我们分别从三方面信息进行系统录入，构建虚拟仓储管理平台。

步骤一　仓储管理系统登陆

在计算机中打开网页，在地址栏输入网址 http：//localhost：8060/plats/，进入金文物流管理系统界面，单击【第三方物流】选项，如图 6-1 所示。

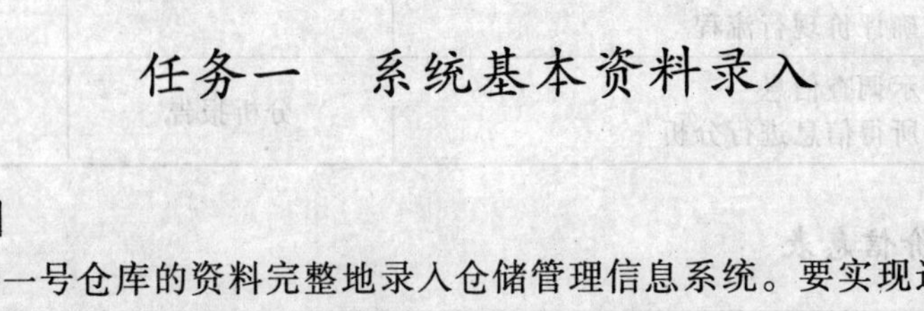

JWEND金文物流管理系统

JWEND　▸第三方物流　▸国际物流　▸供应链　▸企业物流　▸辅助系统

图 6-1　金文物流管理系统界面

单击【基础信息管理】进入如下平台，如图6-2所示。

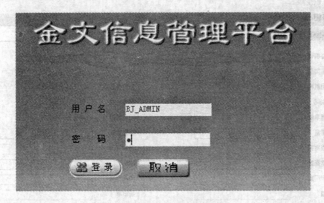

图6-2　金文信息管理平台

输入用户名和密码。

步骤二　基本信息管理

1. 设备资源管理

在【基本信息管理】—【资源管理】—【设备资源管理】下新增一台设备。

要求：在系统中录入一台叉车，叉车型号如表6-1所示。

表6-1　新增叉车型号

设备类型	叉车	所属类型	本公司
使用机构	北京站	燃油类型	柴油
区别码	010221	动力类型	内燃机
载重量（千克）	2 000	可载货长（米）	1.68
可载货宽（米）	0.97	可载货高（米）	1.3
底盘高度（米）	0.5	颜色	红色
生产厂家	杭州叉车集团股份公司	购买日期	2009-02-02
价值（元）	24 000		

操作如图6-3所示。

图6-3　设备资源管理界面

单击【新增】按钮，如图 6-4 所示。

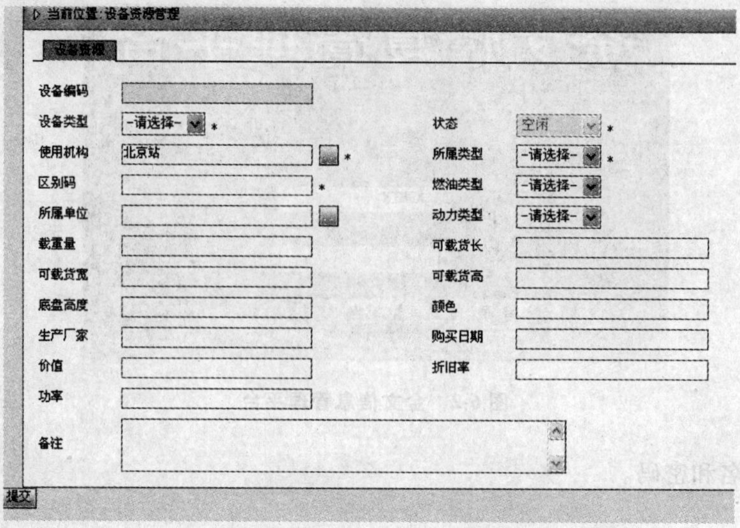

图 6-4　新增设备信息界面

录入完数据后单击【提交】按钮即可保存记录，如图 6-5 所示。

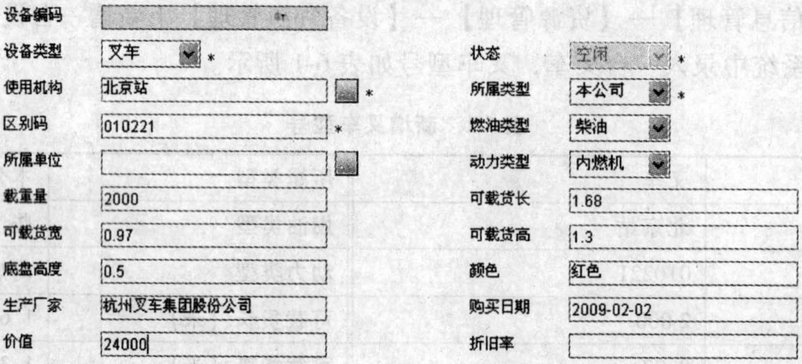

图 6-5　保存新增记录界面

2. 公司人员信息管理

在【基本信息管理】—【资源管理】—【人力资源管理】下新增人员信息。

要求：在系统中录入一名工人，工人资料如表 6-2 所示。

表 6-2　工人资料表

所属机构	北京站	区别码	000014
姓名	张磊	所属类型	本公司
性别	男	出生日期	1974-01-15
工作日期	1992-01-12	证件类型	身份证
证件号码	220197401150015	职务	职工
住址	北京市东城区	电话	85334057
手机	13586512479	Email：	zhanglei1972@126.com
工种类型	货运员	验本日期	2006-05-15

操作如图 6-6 所示。

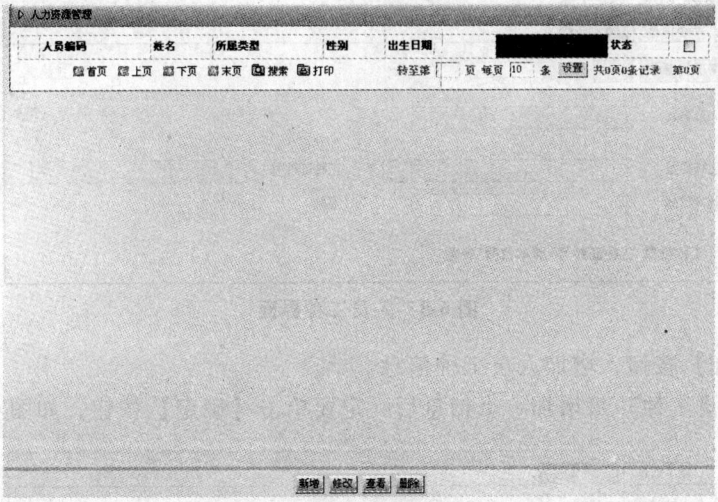

图 6-6　人力资源管理界面

单击【新增】按钮，如图 6-7 所示。

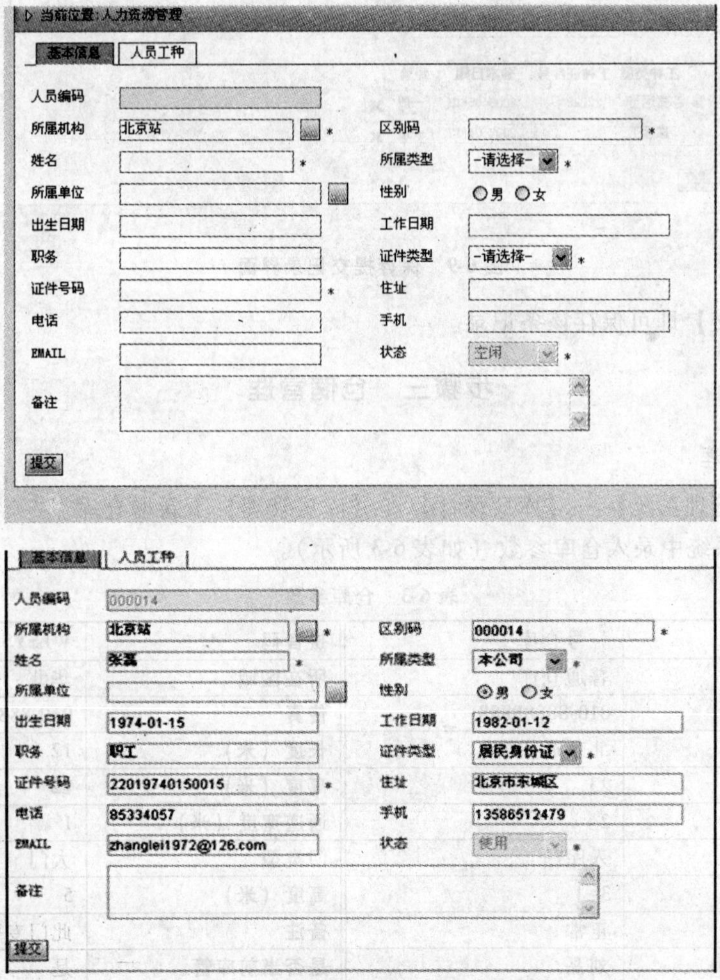

图 6-7　人力资源管理基本信息界面

单击【人员工种】标签，进入【人员工种】界面，如图 6-8 所示。

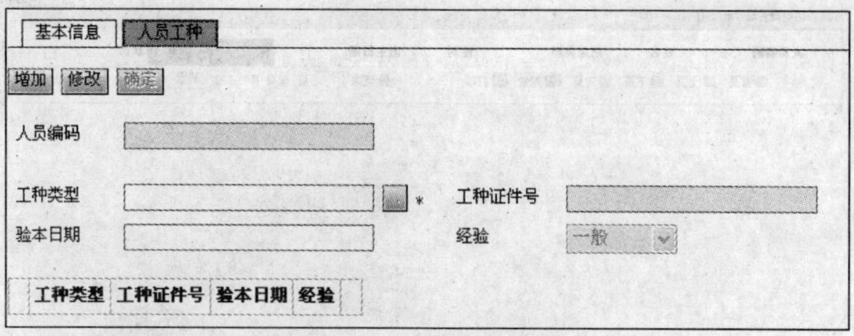

图 6-8 人员工种界面

单击【增加】按钮，增加人员工种信息。

注意：（人员工种）每增加一个信息后一定要单击【确定】按钮，如图 6-9 所示。

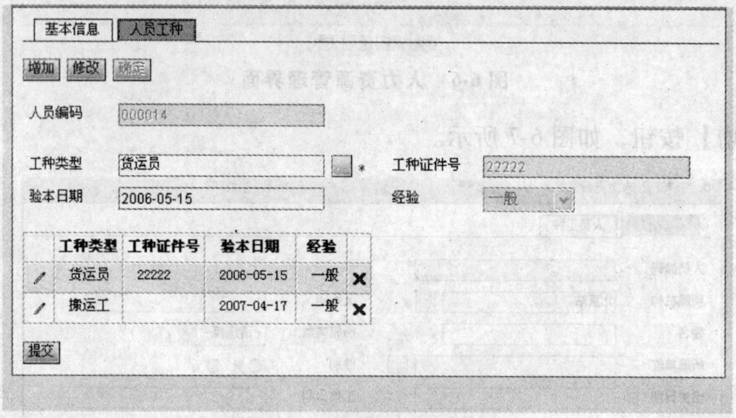

图 6-9 保存提交记录界面

单击【提交】即可保存该条记录。

步骤三 仓储管理

1. 仓库管理

在【仓库管理系统】—【库房设计】—【库房管理】下新增仓库。

要求：在系统中录入仓库参数（如表 6-3 所示）。

表 6-3 仓库参数

仓库名称	一号仓库	拼音码	WLSYS
仓库类型	普通仓库	所在区域	华北
电话	010-88888888	传真	010-88888888
地址	北京通州区	长度（米）	12
宽度（米）	23	高度（米）	12
旋转半径（米）	2	通道宽度（米）	1
门名称	入库门	门类型	大门
宽度（米）	3	高度（米）	5
状态	正常	备注	此门专一入库使用
库管员姓名	刘磊	是否当前库管	是

单击【新增】按钮,如图 6-10 所示。

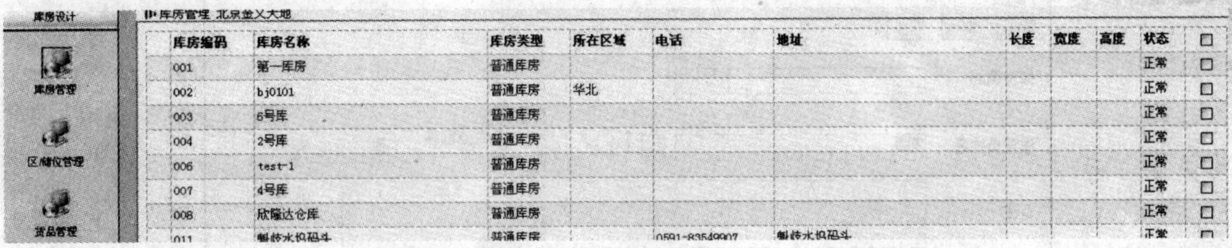

图 6-10 库房管理界面

(1) 仓库基本信息,如图 6-11 所示。

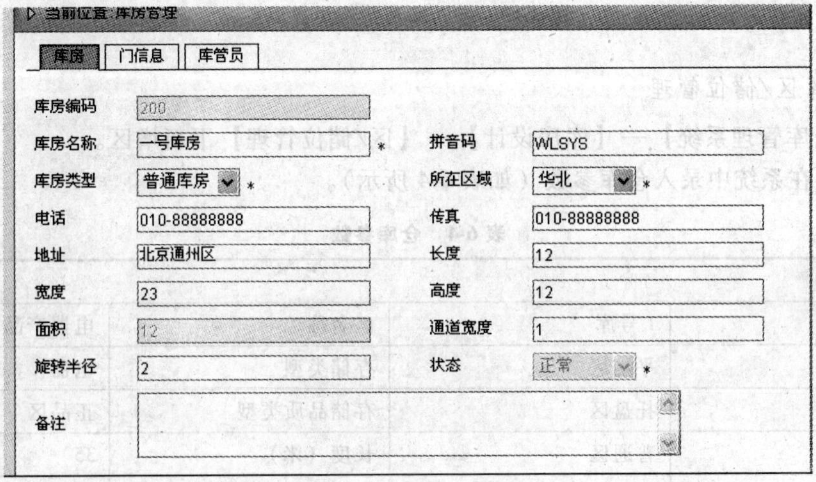

图 6-11 录入库房基本信息界面

(2) 门信息,如图 6-12 所示。

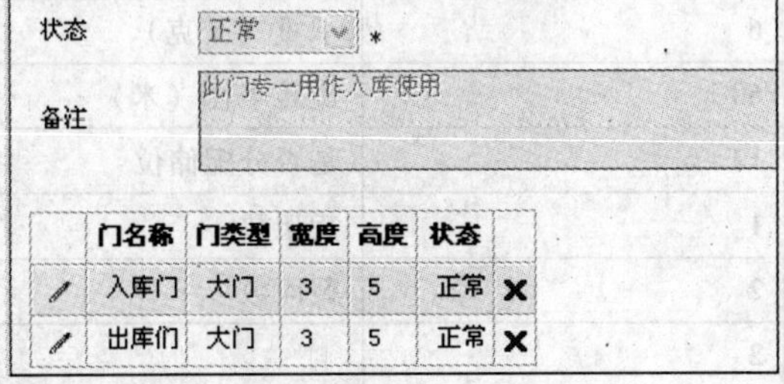

图 6-12 录入门信息界面

(3) 库管员信息,如图 6-13 所示。

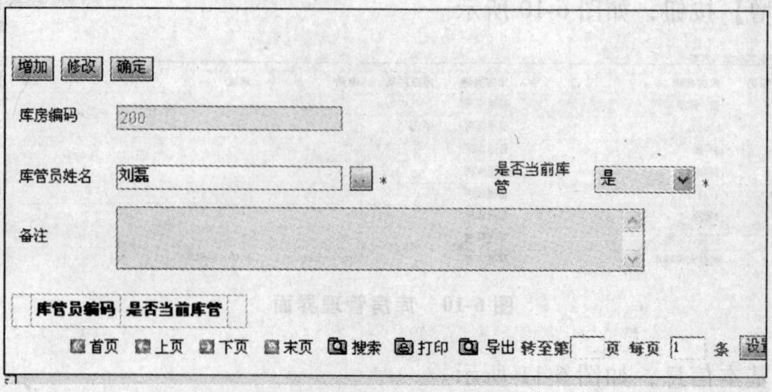

图6-13 录入库房管理员界面

2. 仓库区/储位管理

在【仓库管理系统】—【库房设计】—【区/储位管理】下新增区。

要求：在系统中录入仓库参数（如表6-4所示）。

表6-4 仓库参数

区信息			
仓库	1号库	区名称	电器产品区
存储功能	平堆区	存储类型	电器
存储方式	托盘区	存储品质类型	正品区
存储环境	普通区	长度（米）	35
宽度（米）	17	高度（米）	4
面积（平方米）	2		
托盘区信息			
行数	6	列数	3
货架区信息			
区名称	立体仓库区	存储功能	托盘货架区
存储方式	货架区	存储类型	电器
存储环境	空调区	存储品质类型	正品区
长度（米）	20	宽度（米）	3
高度（米）	6	承重（千克）	1 000
面积（平方米）	60	旋转半径（米）	2.2
通道宽度（米）	12	是否分配储位	是
存放优先级	1	货架数	3
层数	2	截面数	3
通道数	2		
备注：立体仓库区，主要存储快速出入库的大批量货品			

仓库一般由办公区、存储区、辅助作业区构成，存储区又可按存储方式的不同、货品

种类的不同、客户的不同等分为不同区域。

要求：以按存储方式分为托盘区和货架区为例。

操作说明：在【区/储位管理】中单击【新增】，录入信息后【提交】即保存，如图6-14所示。

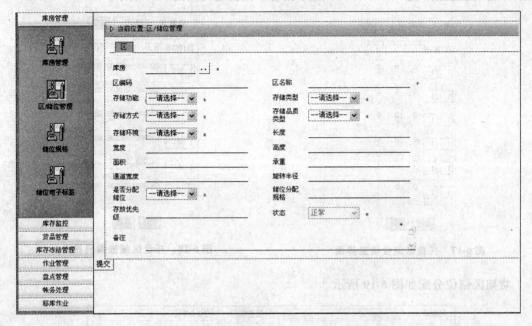

图6-14　区/储位管理界面

单击【提交】保存，托盘区如图6-15所示。

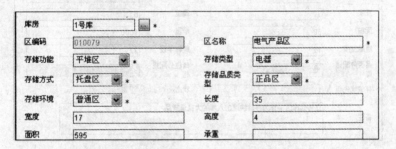

图6-15　新增托盘区基本信息界面

选中新增加的区点 分配储位 按钮进入，托盘区分配储位如图6-16所示。

图6-16　托盘区分配储位界面

输入行数、列数点【生成】按钮进入如下界面，如图6-17所示。

完毕后单击【保存】按钮。

重新选中如下条目：

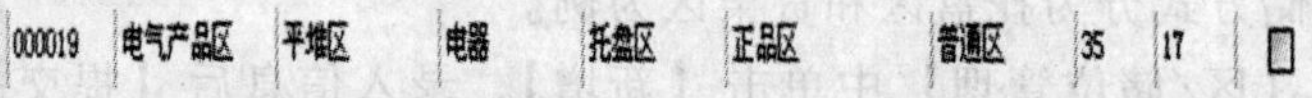
000019
电气产品区
平堆区
电器
托盘区
正品区
普通区
35
17

单击 分配储位，进入如下界面，显示出各个储位编码如图 6-18 所示。

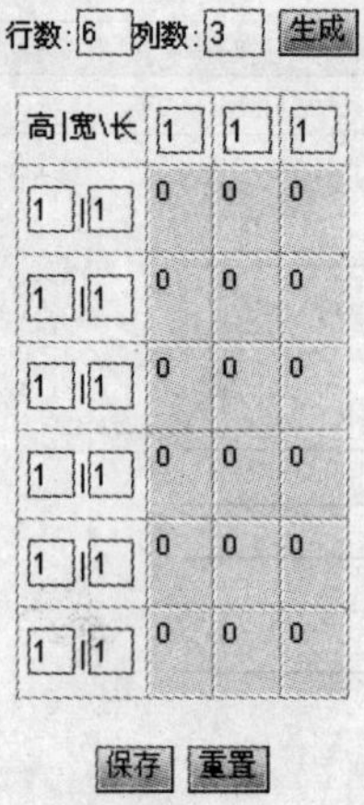
行数: 6
列数: 3
生成
高|宽\长
保存
重置

图 6-17　托盘区储位信息界面

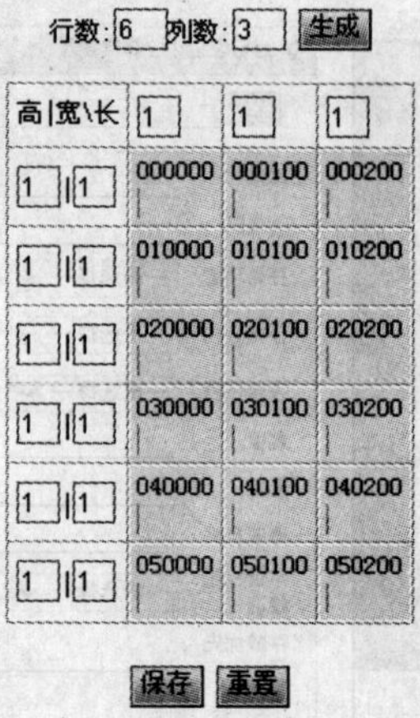
行数: 6
列数: 3
生成
高|宽\长
000000 000100 000200
010000 010100 010200
020000 020100 020200
030000 030100 030200
040000 040100 040200
050000 050100 050200
保存
重置

图 6-18　托盘区储位编码界面

货架区储位分配如图 6-19 所示。

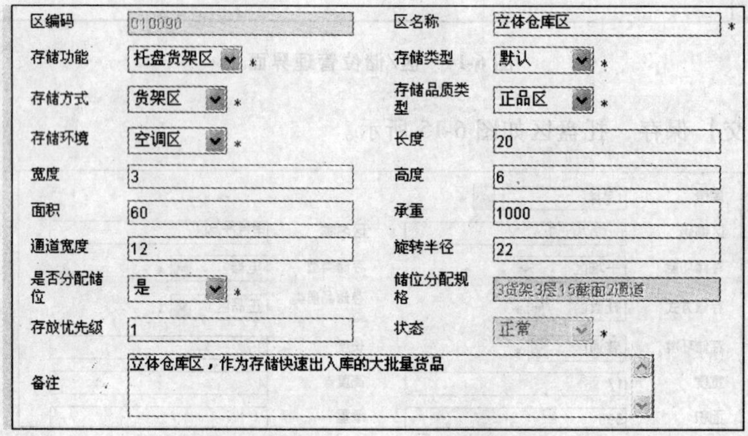
区编码 010090
区名称 立体仓库区
存储功能 托盘货架区
存储类型 默认
存储方式 货架区
存储品质类型 正品区
存储环境 空调区
长度 20
宽度 3
高度 6
面积 60
承重 1000
通道宽度 12
旋转半径 22
是否分配储位 是
储位分配规格 3货架3层15截面2通道
存放优先级 1
状态 正常
备注 立体仓库区，作为存储快速出入库的大批量货品

图 6-19　新增货架区储位信息界面

录入数据完毕后单击【提交】按钮，系统增加如下条目，如图 6-20 所示。

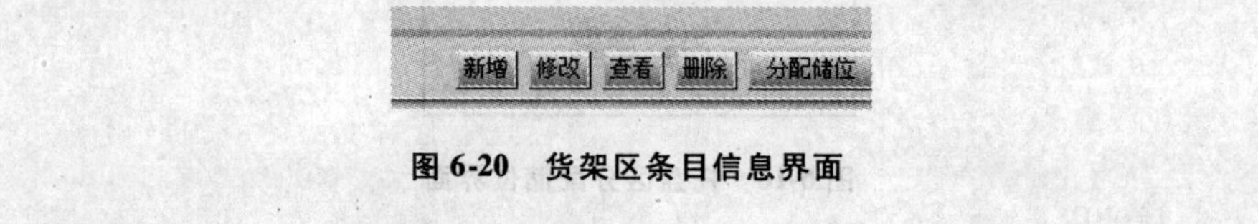
010090　立体仓库区　默认　货架区　正品区　空调区　20　3
新增
修改
查看
删除
分配储位

图 6-20　货架区条目信息界面

选中该条目，单击【分配储位】按钮进入，录入货架数、层数、截面数、通道号等信息如图 6-21 所示。

单击【生成】按钮，进入如图 6-22 所示的界面。

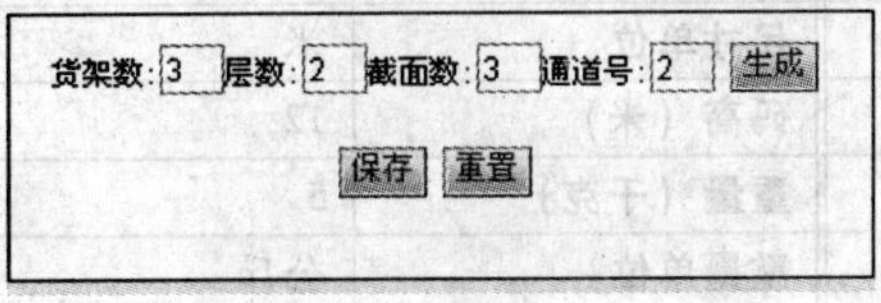

图 6-21　货架区分配储位界面

图 6-22　货架区储位信息界面

单击【保存】按钮。

重新选中如下项目，如图 6-23 所示。

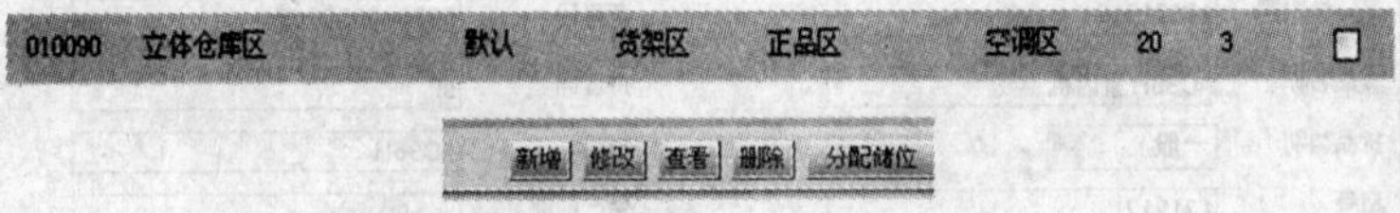

图 6-23　货架区储位条目界面

选中该条目，单击【分配储位】按钮进入，如图 6-24 所示。

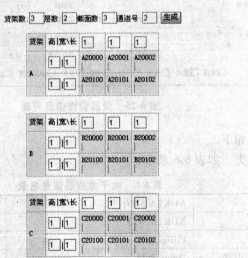

图 6-24　货架区储位编码界面

系统中显示出各个储位代码。

步骤四　货品管理

用户选择【仓储管理】—【库房设计】—【货品管理】。

要求：在系统中录入货品信息（如表6-5所示）。

表6-5 货品信息表

货品名称	三菱重工金陵空调器有限公司	条形码	693000000005
客户货品编码	12121212	存储类型	电器
货品名称	AC36H 室内机	拼音	sl
货品类别	一般	货品类型	电器
货品子类型	空调	长度（米）	1
宽度（米）	0.1	高度（米）	5
SKU 包装单位	个	尺寸单位	米
保质期（月）	212	码高（米）	12
承重（千克）	12	重量（千克）	5
单价（千元）	20	重量单位	公斤

单击【新增】，添加货品，如图6-25所示。

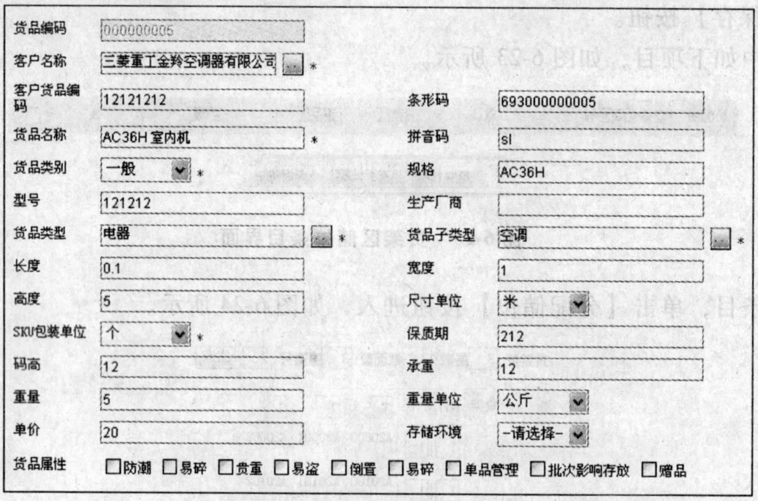

图6-25 货品管理信息界面

货品种类参考如下。

案例一：电子类，如表6-6所示。

表6-6 电子类货品信息名录

电子类	轻型货架区	手机	NOKTA 5300	青岛峰星	盒	箱	20
		手机	NOKTA N73	青岛峰星	盒		20
		手机	Pilligs180	青岛国美	盒		20
		笔记本电脑	Haier W36	青岛国美	箱		1
		笔记本电脑	Lenove 旭日 41DMC520	青岛国美	箱		1
		笔记本电脑	Lenove 天逸 F41AT7100W42048	青岛国美	箱		1
		MP4	Newman 影音王 M668（20GB）	青岛苏宁	盒		20
		MP4	X-816（2GB）	青岛苏宁	盒		20
		数码相机	Sumsung 17	青岛苏宁	盒		12
		数码相机	Ganon A640	青岛苏宁	盒		12

案例二：日化类，如表6-7所示。

表6-7 日化类电子信息名录

日化类	托盘货架	香水	30ml 高夫古龙喷薄香水	青岛华联	盒	24
		香水	31ml 高夫古龙喷薄香水	青岛华联	盒	24
		护肤	80g 美加净护手霜	青岛华联	盒	24
		护肤	75g 美凝水活肤洁面乳	青岛华联	盒	箱	24
		清洁	125g 六神特效香皂	青岛华联	盒	24
		清洁	200ml 六神润肤浴露	青岛华联	盒	24
		清洁	125g 六神除菌皂	青岛华联	块	24

【强化技能训练】

在系统中录入北京海尔工贸有限公司存储在北京一号仓库一批电冰箱的资料（如表6-8所示）。

表6-8 电冰箱资料表

货品名称	北京海尔工贸有限公司	条形码	695000000023
客户货品编码	12122123	存储类型	电器
货品名称	BCD-216ST 电冰箱	拼音	dbx
货品类别	一般	货品类型	电器
货品子类型	电冰箱	长度（米）	0.75
宽度（米）	0.68	高度（米）	1.93
SKU 包装单位	台	尺寸单位	米
保质期（月）		码高（米）	1
承重（千克）	12	重量（千克）	5
单价（千元）	3	重量单位	公斤

任务二 入库作业

【任务描述】

三菱重工金陵电器有限公司有一批空调入库，要求刘运仓完成入库管理任务。要完成货物的入库任务，需要完成新增入库单、生成作业计划、入库调度和上架反馈四个步骤。

步骤一 新增入库单

入库基本环节：

作业计划下达给仓库后，仓库应调配人力和设备资源、安排储位，以完成入库作业。一般由调度员或仓库管理员来完成这项工作，在信息系统中发出调度指令，由库工完成实际操作。

单击【订单管理】—【订单录入】。

要求：在系统中新增订单信息（如表6-9所示）。

表 6-9 订单信息表

订单信息			
客户名称	三菱重工金陵空调器有限公司	紧急程度	一般
订单来源	电话		
订单入库信息			
仓库	1 号库	入库类型	正常入库
入库方式	送货		
订单货品			
AC36H 批次	1	质量	正品
数量	20		

单击【新增】按钮，如图 6-26 所示。

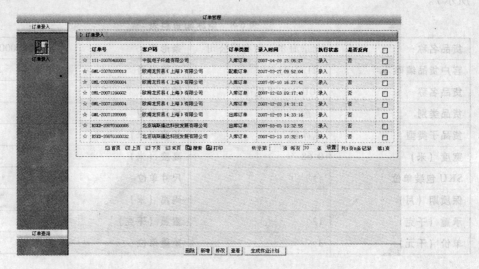

图 6-26 订单录入界面

单击【新增】按钮后，出现如图 6-27 所示的界面，选择入库订单，单击【确定】按钮。

图 6-27 订单信息界面

分别对订单信息、订单入库信息及订单货品进行维护，如图 6-28、图 6-29、图 6-30 所示。

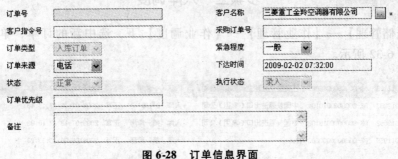

图 6-28　订单信息界面

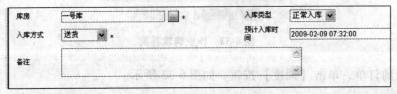

图 6-29　订单入库信息界面

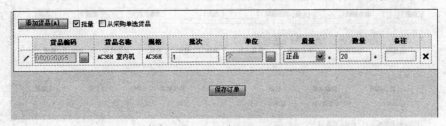

图 6-30　订单货品信息界面

数据录入完毕后单击【保存订单】按钮即可。

步骤二　生成作业计划

选中新增的订单，单击【生成作业计划】按钮，在弹出的界面中单击【确认生成】按钮，如图 6-31 所示。

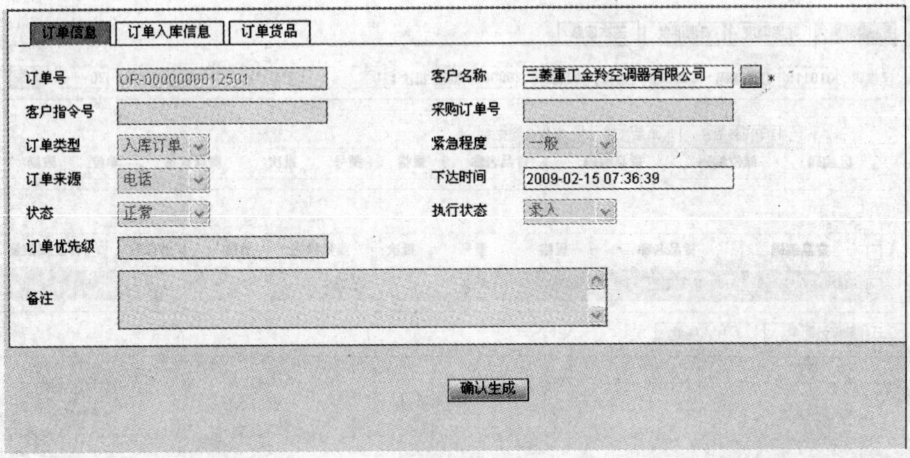

图 6-31　生成作业计划界面

步骤三 入库调度

在【仓储管理】—【作业管理】—【作业调度】下,选中新的订单,单击【调度】按钮,如图 6-32 所示。

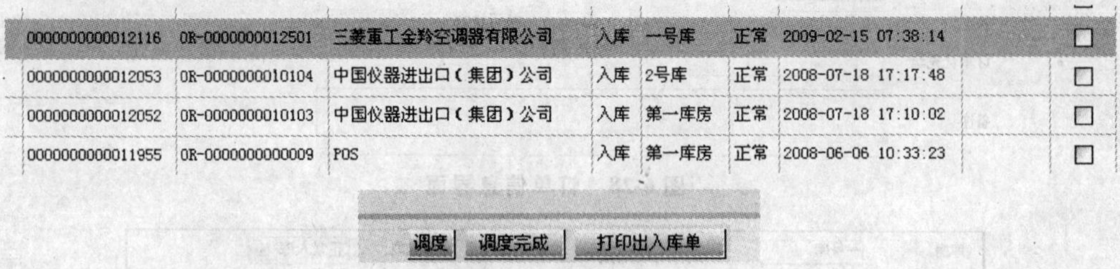

图 6-32 作业调度界面

选中新的订单,单击【调度】按钮,如图 6-33 所示。

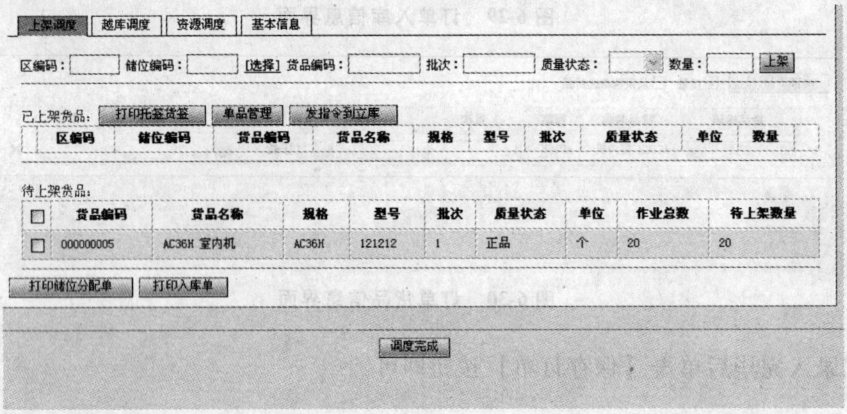

图 6-33 调度界面

在待上架货品中,选中要上架的货品及添写上架的数量,在区和储位编码中选择要上架货品的储位编码,如图 6-34 所示。

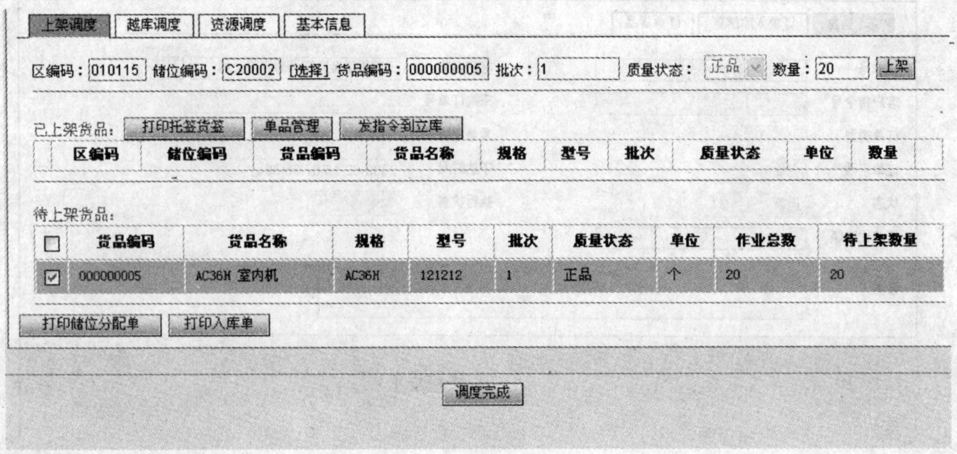

图 6-34 保存调度记录界面

【资源调度】——给该作业指定设备和人力资源

要求：在入库调度作业中选用叉车司机李鸿，000105 号叉车进行作业。

资源调度是实现系统对人力和设备作业量情况的记录和统计，是计算人员工资或奖金的依据。进入【资源调度】页面，如图 6-35 所示。

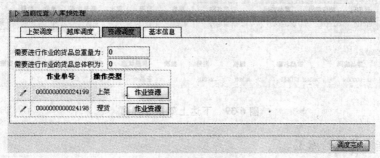

图 6-35 资源调度界面

可见该上架作业分为"理货"和"上架"两个作业环节，可分别单击后面的【作业资源】查看并指定可用资源。如"上架"，单击【作业资源】—【人力资源】，如图 6-36 所示。

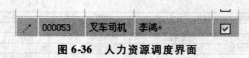

图 6-36 人力资源调度界面

设备资源调度，如图 6-37 所示。

图 6-37 设备资源调度界面

录入完毕后单击 提交 返回 【提交】按钮，然后单击【返回】按钮。

回到【上架调度】页面，如图 6-38 所示。

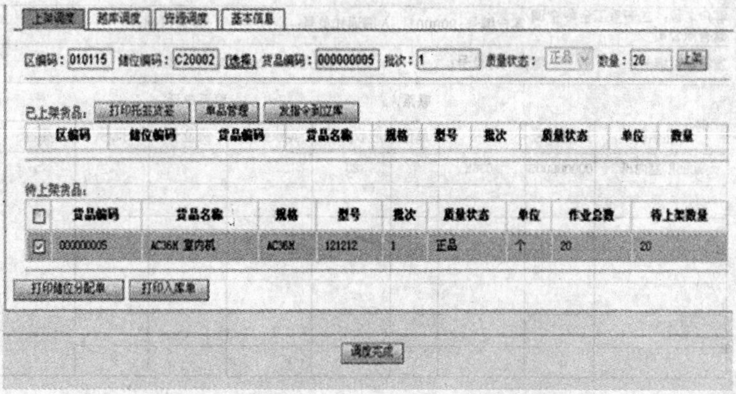

图 6-38 保存调度信息界面

资源调度完毕后单击【上架】按钮，进入如图 6-39 所示的界面。

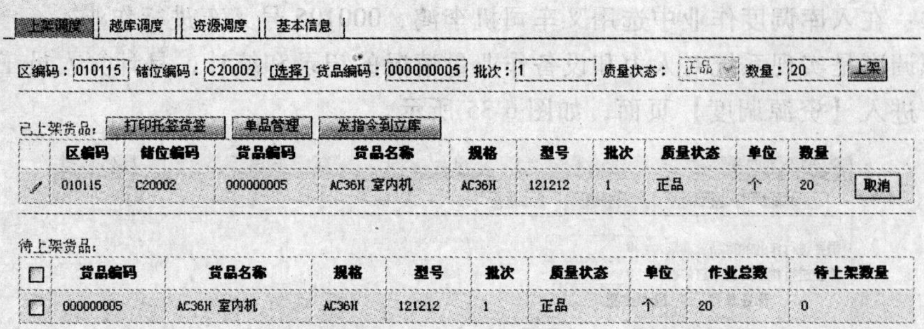

图 6-39　下达上架指令界面

将调度指令传达给库工。

纸质单据——打印储位分配单和入库单。

如果库工依据纸质单据进行操作的，需在【上架调度】页面，单击【打印储位分配单】，以下达指令给库工，如图 6-40 所示。

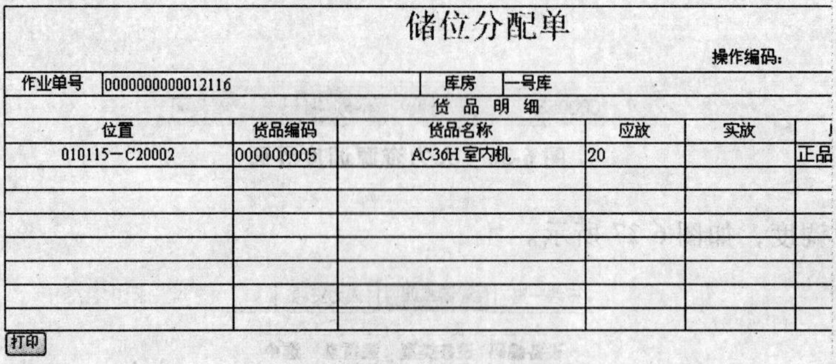

储位分配单

操作编码：

作业单号　0000000000012116　　库房　一号库

货 品 明 细

位置	货品编码	货品名称	应放	实放	
010115—C20002	000000005	AC36H 室内机	20		正品

打印

图 6-40　打印的储位分配单

入库单是库管用来与送货人员交接的，应交给库管员。单击【打印入库单】，如图 6-41 所示。

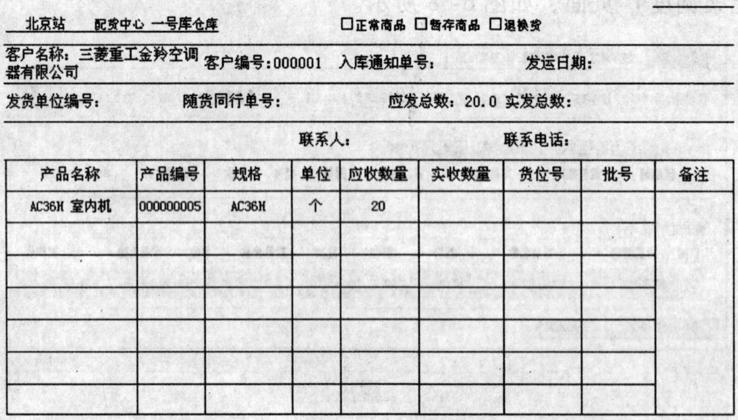

入 库 单

作业计划单号
0000000000012116

北京站　配货中心 一号库仓库　□正常商品 □暂存商品 □退换货

客户名称：三菱重工金羚空调器有限公司　客户编号：000001　入库通知单号：　发运日期：

发货单位编号：　随货同行单号：　应发总数：20.0　实发总数：

联系人：　联系电话：

产品名称	产品编号	规格	单位	应收数量	实收数量	货位号	批号	备注
AC36H 室内机	000000005	AC36H	个	20				

图 6-41　打印的入库单

单击【调度完成】，完成该笔入库作业的调度，直接单击【调度完成】即可。

步骤四　入库反馈

用户选择【仓储管理】—【作业管理】—【作业反馈】，系统显示已经调度完成的单据，单击【作业计划单反馈】，分别对理货、上架等进行反馈，如图6-42所示。

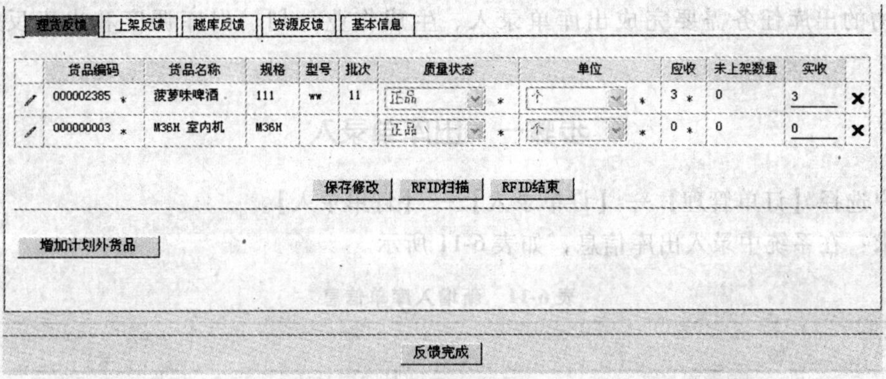

图6-42　入库反馈界面

上架反馈：

进入【上架反馈】页面，【待上架货品】显示有1个未上架，则为该货品指定储位，具体操作同【作业调度】。若理货实收数量与作业计划单数量一致，则【上架反馈】无需另外的操作。

单击【反馈完成】，完成反馈作业。

资源反馈：

确认一下实际完成该作业计划的设备和人员是否与调度指令一致，不一致的，按实际情况修改。

单击【反馈完成】，完成反馈作业。

【强化技能训练】

在系统中独立完成以下货品的入库任务（如表6-10所示）。

表6-10　货品信息表

订单信息			
客户名称	北京海尔工贸有限公司	紧急程度	一般
订单来源	电话		
订单入库信息			
仓库	1号库	入库类型	正常入库
入库方式	送货		
订单货品			
BCD-216ST 批次	1	质量	正品
数量	100		

任务三　出库作业

【任务描述】

三菱重工金陵电器有限公司要有一批空调出库,要求刘运仓完成出库管理任务。要完成货物的出库任务需要完成出库单录入、生成作业计划、出库调度和出库反馈四个步骤。

步骤一　出库单录入

用户选择【订单管理】—【订单录入】—【订单录入】。

要求:在系统中录入出库信息,如表6-11所示。

表6-11　新增入库单信息

订单信息			
客户名称	三菱重工金陵空调器有限公司	紧急程度	一般
订单来源	电话		
订单出库信息			
仓库	1号库	出库类型	正常出库
出库方式	自提		
订单货品			
AC36H 批次	1	质量	正品
数量	5		

单击【新增】按钮,选择出库订单,单击【确定】按钮。在【订单信息】界面录入客户码等,如图6-43所示。

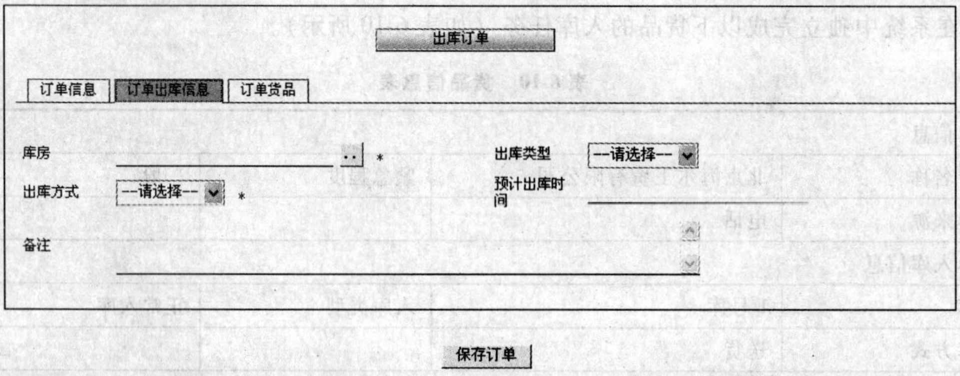

图6-43　新增出库单信息界面

在【订单货品】界面,单击【添加货品】按钮,再录入出库货品的数量。

订单基本信息,如图6-44所示。

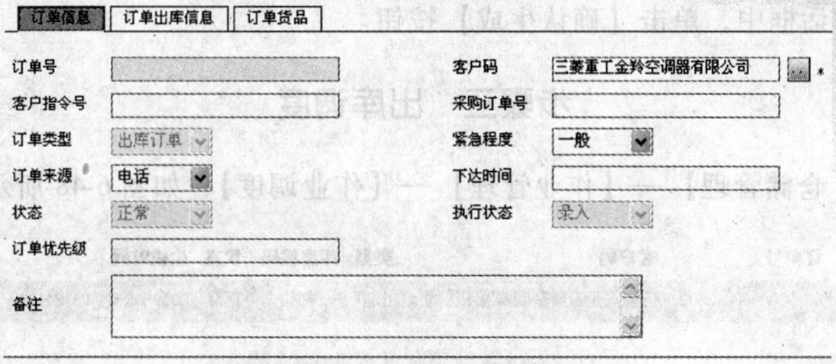

图 6-44 订单信息界面

订单出库信息，如图 6-45 所示。

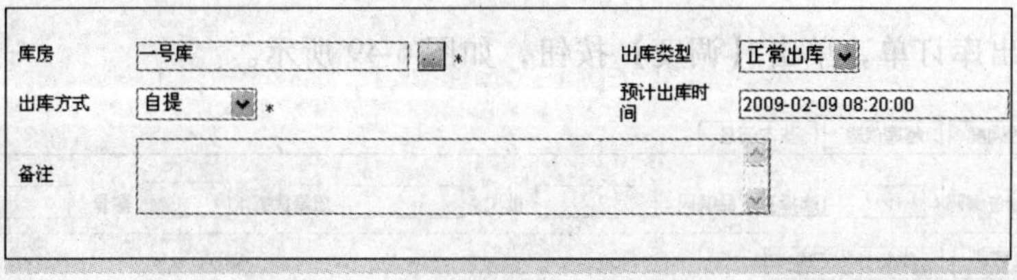

图 6-45 订单出库信息界面

订单货品信息，如图 6-46 所示。

图 6-46 订单货品信息界面

单击【保存订单】按钮即可保存。

步骤二　生成作业计划

回到【订单录入】项目下选中新增的订单，单击【生成作业计划单】按钮，如图 6-47 所示。

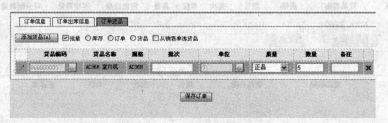

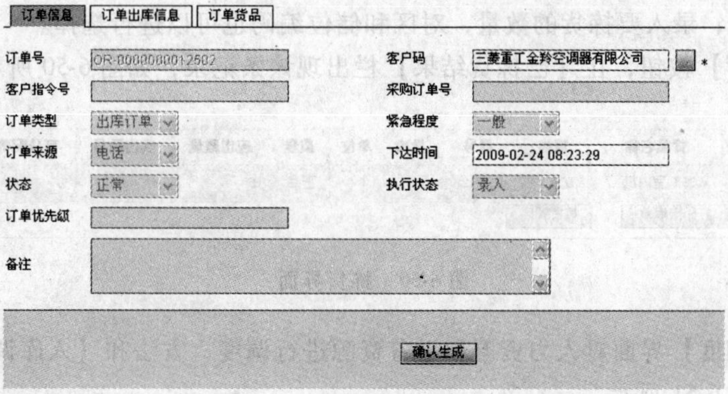

图 6-47　【生成作业计划单】界面

在弹出的对话框中，单击【确认生成】按钮。

步骤三　出库调度

用户选择【仓储管理】—【作业管理】—【作业调度】，如图 6-48 所示。

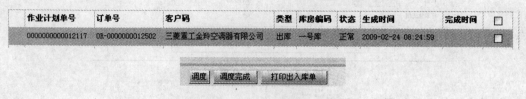

图 6-48　【作业调度】界面

选中新的出库订单，单击【调度】按钮，如图 6-49 所示。

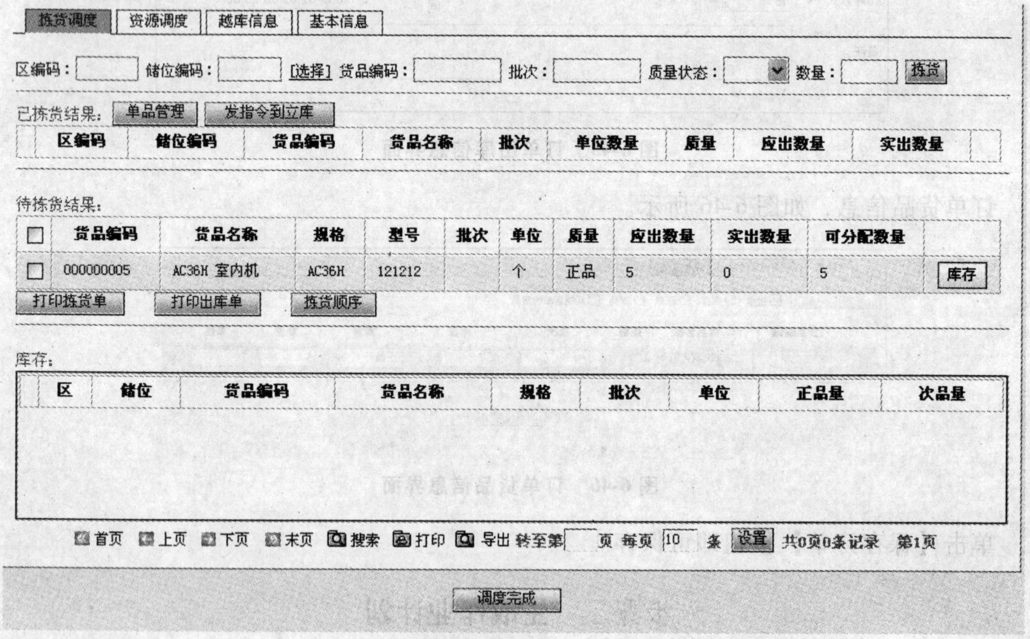

图 6-49　【调度】界面

在【待拣货结果】栏，选中要拣货的该条记录，单击【库存】按钮，在【库存】栏下选中一栏双击，录入要拣货的数量，对区和储位编码也可以进行选择。

单击【拣货】按钮，在【已拣货结果】栏出现该条记录，如图 6-50 所示。

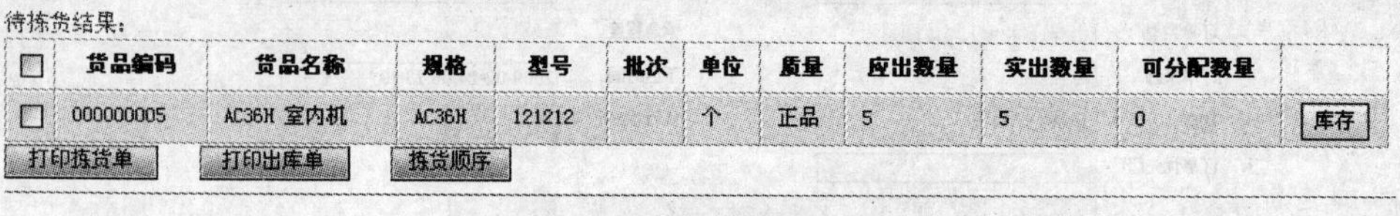

图 6-50　拣货界面

在【资源调度】界面对人力资源和设备资源进行调度，方法和【入库调度】相同。
拣货单如图 6-51 所示。

拣货单

操作编码：

作业单号 0000000000012117　　　库房　一号库

货品明细

位置	货品编码	货品名称	批次	应拣	实拣
010115—C20002	000000005	AC36H 室内机	1	5	正

图 6-51　拣货单

出库单如图 6-52 所示。

出 库 单

作业计划单号
0000000000012117

北京站　配货中心　一号库仓库　　　□正常商品　□退换货

客户名称：三菱重工金羚空调器有限公司　　客户编号：000001　发货通知单号：　　开单日期：

收货单位名称：　　　　　　　　　　　　　　　应发总数：5.0　实发总数：

联系人：　　　　　　　　　　　联系电话：

产品名称	产品编号	规格	单位	应发数量	实发数量	货位号	批号	备注
AC36H 室内机	000000005	AC36H		5				

图 6-52　出库单

单击【调度完成】按钮，则出库作业调度完毕。

步骤四　出库反馈

用户选择【仓储管理】—【作业管理】—【作业调度】，如图 6-53 所示。

作业计划单号	订单号	客户码	类型	库房编码	状态	生成时间	完成时间	
0000000000012117	OR-0000000012502	三菱重工金羚空调器有限公司	出库	一号库	处理	2009-02-24 08:24:59		☑

作业计划单反馈

图 6-53　【作业调度】界面

选中新的出库单，单击用户选择【作业计划单反馈】，对其进行反馈，单击【反馈完成】按钮，则完成出库操作，如图 6-54 所示。

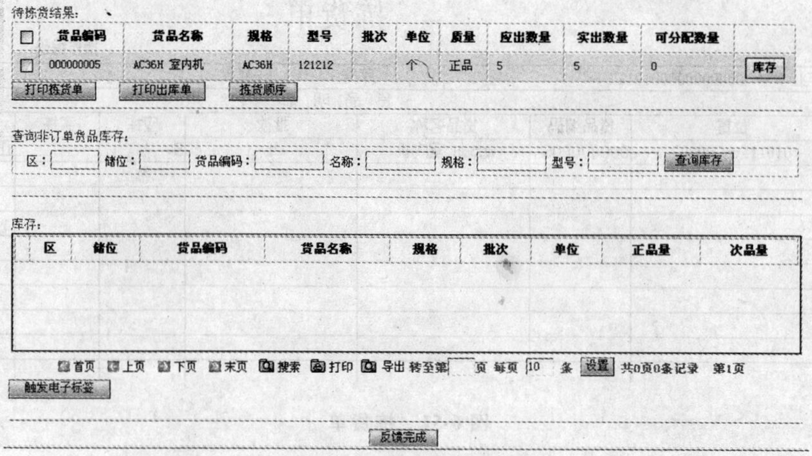

图 6-54 出库反馈界面

确认调度完成后单击【反馈完成】按钮。
【强化技能训练】
在系统中独立完成以下货品的出库任务（如表 6-12 所示）。

表 6-12 货品信息表

订单信息			
客户名称	北京海尔工贸有限公司	紧急程度	一般
订单来源	电话		
订单出库信息			
仓库	1 号库	出库类型	正常出库
出库方式	自提		
订单货品			
BCD-216ST 批次	1	质量	正品
数量	50		

任务四 移库作业

【任务描述】
刘运仓要在系统中录入二号仓库的信息，并将存放在一号仓库的部分三菱重工金陵电器有限公司的空调器转移到二号仓库。要完成货物的移库任务需要完成增加新仓库、移库单录入、移库单提交、移库单调度和移库反馈五个步骤。

步骤一 增加新仓库

增加一个新的仓库，并对仓库分配区位、储位。
要求：在系统中录入二号仓库信息（如表 6-13 所示）。

表 6-13 二号仓库信息

仓库信息			
仓库名称	二号仓库	拼音码	WLSYS
仓库类型	普通仓库	所在区域	华北
电话	010-88888888	传真	010-88888888
地址	北京通州区	长度(米)	12
宽度(米)	23	高度(米)	12
旋转半径(米)	2	通道宽度(米)	1
托盘区信息			
仓库	二号仓库	区名称	平堆区
存储方式	托盘区	存储类型	电器
存储环境	空调区	存储品质类型	正品区
长度(米)	20	宽度(米)	11
高度(米)	5	面积(平方米)	11
承重(吨)	21	通道宽度(米)	12
旋转半径(米)	5	是否分配储位	是
优先存放级	1		
托盘区储位分配			
行数	3	列数	1
货架区信息			
仓库名称	二号仓库	区名称	托盘货架区
存储功能	立体仓库区	存储类型	电器
存储方式	货架区	存储品质类型	正品区
存储环境	空调区	长度(米)	20
宽度(米)	15	高度(米)	3
面积(平方米)	200	承重(千克)	100
通道宽度(米)	12	旋转半径(米)	3
是否分配储位	是	存放优先级	1
货架区储位分配			
货架数	6	层数	3
截面数	5	通道号	4

仓库信息录入,如图 6-55 所示。

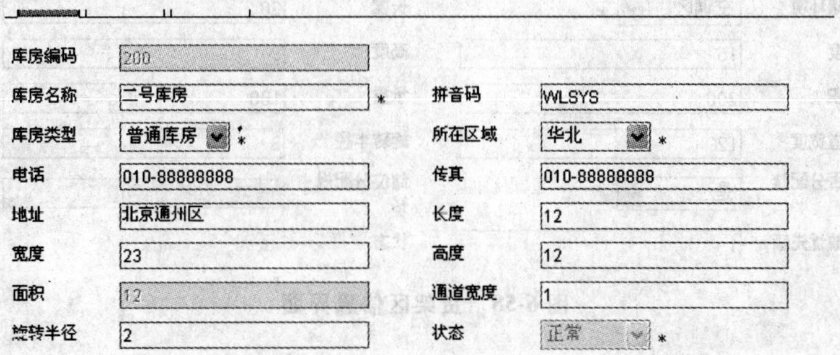

图 6-55 库房信息界面

托盘区信息录入，如图6-56所示。

库房	二号库房			
区编码	010091	区名称	平堆区	*
存储功能	*	存储类型	电器	*
存储方式	托盘区 *	存储品质类型	正品区	*
存储环境	空调区 *	长度	20	
宽度	11	高度	5	
面积	11	承重	21	
通道宽度	12	旋转半径	5	
是否分配储位	是 *	储位分配规格	3行1列	
存放优先级	1	状态	正常	*

图6-56 托盘区信息界面

托盘区储位分配情况，如图6-57所示。

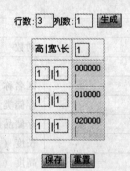

图6-57 托盘区储位分配界面

货架区信息录入，如图6-58所示。

库房	二号库房			
区编码	010089	区名称	托盘货架区	*
存储功能	立体仓库区 *	存储类型	电器	*
存储方式	货架区 *	存储品质类型	正品区	*
存储环境	空调区 *	长度	20	
宽度	15	高度	3	
面积	200	承重	100	
通道宽度	12	旋转半径	3	
是否分配储位	是 *	储位分配规格	6货架3层5截面4通道	
存放优先级	1	状态	正常	*

图6-58 货架区信息界面

货架区储位分配，如图6-59所示。

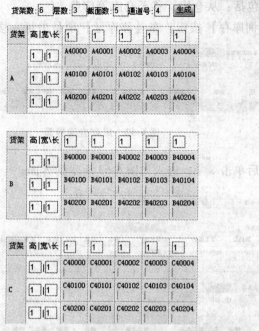

图 6-59 货架区储位分配

步骤二 移库单录入

进入【调拨管理】—【移库作业】—【移库作业单】，如图 6-60 所示。

图 6-60 【移库作业单】界面

单击【新增】按钮，如图 6-61 所示。

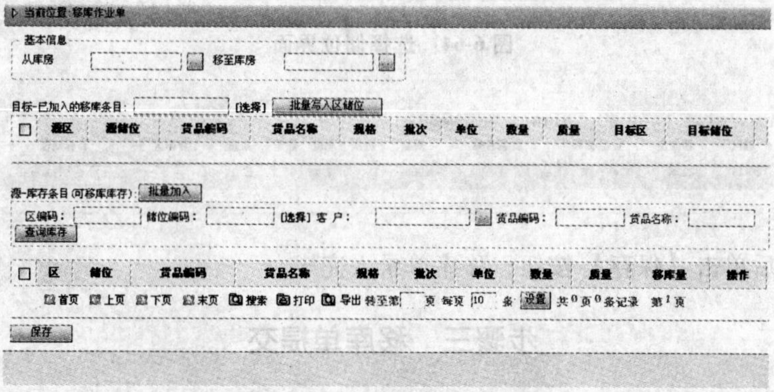

图 6-61 新增移库作业单界面

录入移库单。包括：从仓库、移至仓库等信息。

然后单击【查询库存】按钮，在【移库量】项目中录入移库数量，如图 6-62 所示。

图 6-62　库存查询界面

数据录入完毕后单击 , 进入如图 6-63 所示的界面。

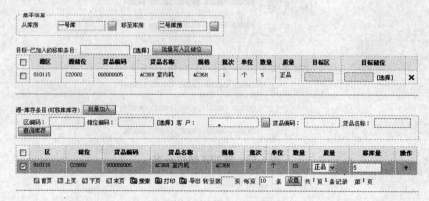

图 6-63　移库作业单界面

单击【选择】按钮，选择区位、储位信息，如图 6-64 所示。

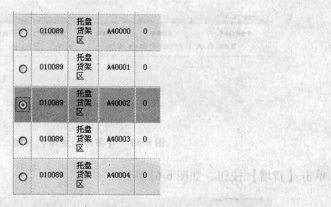

图 6-64　选择储位界面

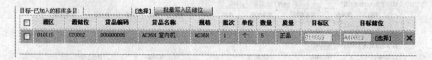

录入完毕后单击【保存】按钮，移库单录入完毕。

步骤三　移库单提交

进入【调拨管理】—【移库作业】—【移库作业单】，如图 6-65 所示。

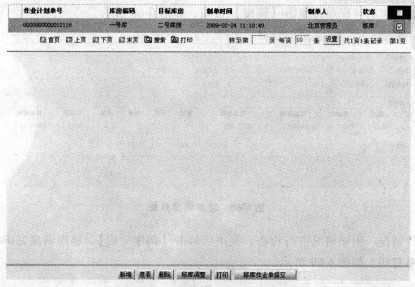

图 6-65 【移库作业单】界面

选中要提交的移库单单击【移库作业单提交】按钮，出现如图 6-66 所示的界面。

图 6-66 【作业计划单提交】界面

单击【确定】按钮。

步骤四 移库单调度

进入【调拨管理】—【移库作业】—【移库预处理】，如图 6-67 所示。

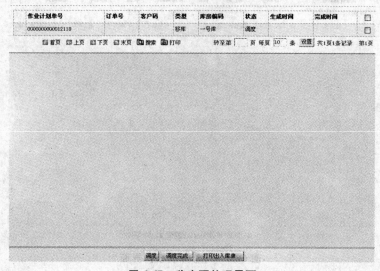

图 6-67 移库预处理界面

选中要调度的移库单,单击【调度】按钮,如图 6-68 所示。

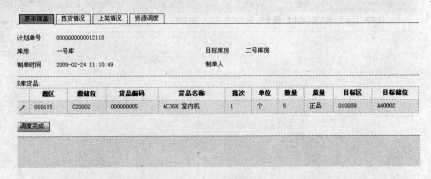

图 6-68 移库调度界面

对拣货情况、上架情况进行检查。完毕后单击【调度完成】,移库调度完毕。移库单打印,如图 6-69 所示。

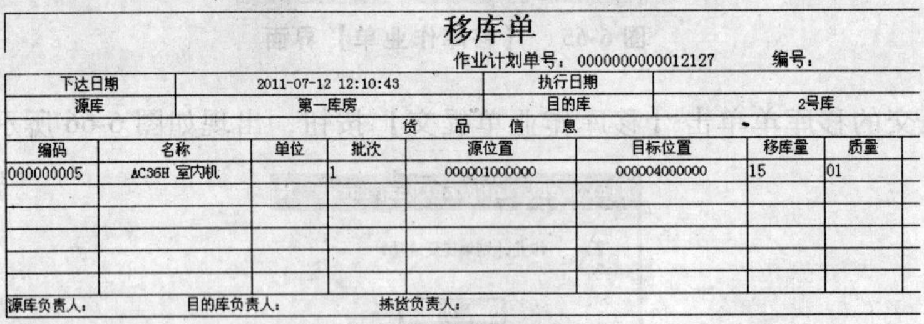

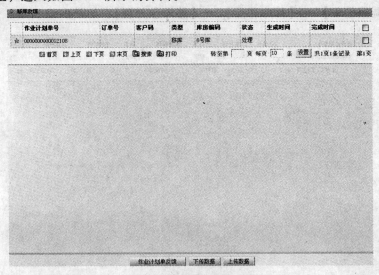

图 6-69 打印的移库单

步骤五 移库反馈

选择【调拨管理】—【移库作业】—【移库反馈】,选中该条记录,单击【作业计划单反馈】按钮,进入如图 6-70 所示的界面。

图 6-70 【移库反馈】界面

选择要反馈的移库单,单击【作业计划单反馈】按钮,进入如图 6-71 所示的界面。

当前位置 作业反馈									
基本信息	找货情况	上架情况	资源反馈						
计划单号	0000000000001433								
库房	现代化库房			目标库房	库房1				
制单时间	2007-00-09 09:51:39			制单人					
移库货品									
	源区	源储位	货品编码	货品名称	批次	单位	数量	质量	目标区	目标储位
	000041	A10102	000000403	X展然		件	20	正品	000050	000000
反馈完成									

图 6-71 作业计划单反馈界面

同出入库作业反馈,根据实际操作情况,反馈实际移库的数量和作业资源,单击【反馈完成】按钮,完成移库作业。

【强化技能训练】

在系统中将原存放于一号仓库的 30 台海尔 BCD-216ST 冰箱移至二号仓库。

任务五 盘点作业

【任务描述】

刘运仓要对存放在一号仓库三菱重工金陵电器有限公司的 AC36H 室内机进行盘点。要完成货物的盘点任务需要完成盘点单录入、盘点作业、盘点调整三个步骤。

步骤一 盘点单录入

要求:在系统中录入盘点任务。

进入【盘点作业管理】—【盘点管理】—【盘点任务】界面,如表 6-14 所示。

表 6-14 盘点任务基本信息表

基本信息			
仓库	一号仓库	盘点类型	随机盘
仓库类型	普通仓库	负责人	张磊
盘点作业			
区	立体仓库区	客户	三菱重工金陵空调器有限公司
货品类型	电器	子类型	空调

之后,进入如图 6-72 所示的界面。

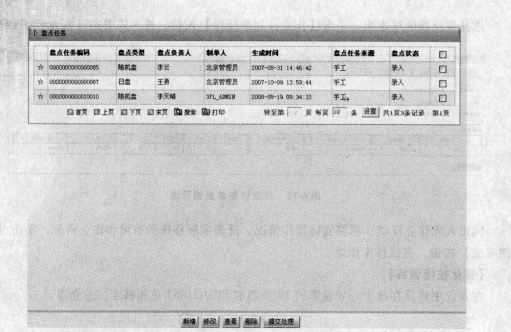

图 6-72　盘点任务界面

单击【新增】一个盘点任务，如图 6-73 所示。

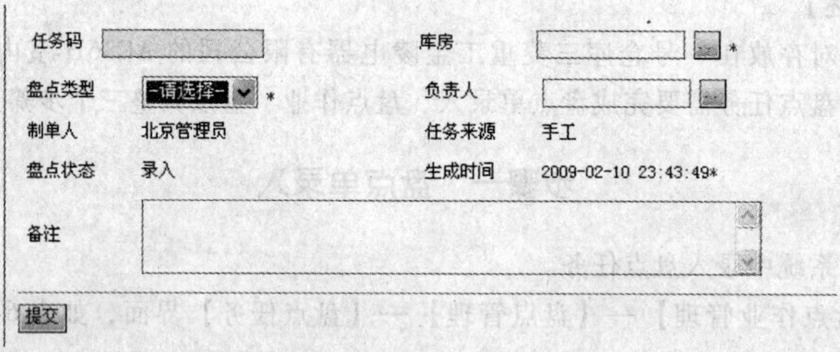

图 6-73　新增盘点任务界面

在【基本信息】页面中，选择要盘点的仓库，盘点类型，在【盘点作业】页面中，可以指定要盘点的区域、客户或货品类型。这里假设我们要盘点堆垛区的全部货品，如图 6-74、图 6-75 所示。

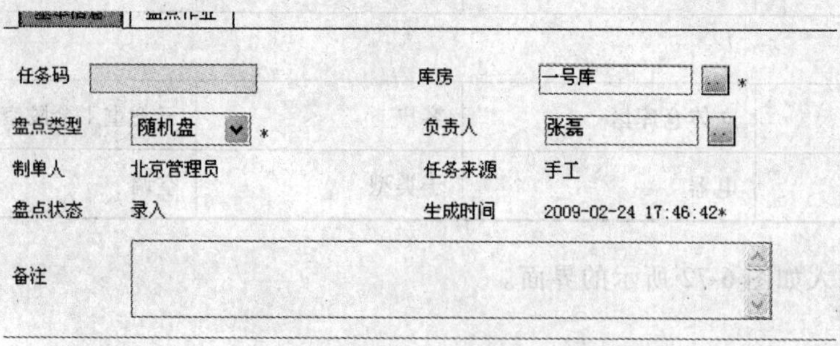

图 6-74　盘点任务基本信息界面

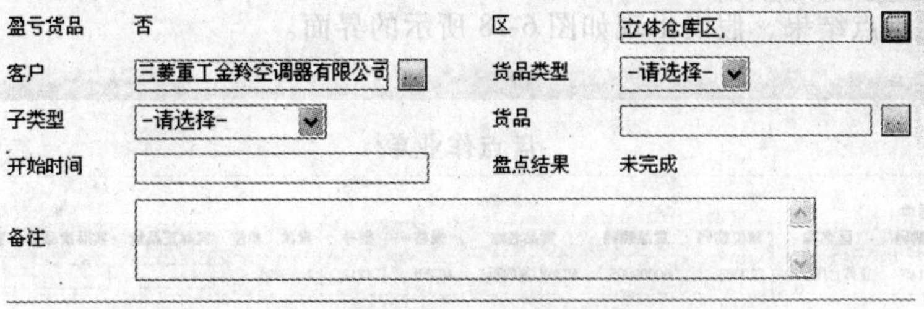

盈亏货品	否		区	立体仓库区
客户	三菱重工金羚空调器有限公司		货品类型	-请选择-
子类型	-请选择-		货品	
开始时间			盘点结果	未完成
备注				

图 6-75　【盘点作业】界面

单击【提交】按钮即可。

回到盘点业务界面，选中新生成的盘点单，单击【提交处理】按钮。

步骤二　盘点作业

单击【盘点作业】按钮，如图 6-76 所示。

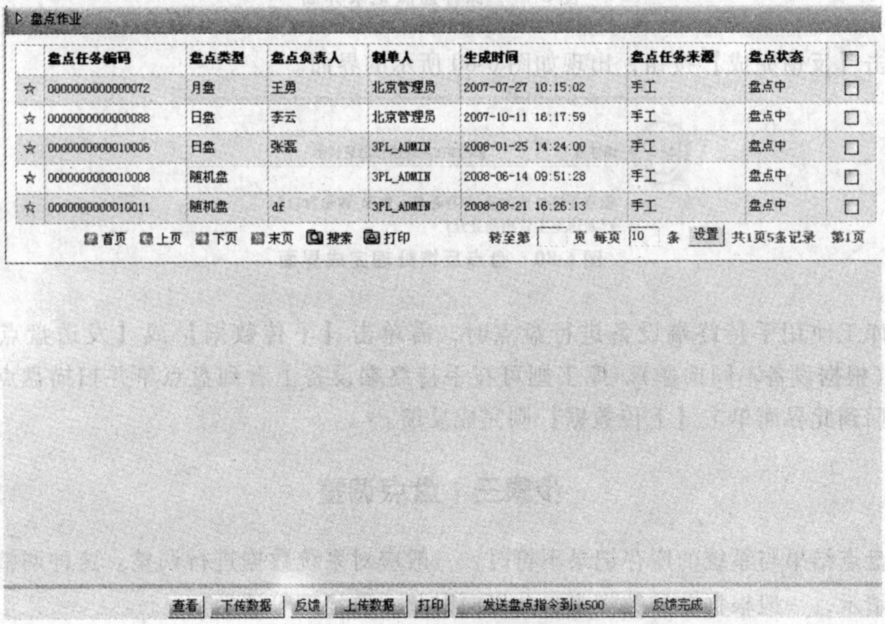

盘点任务编码	盘点类型	盘点负责人	制单人	生成时间	盘点任务来源	盘点状态	
0000000000000072	月盘	王勇	北京管理员	2007-07-27 10:15:02	手工	盘点中	
0000000000000088	日盘	李云	北京管理员	2007-10-11 16:17:59	手工	盘点中	
0000000000010006	日盘	张磊	3PL_ADMIN	2008-01-25 14:24:00	手工	盘点中	
0000000000010008	随机盘		3PL_ADMIN	2008-06-14 09:51:28	手工	盘点中	
0000000000010011	随机盘	df	3PL_ADMIN	2008-08-21 16:26:13	手工	盘点中	

图 6-76　盘点作业界面

根据盘点手段的不同有以下操作。

通过纸质单据指令库工进行盘点，则单击【打印】按钮，打印出盘点作业单给库工，如图 6-77 所示。

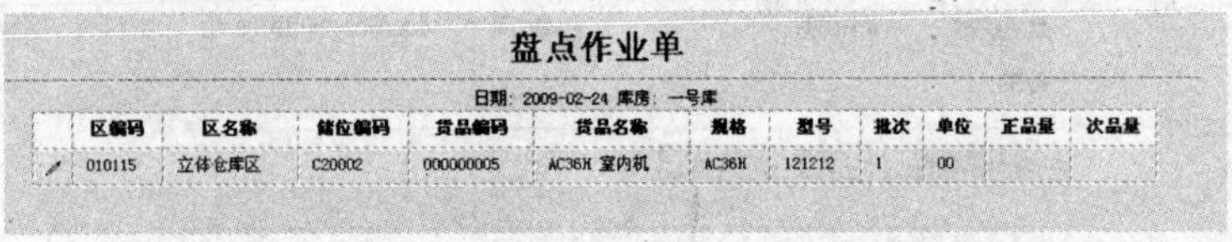

盘点作业单

日期：2009-02-24 库房：一号库

区编码	区名称	储位编码	货品编码	货品名称	规格	型号	批次	单位	正品量	次品量
010115	立体仓库区	C20002	000000005	AC36K 室内机	AC36K	121212	1	00		

图 6-77　打印的盘点作业单

作业人员拿着盘点单去库内盘点，盘点完成后，还是在【盘点作业】中将实际盘点情况向系统进行反馈。

录入实际盘点结果,假设出现如图 6-78 所示的界面。

图 6-78　盘点作业单界面

在【实际正品量】中输入 8,如图 6-79 所示。

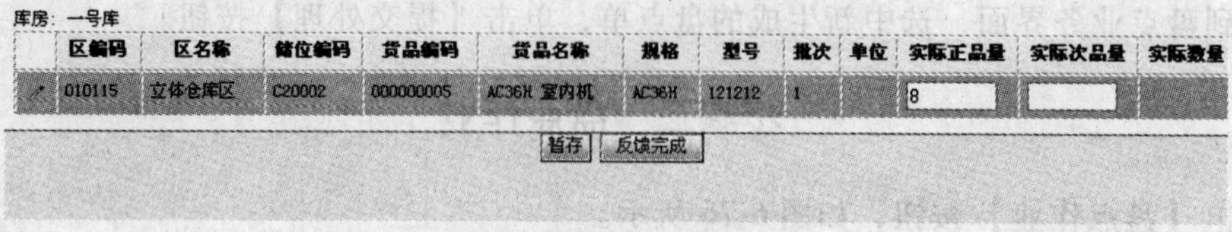

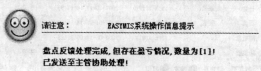

图 6-79　保存盘点记录界面

单击【反馈完成】按钮,出现如图 6-80 所示的界面。

图 6-80　盘点反馈处理完成界面

当库工使用手持终端设备进行盘点时,需单击【下传数据】或【发送盘点指令到 it500】(根据设备不同选择)。库工则可在手持终端设备上看到盘点单并扫描盘点。盘点完成后回到此界面单击【上传数据】则完成反馈。

步骤三　盘点调整

当盘点结果与系统的库存记录不符时,一般应对系统数据进行调整。这种调整动作需向上级请示,一般根据差异数额多少分级向财务、总经理等请示。

进入【盘点调整】选中该张盘点单,单击【调整审核】按钮,如图 6-81 所示。

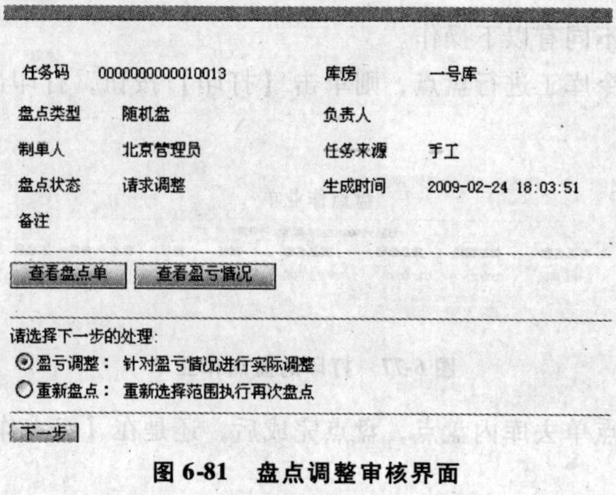

图 6-81　盘点调整审核界面

如上界面,可查看盈亏情况,如图 6-82 所示。

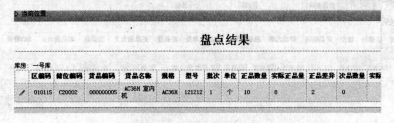

图 6-82　盘点结果界面

如盈亏量较大,需要再次盘点确认,则在【盘点调整】页面选择【重新盘点】,让盘点人员重新检查一遍。如对盘点结果没有疑义,则选择【盈亏调整】,单击【下一步】按钮,如需调整则进行调整,最后单击【调整确认】即可,如图 6-83 所示。

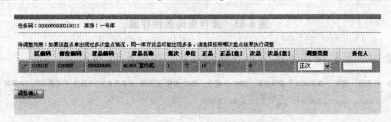

图 6-83　盘点结果调整确认界面

【强化技能训练】
在系统中完成以下货品的盘点工作,如表 6-15 所示。

表 6-15　盘点任务信息表

基本信息			
仓库	一号仓库	盘点类型	随机盘
仓库类型	普通仓库	负责人	张磊
盘点作业			
区	立体仓库区	客户	北京海尔工贸有限公司
货品类型	电器	子类型	冰箱

任务六　库存货品管理

【任务描述】
月末,刘运仓要对一号仓库存放的商品进行管理与分析。库存货品管理的内容主要有库存查询、货品 ABC 分类、库龄分析、库存冻结四项。

步骤一　库存查询

用户选择【库存管理】—【库存管理】—【库存查询】进入,如图 6-84 所示。

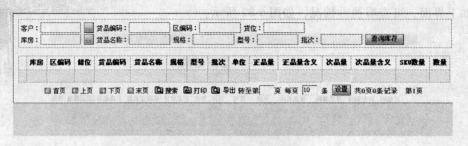

图 6-84 库存查询界面

输入相应的查询条件对库内货品信息进行查询，如图 6-85 所示。

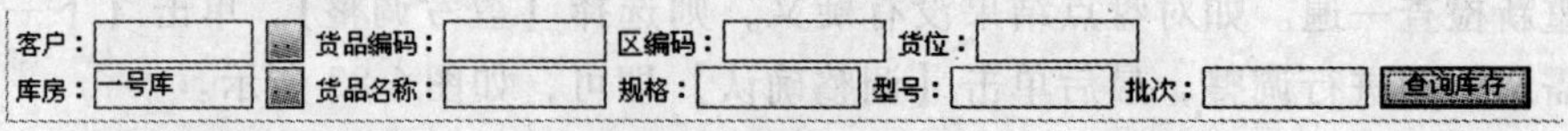

图 6-85 库存查询条件界面

单击【查询库存】按钮显示出如下查询结果，如图 6-86 所示。

库房	区编码	储位	货品编码	货品名称	规格	型号	批次	单位	正品量	正品量含义	次品量	次品量含义	SKU数量	数量
一号库	010115	C20002	000000005	AC36H 室内机	AC36H	121212	1	个	20		0		20	20

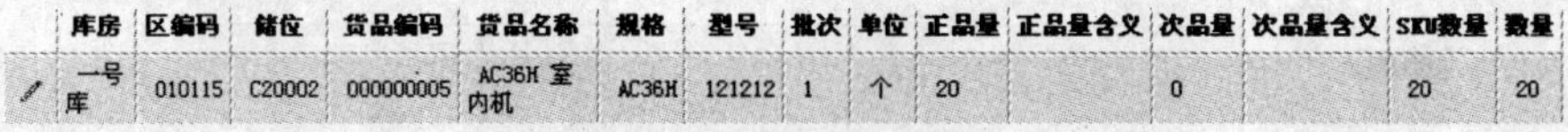

图 6-86 【库存查询结果】界面

1. 可视化库存

用户选择【仓储管理】—【库存管理】—【可视化库存】进入，如图 6-87 所示。

图 6-87 【可视化仓库】界面

选择一号仓库，单击【查询】按钮，进入如图 6-88 所示的界面。

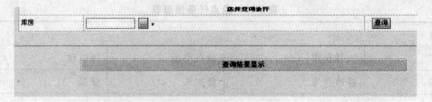

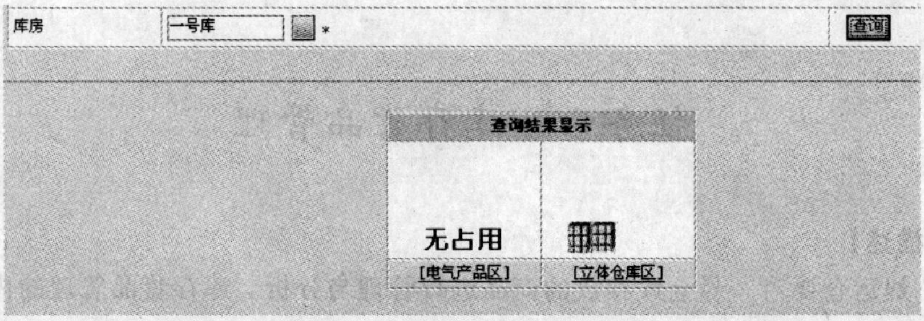

图 6-88 可视化仓库查询结果界面

鼠标移动到区名称，显示出占用比例情况，如图 6-89 所示。

图 6-89　库存查询详细信息

2. 储位使用情况

用于查看具体一个区位的各个储位使用情况。

用户选择【仓储管理】—【库存管理】—【储位使用情况】进入，如图 6-90 所示。

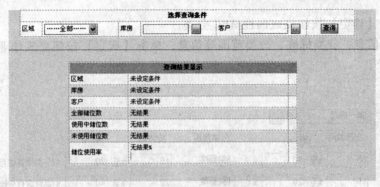

图 6-90　储位使用情况界面

选择区域信息、仓库信息、客户信息，单击【查询】按钮查询储位使用情况：

步骤二　货品 ABC 分类

用户选择【仓储管理】—【库存管理】—【ABC 分类】进入，如图 6-91 所示。

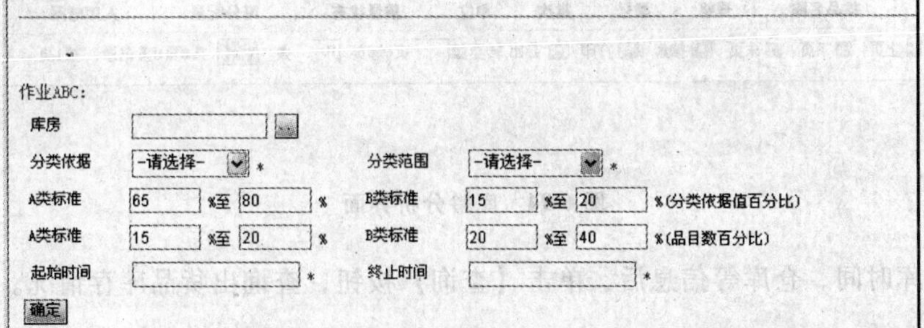

图 6-91　ABC 分类法界面

录入分类依据、分类范围等信息，如图 6-92 所示。

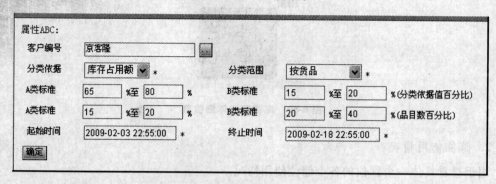

图 6-92 【属性 ABC 分类】界面

然后单击【确定】按钮完成属性 ABC 分类。

录入仓库信息、分类标准、分类范围等信息，单击【确定】按钮完成作业 ABC 设置，如图 6-93 所示。

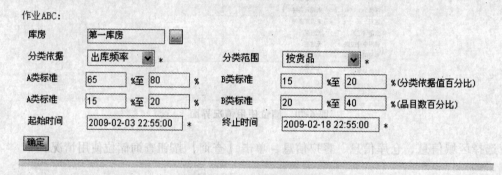

图 6-93 作业 ABC 分类界面

步骤三 库龄分析

用于查询货品在仓库内的存放时间。

用户选择【仓储管理】—【库存管理】—【库龄分析】进入，如图 6-94 所示。

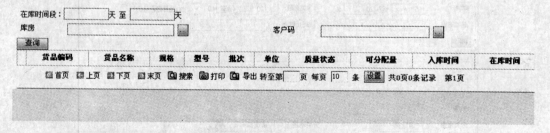

图 6-94 库龄分析界面

输入在库时间、仓库等信息后，单击【查询】按钮，查询出货品库存情况。

步骤四 库存冻结

对部分货品执行冻结操作，冻结方式包括只出不入、只入不出、不出不入等几种方式。

用户选择【库存管理】—【库存冻结】—【库存冻结】进入，如图 6-95 所示。

图 6-95 【库存冻结】界面

单击【新增】按钮，增加新的冻结条目，如图 6-96 所示。

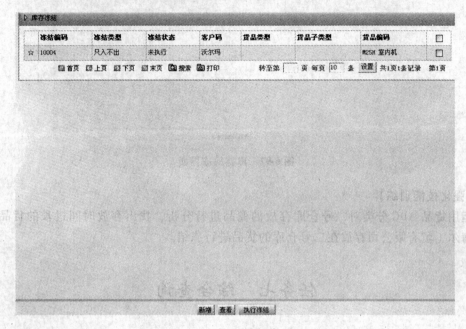

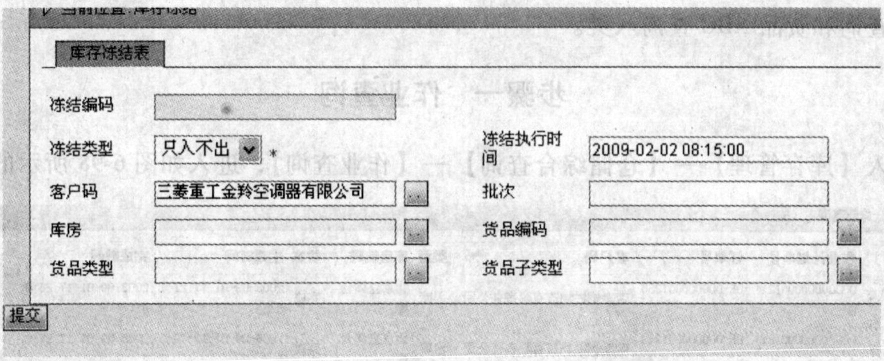

图 6-96 【新增库存冻结】界面

录入冻结类型、客户码、仓库等信息后单击【提交】按钮。

对于确定要执行冻结的条目单击【执行冻结】按钮。

选中要执行的条目，单击【执行冻结】按钮。

用户选择【库存管理】—【库存冻结】—【库龄解冻】，进入如图 6-97 所示的界面。

选中要解冻的条目，单击【解冻】按钮，解除对货品的冻结。

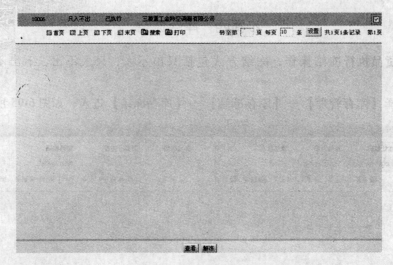

图 6-97 库存解冻界面

【强化技能训练】

运用货品 ABC 分类对二号仓库存放的商品进行分析，找出存放时间过长的货品，对北京海尔工贸有限公司存放在二号仓库的货品进行冻结。

任务七 综合查询

【任务描述】

季末，刘运仓要对本月仓库各项管理情况进行查询汇总。库存综合查询的内容主要有作业查询、联合作业查询、作业明细查询、出入库查询、仓库吞吐量查询、盘点查询、库存冻结查询和货品 ABC 查询八类。

步骤一 作业查询

进入【库存管理】—【仓储综合查询】—【作业查询】，进入如图 6-98 所示的界面。

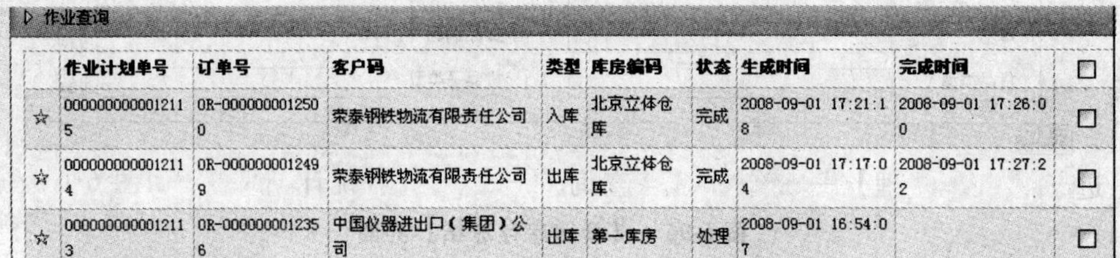

图 6-98 作业查询界面

系统显示出所有作业单目前的执行状态。

步骤二 联合作业查询

进入【库存管理】—【仓储综合查询】—【联合拣货查询】,进入如图 6-99 所示的界面。

多单调度号	调度人	库房编码	生成时间	完成时间	多单调度状态	调度时间	
☆ 0000000000000079	北京管理员	广东省金属材料公司吉山仓库	2007-08-01 11:34:27		下达	2007-08-01 11:34:27	□
☆ 0000000000000080	北京管理员	中储新五里货场	2007-08-15 11:21:51	2007-08-15 11:28:49	完成	2007-08-15 11:21:51	□
☆ 0000000000000081	北京管理员	第一库房	2007-12-10 15:45:24	2007-12-10 15:47:34	完成	2007-12-10 15:45:24	□
☆ 0000000000000083	北京管理员	第一库房	2007-12-12 16:04:05		生成	2007-12-12 16:04:05	□
☆ 0000000000000084	北京管理员	第一库房	2007-12-12 16:22:06		生成	2007-12-12 16:22:06	□

图 6-99 【联合拣货查询】界面

系统显示出多单调度情况下,订单的执行状态。

步骤三 作业明细查询

进入【库存管理】—【仓储综合查询】—【作业明细查询】,进入如图 6-100 所示的界面。

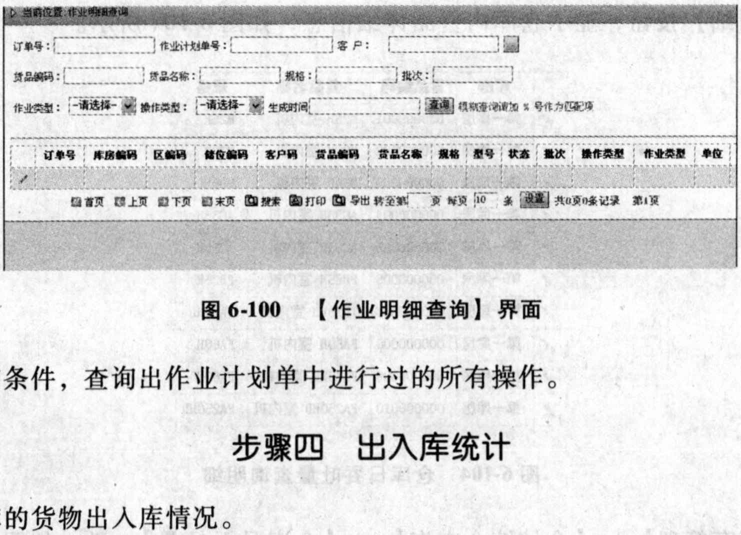

图 6-100 【作业明细查询】界面

输入查询条件,查询出作业计划单中进行过的所有操作。

步骤四 出入库统计

查询仓库的货物出入库情况。

进入【库存管理】—【仓储综合查询】—【出入库统计】,进入如图 6-101 所示的界面。

图 6-101 【出入库统计】界面

输入查询条件,单击【查询】按钮。

步骤五 仓库吞吐量

进入【库存管理】—【仓储综合查询】—【仓库日吞吐量】,进入如图 6-102 所示的界面。

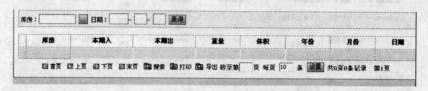

图 6-102 仓库日吞吐量界面

选择仓库名称,日期单击【查询】按钮,显示仓库吞吐量信息,查询结果如图 6-103 所示。

库房	本期入	本期出	重量	体积	年份	月份	日期	
第一库房	0	0	15	5	2006	6	5	明细
bj0101	0	0	4503	1501	2006	6	5	明细
bj0101	0	80	3750	1250	2006	6	7	明细

图 6-103 仓库日吞吐量查询结果

单击【明细】按钮,显示仓库内货品详细信息,如图 6-104 所示。

库房	货品编码	货品名称	规格
第一库房	000000001	M25H 室内机	M25H
第一库房	000000002	M33H 室内机	M33H
第一库房	000000003	M36H 室内机	M36H
第一库房	000000004	AC33H 室内机	AC33H
第一库房	000000005	AC36H 室内机	AC36H
第一库房	000000006	PB25H 室内机	PB25H
第一库房	000000007	TA28HD 室内机	TA28HD
第一库房	000000008	FA60H 室内机	FA60H
第一库房	000000009	FA60HD 室内机	FA60HD
第一库房	000000010	FA250HD 室内机	FA250HD

图 6-104 仓库日吞吐量查询明细

进入【库存管理】—【仓储综合查询】—【仓库月吞吐量】,进入如图 6-105 所示的界面。

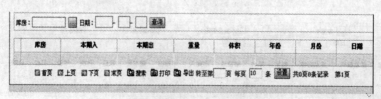

图 6-105 仓库月吞吐量查询界面

与仓库日吞吐量查询操作相同。

步骤六　盘点查询

进入【库存管理】—【仓储综合查询】—【盘点查询】，进入如图 6-106 所示的界面。

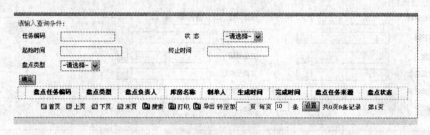

图 6-106　【盘点查询】界面

输入任务编码、时间等信息单击【确定】按钮，显示盘点信息，如图 6-107 所示。

盘点任务编码	盘点类型	盘点负责人	库房名称	制单人	生成时间	完成时间	盘点任务来源	盘点状态	
0000000000010011	随机盘	df	第一库房	3PL_ADMIN	2008-08-21 16:26:13		手工	盘点中	明细
0000000000010010	随机盘	李天晴	第一库房	3PL_ADMIN	2008-08-19 09:34:33		手工	录入	明细
0000000000010009	日盘	胡	第一库房	3PL_ADMIN	2008-08-19 09:25:38	2008-08-19 09:30:48	手工	完成	明细
0000000000010008	随机盘		第一库房	3PL_ADMIN	2008-06-14 09:51:28		手工	盘点中	明细

图 6-107　【盘点信息】界面

单击【明细】按钮，显示盘点单，如图 6-108 所示。

任务码	0000000000010009	库房	
盘点类型	日盘	负责人	胡
制单人	3PL_ADMIN	任务来源	手工
盘点状态	完成	生成时间	2008-08-19 09:25:38
备注	胡建平		

查看盘点单　　查看盈亏情况　　查看全部明细

图 6-108　【盘点单信息】界面

可以根据盘点单，查看盘盈、盘亏情况，如图 6-109 所示。

库房：第一库房

	区编码	储位编码	货品编码	货品名称	规格	型号	批次	单位	正品数量	实际正品量	正品差异	次品数量	实际次品量	次品差异
	000001	000000	000000015	FCD71HD 室内机	FCD71HD			个	0	10	-10		10	
	000001	000000	000000060	Z25H 室内机	Z25H			个	475	10	465	0	10	-10
	000001	000000	000000062	Z36H 室内机	Z36H			个	58	10	48	0	10	-10
	000001	000000	000000115	FCD71HD 室外机	FCD71HD			个	1	10	-9	0	10	-10
	000001	000000	000000160	Z25H 室外机	Z25H			个	473	10	463	0	10	-10

图 6-109　盘点单明细

步骤七 库存冻结查询

进入【库存管理】—【仓储综合查询】—【库存冻结查询】,进入如图 6-110 所示的界面。

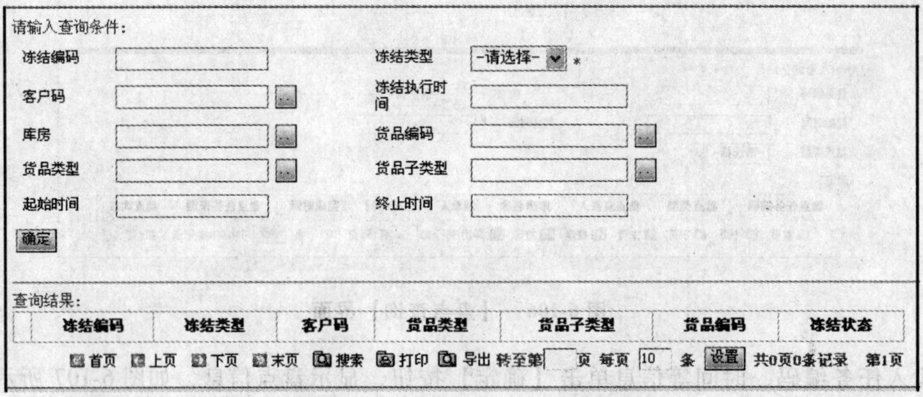

图 6-110 【库存冻结查询】界面

输入冻结类型、客户码等信息单击【确定】按钮,显示出查询结果,如图 6-111 所示。

冻结编码	冻结类型	客户码	货品类型	货品子类型	货品编码	冻结状态
10005	不入不出	沃尔玛			小浣熊干脆面	已解冻
10004	只入不出	沃尔玛			M25H 室内机	已解冻
10003	只入不出	沃尔玛	电器	宣传品	M25H 室内机	已解冻
10001	只入不出	中国仪器进出口(集团)公司				已解冻
10002	只入不出	中国仪器进出口(集团)公司				已解冻
00119	只入不出					已解冻

图 6-111 【库存冻结查询结果】界面

步骤八 货品 ABC 查询

进入【库存管理】—【仓储综合查询】—【库存 ABC 查询】,进入如图 6-112 所示的界面。

分类类型	分类主体名称	分类依据	分类范围	起始时间	截止时间	
属性ABC	飞远运达	库存占用额	按货品	1989-08-16 18:33:00	2008-08-29 18:33:00	□
属性ABC	沃尔玛	库存占用额	按货品	1952-08-20 18:27:00	2008-08-29 18:27:00	□
属性ABC	中储物流武汉测试用户	库存占用额	按货品	1997-08-20 18:26:00	2008-08-29 18:26:00	□
属性ABC	飞远运达	库存占用额	按货品	1994-08-11 18:26:00	2008-08-29 18:26:00	□
属性ABC	飞远运达	库存占用额	按货品	1998-08-14 18:26:00	2008-08-29 18:26:00	□
属性ABC	京客隆	库存占用额	按货品	2007-08-07 17:12:00	2008-08-29 17:12:00	□
属性ABC	北京明炬达科技发展有限公司	库存占用额	按货品	1997-08-13 17:11:00	2008-08-29 17:11:00	□
属性ABC	中储物流武汉测试用户	库存占用额	按货品	2002-08-14 17:11:00	2008-08-29 17:11:00	□
作业ABC	北京立体仓库	出库频次	按货品	2008-09-01 16:06:00	2008-09-30 16:06:00	□
属性ABC	三菱重工金羚空调器有限公司	库存占用额	按货品	2008-07-31 14:31:00	2008-07-31 14:31:00	□

图 6-112 【库存 ABC 查询明细】界面

选中要查看的项目点【查看】按钮,查看盘点单详细信息。

单击【生成曲线图】,如图 6-113 所示。

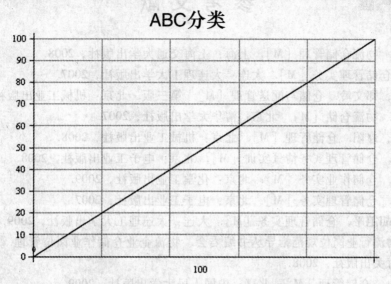

图 6-113　货品 ABC 分类法生成曲线界面

生成各种货品分类情况曲线图。

【强化技能训练】

请对二号仓库本月作业情况、出入库情况、仓库吞吐情况、盘点情况、库存冻结情况和货品 ABC 分类情况进行查询,并撰写二号仓库本月储存货物情况分析报告。

参考文献

[1] 唐秀丽. 物流仓储管理 [M]. 上海：上海交通大学出版社，2008.

[2] 黄静. 仓储管理实务 [M]. 大连：大连理工大学出版社，2007.

[3] 李永生，郑文岭. 仓储与配送管理 [M]. 第三版. 北京：机械工业出版社，2009.

[4] 朱新民. 物流仓储 [M]. 北京：清华大学出版社，2007.

[5] 郑文岭，赵阳. 仓储管理 [M]. 北京：机械工业出版社，2008.

[6] 钱芝网. 仓储管理实务情景实训 [M]. 北京：电子工业出版社，2008.

[7] 史小峰. 仓储作业实务 [M]. 北京：化学工业出版社，2009.

[8] 周云霞. 仓储管理实务 [M]. 北京：电子工业出版社，2007.

[9] 钟苹，胡卫平. 仓储管理实务 [M]. 大连：大连理工大学出版社，2009.

[10] 中国物流行业岗位规范指导丛书编委会. 物流企业仓储作业岗位管理 [M]. 北京：中国海关出版社，2008.

[11] 沈瑞山. 仓储管理 [M]. 北京：中国人民大学出版社，2009.

[12] 刘莉. 仓储管理实务 [M]. 北京：中国物资出版社，2006.

[13] 黄浩. 仓储管理实务 [M]. 北京：北京理工大学出版社. 2009.

[14] 霍红，刘莉. 物流仓储管理 [M]. 北京：化学工业出版社，2009.

[15] 谢雪梅. 物流仓储与配送 [M]. 北京：北京理工大学出版社，2010.

[16] 李洪奎. 仓储管理 [M]. 北京：机械工业出版社，2007.

[17] 李英. 仓储管理实务 [M]. 南京：东南大学出版社，2010.

[18] 赵阳. 仓储管理实务 [M]. 北京：北京理工大学出版社，2010.

[19] 孙秋高. 仓储管理实务 [M]. 北京：电子工业出版社，2010.

[20] 田源，张文杰. 仓储规划域管理 [M]. 北京：清华大学出版社，2009.

[21] 王冬. 仓储管理技术 [M]. 北京：北京大学出版社，2010.

[22] 仓储中心三种地坪的选择方法. 中国大物流网. http：//www. all56. com/www/52/2010－06/41146. html.

[23] 商业仓库管理办法. 中国物流与采购网. http：//www. chinawuliu. com. cn/law/content/200312/20031045. html.

[24] 重力式货架. 中国仓储物流设备网. http：//www. cnstorage. com/storage/huojia/zhonghj3. htm.

[25] 农副食品加工业运输仓储管理成本偏高. 锦城物流网. http：//info. jctrans. com/news/ccps/20116201021436. shtm.

[26] 用信息技术整合现有物流资源促进物流现代化. 河北中储物流中心. http：//www. hebei56. com/news/newshtml/wlxw/20050629171618. htm.